国家社科基金
后期资助项目

处境伦理研究

A Study on Situational Ethics

成海鹰 著

中国人民大学出版社
·北京·

国家社科基金后期资助项目
出版说明

  后期资助项目是国家社科基金项目主要类别之一，旨在鼓励广大人文社会科学工作者潜心治学，扎实研究，多出优秀成果，进一步发挥国家社科基金在繁荣发展哲学社会科学中的示范引导作用。后期资助项目主要资助已基本完成且尚未出版的人文社会科学基础研究的优秀学术成果，以资助学术专著为主，也资助少量学术价值较高的资料汇编和学术含量较高的工具书。为扩大后期资助项目的学术影响，促进成果转化，全国哲学社会科学工作办公室按照"统一设计、统一标识、统一版式、形成系列"的总体要求，组织出版国家社科基金后期资助项目成果。

全国哲学社会科学工作办公室

目 录

前 言 ··· 1

第一章 资本时代人的处境 ··· 1
第一节 资本时代、处境及自我认识 ······································ 2
一、全球化：资本时代与大城市生活 ······························· 3
二、处境认知：出现与消失 ·· 13
三、个体性：身体的发现与自我 ····································· 20
第二节 新处境的关键因素：现代性和感受性 ······················ 27
一、文学视域中的现代性 ··· 28
二、时间和空间：现代性的新维度 ································· 30
三、新感受性 ··· 33
第三节 技术复制时代的处境伦理 ······································ 39
一、处境伦理如何建构 ·· 41
二、道德冲突与道德权衡 ··· 45
三、如何做一个明智的旁观者 ·· 51
四、实践智慧 ··· 58
第四节 处境伦理的新议题 ·· 64
一、虚无主义的幽灵和人的当代处境 ······························ 64
二、人世间的叹息 ··· 76
三、处境与责任 ·· 88

第二章 乐处境：值得一过的生活 ······································· 99
第一节 尊严 ·· 101
一、尊严是什么 ·· 101
二、人的尊严从哪里来 ·· 108

三、尊严的权利 …………………………………… 110
　第二节　自由 ………………………………………… 116
　　一、为自由斗争的历史回顾 ……………………… 117
　　二、自由的种种之好 ……………………………… 124
　　三、通往自由的道路 ……………………………… 134
　第三节　幸福 ………………………………………… 143
　　一、幸福与幸福感如何产生 ……………………… 144
　　二、幸福是可能的 ………………………………… 149
　　三、幸福也是靠不住的 …………………………… 154

第三章　忧处境：消极生活 ……………………………… 159
　第一节　异化 ………………………………………… 160
　　一、人的非人化 …………………………………… 161
　　二、异化的时代特征 ……………………………… 164
　第二节　孤独 ………………………………………… 167
　　一、孤独是人类的宿命 …………………………… 168
　　二、没有人不孤独 ………………………………… 170
　第三节　心理不适征 ………………………………… 175
　　一、竞争 …………………………………………… 175
　　二、厌烦 …………………………………………… 183
　　三、焦虑 …………………………………………… 186

第四章　改善处境的心理调适 …………………………… 192
　第一节　社交网络 …………………………………… 192
　　一、群 ……………………………………………… 192
　　二、俱乐部 ………………………………………… 196
　第二节　改善处境的简单原则 ……………………… 198
　　一、劳动疗法 ……………………………………… 200
　　二、无怨 …………………………………………… 203
　第三节　爱 …………………………………………… 205
　　一、神话、传说、文学想象中的爱 ……………… 206
　　二、生活经验的爱 ………………………………… 210
　　三、自然情感的爱和道德情感的爱 ……………… 213

外国人名对照表 …………………………………………… 219
参考文献 …………………………………………………… 224
索　引 ……………………………………………………… 239
后　记 ……………………………………………………… 242

前　言

本书是有关处境在道德权衡中发生何种作用的一项探索，是对处境进行伦理学研究的成果。美国学者汉娜·阿伦特（Hannah Arendt，1906—1975）曾说："人是被处境规定的存在者。"[①] 处境这个概念在现代汉语中通常是指人所处的境地、境况，多指不利情况，主要从客观的角度来看待和评价主体的状况与生活。从伦理学的角度研究处境，还包含了这样一些内容："处"指置身某地、某种情况，也指跟别人一起生活、交往；"境"指境遇、状况、遭遇。所以，伦理学视域下的处境指人与人在一定的状况或境遇中的相处和相互对待。处境作为伦理学研究的对象，也指主体在世界上遇到的困难、得到的帮助和付出的努力。处境伦理（Situational Ethics）则指人与人相处、相互对待和共同生活应遵循的道德原则、规范。这个概念在理论上极其丰富，在实践中则包罗万象。

把人的处境纳入伦理学研究领域，是当代一个有意义的议题。德国哲学家汉斯-格奥尔格·伽达默尔（Hans-Georg Gadamer，1900—2002）这样表述："从处境的概念出发也就是从哲学方面把伦理学的理念推向了最为可疑的顶峰。"[②] 因为伦理学作为哲学具备反思的普遍性，从伦理学角度反思或审察处境，会把它卷入可疑性之中，即有助于人们思考应该如何相对于具体处境而让人生变得合理、美好、有益和幸福。人们的道德判断和思考，如良知、对公平的感知、同情共感、仁爱等，都要对应于处境来选择和回答。针对上述议题，本书力图在对各种理论的分析与比较中研究建立一种处境伦理的可能和意义。

在伦理思想史上，将处境作为伦理学的研究对象，可以溯源到亚当·

[①] ［美］阿伦特. 人的境况. 王寅丽, 译. 上海：上海世纪出版集团，2009：3.
[②] ［德］伽达默尔. 论一门哲学伦理学的可能性. 邓安庆, 译. 世界哲学，2007（3）：57.

斯密（Adam Smith，1723—1790），他在《道德情操论》（*The Theory of Moral Sentiments*）中对如何从伦理学角度去理解人的处境有许多精彩的论述。让-保尔·萨特（Jean-Paul Sartre，1905—1980）也在《存在与虚无》（*L'etre et le Néant*）中明确讨论过人的处境问题。可以说，处境伦理的建构有迹可循。斯密谈道德情感，萨特研究存在，都把处境当作一个默认的前提。此后，也有人谈处境，只是很少有人明确地把它作为伦理学的对象来研究。相比较而言，20世纪以来，约瑟夫·弗莱彻（Joseph Fletcher，1905—1991）提出境遇伦理学，埃里希·弗洛姆（Erich Fromm，1900—1980）提出情境伦理学，阿伦特提出境况伦理学，虽然命名略有差异，但是与今天人们所理解的处境这个概念有着内容和特性上的高度一致，而且这些成果都引起了很大的反响，所以对这些理论的梳理与分析是讨论处境伦理的理论准备，也是本书明确提出处境伦理的原因所在。处境伦理作为一种专门理论，其影响力还有待深化。以处境伦理为关键词在CNKI上搜索，少有专门的研究文章，但是深入思想史的相关文本研究，其实可以看到，处境伦理的提出并不突兀，尤其是在上述相关理论兴盛的背景下，在伽达默尔、斯密、萨特等人的著作中有足够的材料支撑处境伦理的提出和论述。

处境伦理的提出，更重要的是出于实践考量的需要。就现代社会人的状态和生活的复杂性而言，确实很难用一个或几个词来对此进行概括，但是处境这个概念却可以容纳千变万化的内容，可以被理解为急剧变化的时代里所有的一切，从物质的存在到精神的拥有，还包括情感的体验。在处境伦理的研究范围中，有个人独处的问题，也有与他人共处的问题；有自我认识的问题，也有如何看待和建立与他人之关系的问题；有道德冲突的问题，也有道德权衡的问题；等等。因此，所谓处境伦理，也指人身处一定的境遇，基于是非善恶的判定而选择做一个什么样的人；处境伦理学关注人的生存困境及其解决办法和途径。因为处境对现实的考量具有极大的包容性，所以对处境的认识和分析正在成为一个极具现实感的课题。但是，思想史上对这个问题进行专门研究的思想家不多，成果寥寥，故极有必要梳理上面提到的四种相关理论，为处境伦理学的建构和研究提供材料支撑。

第一种理论是基督教神学家弗莱彻的"境遇伦理学"（Situation Ethics)。这一兴起于20世纪60年代,在西方社会经济、政治的变化和科学技术高度发展下兴盛起来的伦理学理论,它关心的问题是我们爱什么。当时,人们的道德意识和观念因为分歧而冲突加剧,需要一种能反映这种变化与观念冲突的新道德。针对西方社会科学技术发展所产生的诸种道德问题,弗莱彻呼吁建立一种新道德,即境遇伦理学。

"境遇"(situation)在现代汉语中指境况和遭遇。境况多指经济方面的状况,遭遇则有遇到不幸之事的意味,既包含了心理感受,也指向如何进行选择。对"境遇"概念的上述解释,正是弗莱彻提出"境遇伦理学"中"境遇"一词所包含的内容。弗莱彻在建构自己伦理理论的过程中,批判了社会经济高度发展所带来的"道德的不道德性""道德上的软弱"等问题,力图从人的境遇出发,批判旧道德,建构新道德。他明确界定境遇是在社会及其传统的道德准则下的道德决断。他说:"新道德论,即境遇伦理学断言:一切事物正当与否完全取决于境遇。"① 他不再拘泥于伊曼努尔·康德(Immanuel Kant,1724—1804)以来对道德原则和已有伦理学概念的过分强调,而是强调判定一切事物正当与否完全取决于境遇。简单地说,就是:"境遇伦理学旨在达到一定背景下的适当。"② 他以适当来评价境遇,也以境遇来评价适当;只强调适当而不强调善或正当,即使判定善或正当也是依一定境遇中某一行为是否适当。这是境遇伦理学与以往伦理学理论比较最为鲜明的一个特色。

弗莱彻认为,行为是否适当取决于境遇,人们的义务也是相对于境遇而言的。这使得境遇伦理学事关选择和行为。境遇意味着,即使有先定的准则和规章,人们在做出道德决定时也可能不凭借先定的准则和规章,而只依据当时的境遇来提出解决问题的办法。境遇伦理学并不否认这一点,每个人都会受到一定社会及其传统所遵奉的道德准则的影响,但是,当其作为当事人进入道德决断的境遇,他就有可能为了达到解决道德冲突的目的而随时放弃准则。这无疑是对康德以来规范伦理之权威的挑战。康德在论述不许撒谎等绝对命令时,曾举了一个杀手的例子,他认为即使谋杀者向你询问谋杀对象的行踪,你也不能违背不许撒谎的绝对命令。但是,弗

---

① [美]弗莱彻. 境遇伦理学——新道德论. 程立显,译. 北京:中国社会科学出版社,1989:2.
② 同①18.

莱彻用同一个例子说明，如果某一境遇需要的话，如果能避免更大的伤害、更多的损失，那么人们就只能撒谎，甚至人们的义务就是撒谎。在境遇伦理学的视野中，境遇因素如此重要，以至于境遇不仅可以决定实情，而且可以改变规则和原则。

弗莱彻的境遇伦理学依据经验，重视事实，注重具体，对复杂性和多样性极其敏感。这一新伦理学遵循四条实用原理：其一为实用主义，认为善同真理一样，是一切有用的东西，是起作用的、便利的、给人以满足的东西；其二为相对主义，认为事物因境遇或文化背景，甚至因人的主观情趣而相互表现出细微差别；其三为实证论，认为伦理学中的道德判断即价值判断，是一种决定而不是结论，是一种选择而不是借助逻辑力量达到的结果；其四为人格至上论，认为只有人才能行使在道德决定的良心法庭上必不可少的自由权，只有成为能够负责的自由人，人与人才能保持关系，并得以进入义务领域。这四条实用原理的结合使得境遇伦理学成为做决定的道德。弗莱彻宣称这是其伦理学区别于其他伦理学的特点所在，它不需要依赖原则、规范来行为或评价，而只是根据当下的境遇来行动；它不关心原则、规范，只关心行动，行动在一定的信仰指导下进行。这些主张固然使境遇伦理学被赋予行动的特色，使亚里士多德（Aristotle，前384—前322）以来伦理学的实践色彩更为鲜明，但是他的论述并没有停留于此。

弗莱彻把人视为中心，把爱视为唯一的最高原则。通过境遇伦理学，弗莱彻把爱从情感领域引渡到行动领域，因而爱是可以判定的，他宣称："爱的行为是唯一可以得到允许的行为。"[①] 意思是说，在特定的境遇下，人们要按照一定的信仰去行动，爱的行为是一种活动，而不只是情感。弗莱彻的"新道德"解答的是我们爱什么这个问题，当然，他所说的爱和人们通常所理解的爱大不相同。使爱成为伦理学的核心概念，他的基本理路如下：事物帮助了人就称其为善，伤害了人就称其为恶，因此善恶不是事物的固有特性，善恶完全依境遇而定；行为的正当与否，同样依此来判断。永远善和正当的、在任何境遇中都有内在善的东西，只有爱。这样，爱就从行为上升为原则，即"爱是唯一的普遍原则……爱是一种态度，一

---

① ［美］弗莱彻. 境遇伦理学——新道德论. 程立显，译. 北京：中国社会科学出版社，1989：39.

种意向和倾向，一种偏好和目的"①。弗莱彻的这个观点可以被理解为，不论在何种境遇中，只要表达了爱的东西就是善的。但是，用他自己的逻辑来判断，这个结论又是矛盾的，因为表达了爱的东西不一定会帮助人，甚至极有可能伤害人，譬如对孩子的溺爱。他把爱上升为最高原则，可见他反对的不是为行动确立原则，而是反对之前伦理学原则的具体内容。

弗莱彻对爱的强调还表现在他关于爱的定义上，他把爱定义为内在的善，把恨则定义为内在的恶，但恨并不是爱的真正对立面，冷淡或冷漠比恶本身更恶，所以他指出："人际关系中道德的最起码的要求显然在于下述警句：'我怎能不大关心！'"② 这固然是对现代文明下人际关系趋于冷漠的一种有力鞭挞和奋力警醒，但并不是一种理性的伦理学建构，与人类的生活经验并不吻合。因为在人际关系的道德评价中，"不伤害"是更有说服力、更具普遍性的规范，特别是应对流动性的、充满陌生人的都市化生存。从人性和一般经验出发，我们不能不承认关心和爱有一定的适应范围，通常只会指向特定的人群。为了超越这一局限，弗莱彻指出他所说的人包括邻人和世人。弗莱彻否认原则的客观性，反对原则的普遍性，但却承认爱是普遍的，实话或谎言本身无所谓善恶，评断善恶的依据在于是否遵循爱的原则，也就是说为爱而说实话和为爱而说谎话都是正当的。他不仅认为出于爱的谎话是正当的、善的，而且认为正确与错误、善与恶取决于在具体境遇中实现了多少爱。一言以蔽之，弗莱彻的境遇伦理学所主张的就是：在具体境遇中实现了多少爱是判定善恶的唯一标准。他重新提炼了律法和普遍规则，其具体内容如下："只有一样东西是内在的善，这就是爱，此外无他。"③ 境遇伦理学为考察人的处境能够提供的思想资源，确实在于在回答我们爱什么这个问题时所提出的爱的原则。在一般处境中，爱是应当遵循的原则，爱是支撑人安然度过窘境、困境、逆境的巨大力量源泉。这一思想观念既是对西方源自古希腊文明的思想遗产的继承，也是欧洲基督教哲学的现代翻版。在《理想国》中，柏拉图（Platon，前

---

① ［美］弗莱彻. 境遇伦理学——新道德论. 程立显，译. 北京：中国社会科学出版社，1989：47.
② 同①50.
③ 同①53.

427—前347)表达了古希腊人对爱的观念:爱是需要、要求、欲望。亚里士多德则把爱分为友谊爱和罗曼蒂克爱,它们从自我与世人的关系中发展出来,都是一对一的,有选择性、排他性、相互性、互惠性等特点。爱的选择性从男女之爱而来,从单独个人的生命来说,父母子女之爱先于情爱,但是父母子女的关系始于男女之爱。梳理人类的各种关系,从男女之爱的原点产生其他各种关系,从而使爱具有层级性,选择性和排他性基于此论点。至于爱表现为情感的相互性,不能被命令,强调绝对命令的康德对此有详细的论述,他区分过作为情感的爱和作为责任与义务的爱。还有一种爱,是基督爱,它超越了这种一对一的狭隘,是一种一对多的、给予的爱,是态度而不仅仅是情感,是一切原则、规则、准则;也就是说,世间的一切都是爱的仆从与下属,只有爱才配称普遍法则。互惠性是指爱这种情感对于投入的双方或各方都是有益处的。这些思想观念为西方价值观中的博爱提供了极为丰富的思想资源和价值辩护。境遇伦理学之所以反响如此之大,与弗莱彻在宗教背景下所颂扬的爱的原则不无关系。

当弗莱彻指出爱是唯一的永恒善,可以证明一切事物的正当性时,他的理论是可以运用于对具体的道德境遇的分析并为人们的道德权衡提供思路的。他举了这样一个例子:如果只能从失火的楼房中救出一个,应当救哪一个?是婴儿还是达·芬奇(Leonardo da Vinci, 1452—1519)的《蒙娜丽莎》?人们当然会救婴儿,生命至上原则是不可怀疑的。如果是在自己的父亲和一位发现了常见疾病的疗法的医学天才之间选择,只能救一个?救谁?弗莱彻告诉我们,应当救医学天才,因为对大多数人更好。他还通过列举18世纪美国拓荒者在同印第安人战斗中的两个事例来告诉人们,在生命与生命的更大的冲突中,爱是必须计算的、认真负责的、考虑周全的,也是小心谨慎的,它意味着某种优先。事例一:一位苏格兰妇女,在她怀中啼哭不止的患病乳儿使她的另外三个孩子和整个群体暴露给印第安人时,只是抱着哭叫的乳儿,导致大家全部被抓被杀。事例二:一位黑人妇女看到她啼哭的婴儿对本团体有危险时,用双手掐死了婴儿,以确保大家能够悄悄到达安全地。第一位妇女的听任和第二位妇女的阻止,行动不一样,结果也不一样,谁的决定更正当?做这样的决定当然是痛苦的,它包含了弗莱彻对悲剧所定义的内容:"悲剧的实质是一种善或正当同另一种善或正当的冲突。"① 这类道德冲突涉及的是生命与生命之间的权衡，很难取舍。也正是道德冲突使弗莱彻的境遇伦理学在境遇难以抉择的复杂情形下，实现了与约翰·斯图亚特·密尔（John Stuart Mill，1806—1873）功利主义的合作，即加入对大多数人有用的考量，功利主义可以帮助人们决断。这样说来，道德分析、道德权衡和道德决定的两大法宝，就具体境遇来说是爱和功利。这两个因素结合的具体路径是，爱是深思熟虑的、小心又充满关心的，它是智力问题而不是情感问题，所以可以适用于功利主义，加以估算和计量。

这样来看，境遇伦理学其实是功利主义伦理学的一个变种。弗莱彻提出了爱的原则，把爱作为智力问题考虑时，只能依据功利原则、有用和利益的高下之判来做出决定，因为智力即指必须识别、必须计算。通过对弗莱彻境遇伦理学的以上考察，可以总结境遇伦理学的鲜明特色：它关心行动，而不是律法；坚持以爱为引导，而不是规范；关心未来的决断，而不是回顾性的既往判断；更重要的是以人为中心，而不是原则。用一句话概括境遇伦理学，就是"一切取决于境遇"②。进一步说，就是取决于境遇是否适当。

总之，弗莱彻反对命令，强调具体境遇，这固然充分考虑了对象的特殊性，但却不可避免地走向了相对主义，他自己也承认："境遇论是我们时代的实用主义和相对主义在基督教伦理学中的结晶。"③ 这就是境遇伦理学的实质。弗莱彻调和了功利主义、实用主义、相对主义，建立起为解决西方现代文明危机所提供的"新道德"，他把它看成通往道德社会的希望之路。其实，这种"新道德"在具体的应用中表现出了自身的孱弱无力——知易行难，正像他自己所承认的，"我们的悲剧在于，我们常常处于道德的不可测知的、难以正确估计的境遇之中"④。在真正的道德冲突或道德困境中，他自己也说："有时候我们所能做的就是尽力猜测，而后跪下乞求上帝的怜悯。"⑤ 有时候，事情看上去比较美，只是比较幸运罢了，他看到了这一点：问题没那么容易解决。

---

① ［美］弗莱彻. 境遇伦理学——新道德论. 程立显，译. 北京：中国社会科学出版社，1989：93.
② 同①102.
③ 同①124.
④ 同①128.
⑤ 同①128.

第二种理论是法兰克福学派的重要代表弗洛姆提出的情境伦理学。弗洛姆在 1947 年出版的《为自己的人》一书中细致地讨论过"情境"(situation)问题,他建立的情境伦理学关心的是我们想要什么。弗洛姆的学术成就是围绕奠定一种人道主义伦理学、实现一个健全的社会这个中心目标而取得的。他的学术研究针对的是人在现代文明的情境中所遭遇的危机,并称之为社会的弊端给现代人所带来的生存困境:"天堂永远失去了,个人茕茕孑立,直面世界,仿佛一个陌生者置身于无边无际而又危险重重的世界里。新自由注定要产生一种深深的不安全、无能为力、怀疑、孤单与焦虑感。如果个人想成功,就必须设法缓和这些感觉。"① 人置身于这样的情境,困惑、不满、挣扎,最严重的是对自己的处境缺乏认识和判断。弗洛姆明确地意识到了问题的重要性和急迫性,他说:"人类——在任何时代、任何文化中——都面临着同一个问题,都要解决同一个问题,怎样克服分离,怎样实现结合,怎样超越个人的自身生活,并找回和谐。……它产生于同一个基础,人类的情境,人类存在的处境。"② 这段话对于理解弗洛姆的情境伦理学和建构本书所主张的处境伦理同样重要,它说明从孔子(前 551—前 479)和亚里士多德以来,人们所关注的人类生存乃至于"好人""好生活"等所有这些对伦理学至关重要的问题的基本前提都是人的情境或人的处境。每个时代、每个社会的人都是在具体的情境中回答问题或提供答案的,而且无论是个人生活还是共同生活,其内容都包含了这样的基本前提。

弗洛姆情境说的观点主要集中在对人的情境的相关论述中。关于情境,弗洛姆说:"人一出生,他的舞台便准备好了。"③ "舞台"是他所说的人的情境的通俗表达。格奥尔格·威廉·弗里德里希·黑格尔(Georg Wilhelm Friedrich Hegel,1770—1831)在《美学》一书中对情境有明确的定义,他说:"有定性的环境和情况就形成情境……情境一方面是总的世界情况经过特殊化而具有定性,另一方面它既具有这种定性,就是一种推动力,使艺术所要表现的那种内容得到有定性的外现。"④ 黑格尔虽然

---

① [美] 弗罗姆. 逃避自由. 刘林海,译. 北京:国际文化出版公司,2000:46.
② [美] 弗洛姆. 为自己的人. 孙依依,译. 北京:生活·读书·新知三联书店,1988:238.
③ 同②11.
④ [德] 黑格尔. 美学:第1卷. 朱光潜,译. 北京:商务印书馆,1979:254.

是在美学的意义上使用"情境"这个概念,指艺术形象的个人遭遇,但是其"情境"概念中外在环境和情况这两个要素与弗洛姆所意指的"情境"概念有很大的重合,譬如人的无法改变的生存需求和所处的社会制度。前者是衣食住行的基本需要,后者是衣食住行的资料分配、获得、满足方式等。这两点是人的情境对人的决定性因素。就对面包的需要而言,人们都是一样的;但是,让人们如何得到面包的社会制度和人们实际如何得到面包的个人行动,把人们变成了不一样的人。可以说,人生活于其中的社会制度决定人的生活模式,进而决定人的整个性格结构,甚至情境中的主观因素人格也由特定的生活模式塑造而成。具体说来,弗洛姆眼中的现代人的危机就是现代人在人的情境这个舞台上演出的种种悲剧,他是从对人性的认识角度来理解其具体内容和表现的。

弗洛姆认为人是带着一定的属性登上自己的舞台即情境的,所以他的情境说选择了人性作为研究的切入点。他对人性的认识是,"人一定是为自己(for himself)的人"①。人为自己,当然就表现为自利、自爱,这是人性中的因素,也是固定不变的。人的自利、自爱表现为,不仅人的物质性需要要得到满足,而且要避免人精神和情感上的孤独。所以,弗洛姆主张,应当在人的本性中去探寻调节人之行为的伦理规范的源泉。弗洛姆信仰的人道主义伦理学,强调对人而言最高价值不是舍弃自己,不是自私,也不要停留在自利,而是自爱,是肯定真正的人自身。但是,在现代社会,人们常常因为对自己的情境缺乏认识和判断而陷入危机之中。正因如此,弗洛姆在讨论人的情境时将议题集中在这两个方面:一是人的生物学意义上的软弱性,二是人的存在的二律背反和历史上的二律背反。② 人的生物学意义上的软弱性主要指人生命的有限、短暂以及自我的无能为力,这会让人对自己厌烦、对自己不满。人的存在的二律背反包括生与死的挣扎、反应与能动性的背离、现实性与可能性的巨大反差,其结果是:人的独一无二成就其尊严,但也带来孤独的情境。也就是说,人的存在的二律背反包含的内容,在人类的经验中有如下两点:一是生与死的对立冲突,二是可能性与现实性的对立冲突。因此,人常常会纠结于

---

① [美]弗洛姆. 为自己的人. 孙依依,译. 北京:生活·读书·新知三联书店,1988:27.
② 同①55.

这样的无奈：每个人都具有人类的全部潜能，但生命的短暂却不允许他全面实现自己的潜能，就算在最有利的环境和条件下也是如此。人的历史的二律背反常常是指，用于物质满足的技术手段与无能力将它们全部用于和平及人民福利之间的矛盾。人对存在的二律背反无能为力，只能致力于消除历史的二律背反。这使得人类的历史成为充满冲突和斗争的历史，消弭冲突和斗争、解决各种矛盾和问题，就成为人类社会生活的主要内容。所以，弗洛姆的意思是人的生从人偶然来到世界开始，人的死从其偶然离开世界为标志。人不能不生，也不能不死。生和死是个人独自领受与面对的事实，所以人是极其孤独的。历史的二律背反随着技术手段的不断提高，可以使人类的力量不断得到增强。这是弗洛姆所分析的人的情境。

作为一位精神分析大师，弗洛姆的论述还进一步将人的情境分为外在情境和内在情境。弗洛姆所说的外在情境，是指从社会生活的层面看，人总是处于存在的二律背反及自我的软弱性带来的困境中。至于人的内在情境这个方面，他主要从分析人的心智和情感的个人生活这一方面开始。弗洛姆精神分析学讨论人的情境大多是指内在情境。在他看来，人的情境包含这样一些因素：第一，行动。通常是能动的创造过程，对外在世界施加自我的力量。第二，理解。这是人在精神和情感上与世界发生关系的方式。它们都通过爱和理性而得以实现。弗洛姆深知："人不是一件东西，他是一个置身于不断发展过程中的生命体。在生命的每一时刻，他都在成为却又永远尚未成为他能够成为的那个人。"[①] 在弗洛姆看来，人即使身处困境，即他所说的人受制于自我的软弱性和生存与历史的二律背反，也会以行动对自身的困境做出反应，不断努力，不断前进。弗洛姆认为首先是理性，在这个过程中生命最重要的构成，其次是爱，最后是人才会有的生产性工作。这三个因素的结合在他的情境伦理学研究中表现为，人通过做什么向世人展示生命过程中的选择由理性引导，由爱充满，以说明和证明自己是一个什么样的人。

弗洛姆的理论在理性和爱这两个主题上是一种很大的丰富，这与他对人的认识有关，人会从精神上和情感上理解世界，与其具有完备的理性和

---

① [美]弗洛姆. 生命之爱. 罗原，译. 北京：工人出版社，1988：102.

成熟的爱这两点互相跟随。弗洛姆发现了问题的症结所在，他说："不理解价值的本质和道德的冲突，就不可能理解人和人在情感及精神上的紊乱。"① 价值往往指好的、有意义的、值得所有人追求的东西，被定义为所期望的善。弗洛姆从价值衡量与判定来看待理性和爱。在弗洛姆看来，理性是人们客观地思维的能力，人如果缺乏理性，就不可能正确地进行价值判断，甚至可以说理性就是价值判断的能力。同时，理性背后也会有情感态度，比如欲望就可能是价值的检验标准，理性与欲望综合的结果往往以爱来呈现。爱也是人性的构成，常常是伦理价值偏爱的结果。弗洛姆将爱的真谛定义为为某些东西出力，并使某些东西成长，因为人人都会爱自己出过力的东西，同时也为自己所爱的东西出力。在弗洛姆看来，爱不是外部强加的，而是来自一种主动的责任，它意味着为对象付出、让对象成长，爱还是对对象的关心、尊重和认识。从理性和爱出发来讨论人的情境，可以得出以下结论：（1）人的行为表明其强烈的情感和追求。面包、权力、爱、宗教、政治、人道主义理想都可以成为对象。（2）人总是关心自己处于何种境地、自己该干什么，永远困惑，永远好奇，永不止息。对追求的意义做出解答，通过追求使自我的存在变得有意义，这些本身也是人的情境中的必然构成部分。

弗洛姆虽然在这两个主题上有所推进，但是相较之下，他关于人的生产性工作的论述对后世的影响和启发更大，关于人的生产性工作的论述是他整个情境说中最有特色的一部分内容。弗洛姆在看到人的理性之作用的同时，也看到了过分张扬理性的弊端，并且认为理性有先天的不足，他说："理性，是人的福分，也是人的祸根；理性迫使人永无止境地设法克服那不可解决的二律背反。"② 这种"不可解决的二律背反"使人总处于不平衡的状态，所以人要靠发展自己的理性来解决冲突和矛盾，"依靠理性的力量，人建造了一个物质世界，这个真实的物质世界甚至超过了梦幻、神话故事和乌托邦的世界。人运用了物质的力量，这种物质力量使人类能够获得维护尊严和生产性生存所必要的物质条件"③。在关于爱的讨

---

① ［美］弗洛姆. 为自己的人. 孙依依，译. 北京：生活·读书·新知三联书店，1988：27.
② 同①56.
③ 同①25.

论中，弗洛姆更是新颖别致地向世人指出，爱作为一门艺术需要欣赏，爱是一种能力需要培养，爱是一种知识需要学习，爱是一次机会需要努力，但是人们对爱的认识太过混杂，太受限于自我的经验，实现爱看似容易但其实是最困难的。所以，弗洛姆提出了生产性取向的理论模型对此进行补充和丰富。所谓生产性，他认为"是人所特有的潜能的实现，是人运用他自身力量的实现"①。其结果包括物质财富的创造、艺术作品的创作和思想体系的形成，以及对自我的深刻认识，这其中有着非常丰富的构成。在生产性所创造的对象中，人自己是最重要的。这种生产性往往表现为能动性，弗洛姆把能动性定义为"耗费力量以促使现存情境发生变化的行为"②。人有能动性，是说人有可能、有能力凭借自己的努力充分实现自己的才能，使自己所处的情境更能体现自己的意志、能力和情感。这个理论肯定了人的努力，肯定了生产性、能动性赋予情境的积极意义。虽然人在最好的条件下也不可能使自己的全部潜能得到实现，人永远在部分地自我实现中成长和进步，但正是自我的发展不会终结也不会完成，才源源不断地为人的情境提供意义，让当事人不断感受到人生可以拥有自己追求的幸福。他还把欢乐和幸福看成生产性性格的伴随物，是人意外得到的礼物。

弗洛姆讨论情境受到了巴鲁赫·德·斯宾诺莎（Baruch de Spinoza，1632—1677）的影响。斯宾诺莎伦理学中道德的目标就是把存在的方法提供给人，这也是弗洛姆情境伦理学的宏愿，他把斯宾诺莎的伦理学理论作为自己研究的重要支撑，特别是继承了其中理性和爱的伦理学的思想资源。对于理性的理解，斯宾诺莎指出：人人都力求一切足以引导人达到较大圆满性的东西；并且，一般讲来每个人都尽最大的努力保持他自己的存在。③ 一来，每个人自然爱自己以及爱一切有利于自己的事物或对象。他说："爱不是别的，乃是为一个外在的原因的观念所伴随着的快乐。"④ 这些观点和学说无疑对弗洛姆有一定的影响。

好人和好社会的观念，最早是由哲学、神学的方式为世人所知的。在

---

① [美] 弗洛姆. 为自己的人. 孙依依，译. 北京：生活·读书·新知三联书店，1988：94.
② 同①92.
③ [荷兰] 斯宾诺莎. 伦理学. 贺麟，译. 北京：商务印书馆，1983：183.
④ 同③110.

斯宾诺莎建构的伦理学体系中，善是指我们确知对我们有用的东西，恶是指我们确知那阻碍我们占有任何善的东西。① 他认为善恶并不表示事物本身的性质，它们只是人们在比较事物或情境时所形成的概念，善对人有益，恶对人有害。比如音乐，对于愁闷的人是善，对于哀痛的人是恶，对于耳聋的人则不善不恶；比如刀，对于外科医生是善，对于坏人是恶，对于切菜的大厨来说则不善不恶。这样说来，一个事物可以同时具备三种性质，其内容由具体情境决定。这种性质，斯宾诺莎把它作为人性模型的工具使用，进而用以认识人和分析人的情感、情绪。这种分析显示，人的性格与人的情境常常是在互动中形成的。心理学的研究成果也认为，一个人如果经常选择一定的情境和活动，一段时间后，就会形成一定的行为模式，这种情境和活动就会塑造其人格特质，其情境和活动因此成为其人格特质的投射。可见，后天环境的配合与际遇形成人的个性。弗洛姆以"生产性"概念为模型讨论善恶问题，与斯宾诺莎以社会性、人性、个性相互说明的相关论述非常接近。弗洛姆还通过《圣经》中该隐（Cain）犯罪和受罚的例子，指出了理解情境的一个新角度，他说："上帝接受了亚伯（Abel）的奉献，但拒绝了该隐的奉献。上帝不说明任何原因，就给了该隐以人无法生活的最坏处境，即在不为权威所接受的环境下生活。"② 他用神性解释人性，使得权威与个人，人对他人的确定感、认同感和共生感等内在情境问题得到更清晰的阐释，也使得他的情境说关于情境的讨论不再只是对处境的客观因素的考量，还有主观因素的判定，譬如害怕被拒绝、不被承认之类的情感也会影响当事人的行为选择与决定。他的理论使我们看到了更丰富的面相：人的力量感、独立感、创造感、自豪感，人的顺从感、依赖感、软弱无力感、罪恶感等，这些归属于内在情境的道德情感都会影响人对情境的判定。这些作为人对正确与错误、是与非之判定的情感反应，是我们理解弗洛姆情境说应当考虑到的因素，也构成了弗洛姆情境说的理论特色。

一种理论要做到人人能理解，个个愿实践，就要从正确的信念过渡到正确的行动。可以说，斯宾诺莎哲学提供的范例，不仅启发了弗洛姆关于

---

① [荷兰]斯宾诺莎. 伦理学. 贺麟，译. 北京：商务印书馆，1983：183.
② [美]弗洛姆. 为自己的人. 孙依依，译. 北京：生活·读书·新知三联书店，1988：170.

情境的伦理学理论，而且也成为可以实践的。弗洛姆批判西方现代文明，反思其立足点，提醒人们了解、知道我们处于何种情境，也知道我们该干什么。具体而言，譬如对西方近代以来普遍的技术崇拜，他强调反思对于破除迷思固然是有益的，但更公允地说，现代的生活方式、价值观念、人的存在状态，都极大地受益于技术进步。就"情境伦理"来说，人能够设身处地为他人着想，得益于技术进步；社会能够鼓励和形成流动性并充满活力，也得益于技术进步。但同时，人们也需要了解，即使广泛和正确地使用技术，也不能解决人类的所有问题，仅仅停留在技术的、客观的层面去认识人是不够的，建构理论和投身实践都要从对人性的深刻了解出发，也即弗洛姆所说的从内在情境出发。

从技术进步带给人类的影响方面来审察人的处境，阿伦特贡献卓著，她在1958年出版的《人的境况》一书中提出了自己的境况伦理学。这一理论提出的背景是她注意到技术进步已经超越了理性审度和运用的范围，她把改变的力量贯注在人的心灵和思想的内在变化上，用condition来表示境况，其具体内容包括地球、世界、人类活动。

地球是人类的栖息地，是人的境况的集中表现。"世界"这个概念包含了人类文明和文化的内容。在阿伦特看来，自然和地球是人类生活的一般境况，世界和世界之物则构成人类生活的特有境况。在人类活动中，人所创造的物质财富和精神财富共同支撑了个体的生存。阿伦特还从以下三个方面强调了与上述三个概念相关的学说：(1)地球作为人的境况的集中表现，使得人的境况和世界的客观性互为补充。(2)人类总是处境的存在，应当积极投入生活以创造和形成更利于自我存在与发展的境况。(3)人的本性不同于人的境况。所以，她呼吁："从我们最崭新的经验和我们最切近的恐惧出发，重新考虑人的境况。"[①] 所谓"最崭新的经验"，是指现代社会的人所面对、所经历、所承受的与以往社会中的人已经大不一样。在现代社会，人所面对的是科学胜利和技术进步的新时代，譬如人造卫星被发射到太空，以与天体近似的方式在天上栖息和运行，这似乎暗示人类借此已经摆脱被束缚在地球上的命运，鼓舞了一种空前的热情和信心。科学和技术的胜利造成知识与思想相分离，带来的最切近的恐惧

[①] [美]阿伦特. 人的境况. 王寅丽，译. 上海：上海世纪出版集团，2009：前言4.

是，"我们确实变成了无助的奴隶，不仅是我们机器的奴隶，而且是我们的'知道—如何'的奴隶，变成了无思想的生物，受任何一个技术上可能的玩意儿的操纵，哪怕它会置人于死地"①。具体说来，知识是"知道—如何"，思想是"知道—为何"，如今的人们偏爱前者。阿伦特断言，无思想成为一种新的时代特征，即人们不顾一切地单调重复早已变得琐屑和空洞的所谓真理，没有自己的思考。

人既然处于这样的境况，那么就要从这样的经验和这样的恐惧出发，重新考虑人的境况，即思考我们正在做什么，这一议题很自然地转换为关于我们正在做什么的讨论。这是阿伦特《人的境况》一书的核心论点：通过人在做什么，反映其境况。"我们正在做什么"这个中心议题涉及三种活动：劳动、工作和行动。阿伦特把它与积极生活相提并论。

劳动与身体的生物过程相适应，身体的生长、新陈代谢和死亡，都依靠劳动提供的必需品，所以阿伦特说："劳动的人之境况是生命本身。"②这一点与卡尔·马克思（Karl Marx，1818—1883）所强调的劳动是人的第一需要和劳动创造了人的理念比较接近。两位思想家都指出，劳动是最根本的生命活动，是人与自然界、自然环境的能量交换，即人有生命就会劳动。但是在古代社会，劳动是需要辛苦付出的活动，意味着人被必然性所奴役。人们辛勤劳作，年复一年，只能勉强维持生存。亚里士多德曾把这样的人称为劳动动物，他认为理想人格应该为理性动物所有而不为劳动动物所有。直到现代，人们才开始重新认识劳动、赞美劳动，称颂其为价值的源泉。如亚当·斯密认为："一个国家常年的劳动，是这样的一个基金，它原始地供给这个国家每年消费的全部生活必需品和便利品。而这种必需品和便利品，总是由这个劳动的直接生产物，或是由用这类生产物从其他国家购得的物品构成。"③ 这一说法肯定了劳动是一切财富的源泉。通常，一个社会对贫富的衡量，是看劳动生产的产品在多大程度上改善了人的境况，就像斯密所说，"就看他能在什么程度上，享受人生的必需品、方便品和娱乐品"④。可以说，每个人所需的这些物品都要仰仗自己和他

---

① ［美］阿伦特. 人的境况. 王寅丽，译. 上海：上海世纪出版集团，2009：前言 3.
② 同①1.
③ ［英］斯密. 国富论：上. 郭大力，王亚南，译. 南京：译林出版社，2011：序论及全书设计 1.
④ ［英］斯密. 国富论：上. 郭大力，王亚南，译. 南京：译林出版社，2011：24.

人的劳动。马克思不仅接受了斯密的这些观点，而且认为劳动是全部生产的源泉和人性的真正表现，是人类创造世界的最高能力。马克思的理想是人从受必然性奴役的强制性劳动中解放出来，生命的热情和力量可以用来发展其他更高级的活动，因此他把劳动分为生产性劳动和非生产性劳动。生产性劳动是指加在物上会增加物的价值的劳动，非生产性劳动不能增加物的价值。阿伦特在马克思生产性劳动和非生产性劳动区分的基础上讨论劳动，并且把劳动作为讨论人的境况的起点。阿伦特认识到，在现代人们对劳动进行评价的一个基本立场是："把劳动赞颂为所有价值的源泉。"[①]它的具体内容包括如下几点：（1）劳动是人与自然的新陈代谢。（2）劳动可以帮助人们实现积极生活的目标。（3）劳动创造财富，实现财富增长，实现物质丰裕以及最大多数人的最大幸福。继劳动而来的往往是消费，人们获得劳动成果是为了消费它，劳动之外的空余时间也只会花在消费上。阿伦特看到了消费社会出现的必然性，也认识到消费社会的种种弊端。对消费社会的批评，她毫不留情，指出"没有一个世界对象能逃过消费的吞噬而不被毁灭"[②]。所以，劳动的目标一旦实现，社会就变成傻瓜的天堂——人耽于消费而不自知。人被必然性所支配，其具体表现就是人依靠劳动生产出生活必需品，然后消费它，劳动和消费成为人之生命中周而复始地经历的两个阶段。这样，人被必然性所束缚就导致了更高价值如自由的失落。

阿伦特对人的境况的考察以劳动为起点，以劳动与消费的相互关联为探索的线索，从而进入了价值领域。她认识到人从劳动动物到消费动物的彻底转变是工业革命发展以后的事，人们开启了一种新的创造价值的方式。人类创造的各种财富累积下来成为一种不同于自然环境的人造事物世界，人在其中的活动被称为工作。工作的对象是人造物，它与劳动对象的产品被用于自我满足不同，它具有斯密所认为的适应市场交换和满足人们使用需要的价值。一般说来，适用于经济学领域的"价值"一词通常有两种意义：特定物品的效用，叫使用价值；因占有其物而取得的对于他种货物的购买力，叫交换价值。经过一番哲学改造后，"价值"这个概念常常指有用性或者指有用性得到认可，这是评价工作及其对象人造物要用到的

---

① [美]阿伦特. 人的境况. 王寅丽，译. 上海：上海世纪出版集团，2009：63.
② 同①95.

概念。人从大自然中砍伐树木，砍伐是劳动的方式，能够完成其最基本的实用价值，即把树木变为木材，人们用劳动的成果——木材——建房筑屋；人们能够把材料用于实现和完成脑海中关于"床""椅子"的理念，劳动就提升为工作。人造物产生后，和劳动产品被马上用于消费不同，它存在着，获得自身的一种独立性，同时也保有一种持久性。因此，工作会培养人们对卓越的渴望，因为工作不同于劳动的最早形态是技艺人取代了劳动者，技艺人是物品的生产者和世界的建造者，卓越将在技艺人的手艺中存在和展示，技艺人借此获得持久性。在手工业时代，劳动和工作可以部分重合。到大机器时代，特别是自动化的出现，劳动转变为工作，劳动者变成生产者、操作者，与手工业时代的情况就会有所不同。从前，人们通过劳动与自然界进行的能量交换往往是高强度的，劳动者需要通过持续的脑力与体力付出才能获得生活必需品，但是在自动化的条件下，体力和脑力的消耗大为减少，劳动者作为操作者只需要操纵机器、揿下按钮就能完成生产过程，效果较之从前高强度的劳动大为增强。这是阿伦特所说的"工作的人之境况是世界性（worldliness）"①。它带来了复数性（plurality）的人的境况。阿伦特总是说到的人的复数性，是指人从来不是单个的人，而是社会的人，也就是人们。

今天，考察人的境况，单个的人越来越难以想象，也越来越不可能。人以各种关系与他人共同栖息于地球和世界，人与人之间相互作用的影响超过以往一切时代。在人们之间进行的活动，就是行动，所以复数性是人们行动的境况，行动还显示了人的诞生性境况。人来到世间，总是与他人共在，这已经预示了一点：人和人是多么不同。人通过诞生性为世界带来独一无二性，通过言行加以显示，具体说来，就是人有差异性、独特性，没有任何人与他人完全相同，所以要通过言行让自己被认识、被看到、被听到、被理解。阿伦特指的是："在行动和言说中，人们表明了他们是谁，积极地揭示出他们独特的个人身份，从而让自己显现在人类世界中。"②人可以被一个行动、一句话影响和改造，也可以用一个行动、一句话去影响和改造他人，由此，言行开启了人之境况无穷的可能性，使人的主体性和能动性得到最大程度的发挥。所以，人云亦云、言之无物、语言乏味是

---

① ［美］阿伦特. 人的境况. 王寅丽，译. 上海：上海世纪出版集团，2009：1.
② 同①141.

难以忍受的。这是境况伦理与言说的相关性,境况伦理与行动的相关性是:人的境况包含两个终极事件,即在世界上出现和从世界上消失。这是被决定的,但是这个从开始到结束的过程,不仅是生命,更是生活,人可以有所努力,亚里士多德说它似乎是某种实践,就是指人的行动。行动昭示了人在世界上最艰难的任务之一:清晰地呈现和让他人辨认出你是谁。当然,这一任务的完成必须借由主体的行动和言说,它也是主体自我存在的证明。

在这三种根本性的人类活动中,劳动对应地球,保证生存、繁衍;工作对应世界,提供生命的意义源泉;行动对应人们,为历史创造条件。由此形成人与自然、人与世界、人与他人的关系,阿伦特对境况的伦理学考察即以此为主要内容。人通过劳动、工作、行动成为处境的创造者,而任何创造物一经出现,又充实了人存在的下一步处境,所以人无论做什么,都是处境的存在者,也是被处境规定的存在者。世界上任何与人接触的东西都构成人的境况的内容,人也通过做什么创造出自己的境况,使境况具有人的特点。这样,人的境况就由人和物共同构成,就其内容来说,从劳动创造生命延伸出诞生性、有死性,从工作创造产品形成世界性、客观性,人的行动则体现复数性、实在性。人生活和存在于其中的地球、世界、人群,相对个体的人或单个的人来说具有永恒性、不朽性和持久性,人的经验和恐惧则集中在有死性、有限性、脆弱性的体验上,这是人面对自身境况所要克服和改善的,人的努力与此有关。人努力通过创造性的活动留下作品、业绩和言辞,意图以此进入长久存在的行列,即获得精神上的不朽。阿伦特的这一思想与中国传统文化中的三不朽理念即立功、立言和立德如出一辙。除此之外,中国古人的价值还有一层实用性的主张:长寿。用肉体的长久性战胜易朽与易逝。在西方历史上,黑格尔《美学》中关于斯巴达勇士的诗句是对人的不朽性的完美记录。这是一首两行体的短诗:"过路人,请传句话给斯巴达人,为了听他们的嘱咐,我们躺在这里。"① 诗刻在石碑上,歌颂并纪念为守卫托莫庇莱关口、与4 000敌军英勇奋战而牺牲的300名斯巴达将士。这件事被记载在希罗多德(Herodotos,约前484—约前425)的《历史》和黑格尔的《美学》中,并被刻在

---

① [德]黑格尔. 美学:第3卷下. 朱光潜,译. 北京:商务印书馆,1981:22注释.

石碑上，历史、美学与物质性一同成全了不朽。阿伦特从伦理学的角度进一步说明："人，虽然作为个体是有死的，但他们以做出不朽功业的能力……证明了他们自身有一种'神'性。"① 每个人都可以为这种"神性"提供新的角度和新的作为，而且所有的人在以下这点上相同：通过劳动、工作和行动决定自己的境况。

对阿伦特的境况伦理学需要加以说明的是，各种境况不是阶段性的，它仅仅是一种区别人的境况的方法，也许和历史的进程有着某种相似性，但阿伦特的这种前后排列、论述只是一种巧合。其实，任何人都兼具劳动者、工作者、行动者这三重身份，同时在个人生活中包含着这些身份所带来的内容。对人的境况做这三类区分，更大的意义是某些价值的显现，如劳动者境况中的自由、工作者境况中的幸福、行动者境况中的尊严。其原因正如阿伦特所说，"人们不可避免地要把自身彰显为主体，彰显为与众不同、独一无二的人，即使在他们全副精力追求世界物质对象时依然如此"②。这样，人通过自己的境况赢得了生而为人的重大成就，即自我呈现和自我实现。

与处境伦理建构关系最为密切的第四种理论是存在主义哲学家萨特的处境伦理学，他关心的问题是我们没于世界中的态度。在关于处境论述的种种理论中，萨特的学说更为细致和详尽，他从存在来理解处境，强调人总是被投入处境中，所以主张于存在中把握处境。

首先，他这样定义"处境"这个概念："我在世界上能够碰到的障碍，我能够获得的帮助，这些，就是我们称之为处境的东西。"③ 萨特在论述中用一块大岩石来对这个概念进行具体的说明。有一块大岩石阻挡了我前进的道路，如果我想搬动它，那么它就是一种深深的抵抗，阻挡和抵抗就是障碍；如果我爬上去看风景，那么它就是一种宝贵的援助和支持，援助和支持当然就是帮助。所以，萨特认为，人的处境中的任何一物，都像这块大岩石一样，它是需要加以避开还是超越，取决于观念，属于人的精神、心灵世界。就是说，决定本性中立，要确定其好坏，需要由目的来决

---

① [美]阿伦特. 人的境况. 王寅丽，译. 上海：上海世纪出版集团，2009：10.
② 同①144.
③ [法]萨特. 存在与虚无. 陈宣良，等译. 北京：生活·读书·新知三联书店，1987：702.

定，从具体的目的来确定对象到底是对手还是助手。处境既是客观性的如这块大岩石，也是主观性的如人的态度和决定，是绕过去还是攀登它，或者欣赏它，主体的态度和决定不仅赋予岩石意义，而且赋予自身意义。可以说主体的存在使意义来到事物中，来到世界上。萨特对处境的定义确立了他要从存在来理解处境的论点。

其次，萨特对处境的内容进行详细描述，具体说来既包括事物本身也包括事物中的"我本身"。萨特说："我的位置、我的过去、我的周围、我的死和我的邻人的不同描述都不奢望成为透彻的甚至详尽的描述。它们的目的仅仅是使我们对'处境'这种东西有一个较为明确的概念。多亏了它们，我们有可能更加确切地给这种'处境中的存在'下定义，这种处境中的存在表示了自为的特性，因为自为对其存在的方式负责而不是其存在的基础。"① 也就是说，任何处境都是具体的，拥有不同的结构：（1）是我的位置，其中有两个因素，即我此在和我所是；（2）是我的过去，里面有时间和事件的纪念碑，而且存在是曾经存在；（3）是我的周围，有包围主体的工具性事物，还有敌对或顺从的固有系数；（4）是我的死亡，就像没有人可以代替我去头痛、舒服、悲伤、痛苦、喜悦、幸福、恨、爱一样，也没有人可以代替我去死，它唯一而且不可替换，是人必须独自面对和担当的，它构成人的有限性也揭示人的有限性；（5）是我的邻人，这说明人身处于一个有他人存在的世界，邻人是其中一种原始和偶然的事实。以上这些因素在萨特的分析中足以形成关于人的处境的非常清晰的印象。

最后，处境使主体出现，也使主体存在。在对处境的领会中，人的存在被归结为作为，即行为或举止构成一个统一体，其起始恰恰是主体选择没于世界中的态度。每一个人都是自己选择成为的人，都是从自我的处境出发对自我的选择，世界将由这个选择承担并照亮。萨特强调："处境之所以是我的处境，也是因为它是我对我自己的自由选择的形象，而它向我表现的一切在这一切也是表现我并使我成为象征的意义上讲是我的。"② 至此，处境不仅作为一个哲学概念获得意义，而且成为一个重要的伦理学概念。在作为、态度和选择中，萨特分析了处境与自由、责任等概念的关

---

① [法]萨特. 存在与虚无. 陈宣良，等译. 北京：生活·读书·新知三联书店，1987：701.

② 同①709.

系，他相信人永远只在处境中才是自由的，他说："我命定是自由的，这意味着，除了自由本身以外，人们不可能在我的自由中找到别的限制，或者可以说，我们没有停止我们自由的自由。"① 他所谓的自由是选择的无条件。好比一个俘虏，没有随时出狱、随时被释放的自由，但有企图越狱、企图使自己得到自由的自由。人不管处境如何，都可以自由地谋划自己的活动并由这个活动的开始而知道谋划的价值。也就是说，人总是有自己的位置，这一位置与周围的一切构成其处境，对这一位置和周围的一切的善加利用就是谋划，也是自由的开始。谋划对处境的介入说明，自由无论是天赋神赐的还是自己争取的，都意味着自我选择、自我承担、自我负责。作为一位存在主义者，萨特此说表达的是：人的存在，都有一个自己的位置和自己的一种处境，人是在位置和处境中领会到存在的。在这个意义上说，人是绝对自由的，同时对自己的处境负有责任。所谓责任，是指一个人必须做的事情，具有强制性、约束性。存在主义哲学对责任有很多说明，萨特这样表达：人从被投进这个世界的那一刻起，就要对自己的一切行为负责。② 这种说法当然未免有夸大之嫌，因为人的出生是有很大的偶然性和非自主的事件，人在未有自主性之前应该是免责的。但是也应看到，人之所以具有比他物更大的尊严，就在于人可以成长为有自我意志的存在，可以为自己的选择和行为承担责任，所以责任的前提是个人拥有选择和抉择的自由。自由与责任在萨特的处境伦理学中最后落实为责任伦理，处境与责任成为萨特伦理学说的一个鲜明主题，其处境伦理的最大特色就是向世人说明，人在获得位置时，对其所占据的位置是负有责任的，同时也强调既然人的一切经自由选择造成，那么人就应该为自己的所有行为负责。

在以上四种理论中，面对复杂的处境，弗莱彻的境遇伦理学是从宗教的角度做决定的道德，强调境遇中的神性，爱是其中最重要的因素；弗洛姆的情境伦理学是从精神分析学的角度认识和判断的道德，强调情境中的人性，理性是其中最重要的因素；阿伦特的境况伦理学是行动的道德，强

---

① [法]萨特. 存在与虚无. 陈宣良，等译. 北京：生活·读书·新知三联书店，1987：565.

② [法]萨特. 存在主义是一种人道主义. 周煦良，汤永宽，译. 上海：上海译文出版社，2005：11.

调境况中人的社会性,思考是其中最重要的因素;萨特的处境伦理学是意愿的道德,强调处境中人的本质,自由和责任是其中最重要的因素。四种理论有相似性,可以比较,有意思的是,在20世纪初的历史横截面中,这几位思想家几乎是共时性的存在,弗洛姆生于1900年,萨特、弗莱彻生于1905年,阿伦特生于1906年,这意味着他们在第一次世界大战的硝烟弥漫中成长,又在第二次世界大战的生死考验中走向成熟。这使得他们的理论建构和侧重虽各有不同,但又有一个共同的主题,就是对人的处境也包括人性和人类命运的共同关切。要什么样的生活和做什么样的人这样极富关怀意味的伦理学主题,在他们的思想体系中成为熠熠生辉的构成。当然,我们也不能否认,在这些极富洞察力和深邃思考力的哲学家们的视野外,飞速发展的时代正在提出更大、更多的问题,这些也是我们关切人类处境不能不面对的挑战。历史与现实既为处境伦理研究提供资料和说明,也使关于处境伦理的研究因其必要性被赋予意义。

四种理论比较而言,可以说,萨特从哲学、伦理学视角讨论和研究处境更具有全面性。所以,本书接受萨特的处境说,在伦理学的视域中研究处境,提出处境伦理说。人会如何看待、认识、接受或改变自身的处境,是本书研究的主题。在伦理学视角下考察人的处境,人有所关怀有所忧虑,人们关怀尊严、自由、幸福,忧虑异化、孤独、焦虑,本书把人们关怀的内容归结为积极生活的范围,把人们忧虑的内容则视为消极生活的范围。这赋予了人对处境的主动性和创造性意义,正像美国学者罗纳德·英格尔哈特(Ronald Inglehart,1934年生)的研究所表明的:"一方面,人们可以把自身的处境设想成一个严格的总体结构,在这里,个人根本无力决定自己的命运——纳粹集中营战俘的处境非常类似于这个极端;在另一方面,也可以把这一处境设想成,所发生的一切都是个人行为的反映——富足和资源分配合理的自由主义社会可能比较接近这一理想。"[①] 在现实世界中,这两种都是特殊的处境,但都说明了,人作为被处境规定的存在者,其处境中毫无疑问地包含了政治、经济、文化等各种因素,是一定时代的产物,这一点不可回避和忽略。不仅如此,处境伦理还要研究一个时代的各种外在条件如何参与并影响个体的人生处境形成和生命感受,使人

---

① [美]英格尔哈特. 发达工业社会的文化转型. 张秀琴,译. 北京:社会科学文献出版社,2013:17.

很真切地体会到生活的意味；同时，肯定人在一定程度上是处境的决定者，可以选择做什么样的人和怎样度过一生。

全书分为四章。第一章从全球化、资本化与城市化的趋势论及人的当代处境。当代社会就客观环境而言，处于一个大的时代，以工业化、现代化和技术化为标志，现在更是进入所谓的大数据时代。理解人的处境，时代性是其中的一个重要因素。黑格尔曾经在他的《法哲学原理》一书中引用了《伊索寓言》中罗德岛的故事：这里就是罗德岛，要跳你就在这里跳吧。每个人只能从自己的罗德岛起跳，这是探究人的处境的一个不容忽视的因素。人的处境发生改变，就应当对全部人类历史的发展（包括物质的、精神的、心理的、文化的、道德的）进行新的审视。同时，外在环境的巨大变化所导致的人的内心感受或曰感受性所发生的变化，也是考察人的处境的重要判定因素。

第二章阐述值得一过的生活的内容：人生应当拥有尊严、自由和幸福。尊严是指个体和共同体的存在所享有的不被侮辱的权利，是不可侵犯的，包括尊重和自尊。尊重是对他人敬重的情感，自尊则是对自己敬重的情感。自由在人形成自我理解的过程中是一个基础性的概念，讨论道德也常常把自由作为论证的基础，它是免除限制和自我决定的权利。亚里士多德说人人都想要幸福，的确，人们毫无例外地关心幸福和追求幸福。所谓幸福，是人对处境满意的心理感受和客观状态，是考察和建构处境伦理的重要内容。

第三章论述消极生活的内容：人的异化、孤独和以焦虑为典型形态的各种心理不适征。所谓消极生活，是指现代人生活所面临的与积极背离的趋势，难以摆脱也难以避免。在人的处境中清理出属于消极生活的因素，是现代人最为迫切需要面对与解决的问题。其中，异化指人与自我的分离，是程度较轻的自我疏远，它会导致各种各样的矛盾，也积累了潜在的社会冲突，是要加以抑制和克服的趋势。孤独指人丧失与他人的关系，也丧失了自我实在性的状况。在这种状况中，人不被看到、不被听到以及不被理解，也没有对他人看到更多和听到更多，这些正在演变为一种更普遍的大众孤独现象。心理不适征的主要形式是焦虑，焦虑是对想象中的危险不相称的反应，它包含着无能为力、无力自主和非理性的情绪体验等。

第四章主要针对各种心理不适征提出心理调适的方案，包括由于新的社交网络的出现，对于"群"、俱乐部这些城市交往模式的分析与认识；提倡遵循简单原则生活，投身各种有益的生产劳动，保持情绪上的无怨，最重要的是过由爱引导的人生。

  人类道德生活的必要性和重要性为本书的研究内容提供了理据。由亚里士多德开启的伟大的德性论传统认为：道德不只是意味着义务、守则、禁令，也包括如何以最自由、最完整、最能实现自我的方式生活。马克思在他关于理想社会和理想生活的构想中，强调了人的解放、自由和全面发展。所以，人的处境决定其道德立场、选择、行为，决定人在世界上的位置。处境伦理意味着从处境的角度揭示道德活动发生、发展、变化的内在机理。同时，处境伦理还是位置伦理，它首先是空间伦理，然后是时间伦理，是一个人在其空间位置和时间序列中怎么做的规则要求。总之，处境伦理的概念意指，真正的道德应当面向人类处境的所有方面。对此，本书得出的结论是，关于人的处境的认识和了解，道德提供了最关切人本身的角度。

第一章 资本时代人的处境

人在世界上的处境和命运,是永恒的话题。处境具有当下性,命运具有一贯性。命运常常是盖棺定论时才可以纵论一二的话题,处境却时时与生活、生命、感受相关。生命作为有感受的存在,必然有所关切,不能忘怀,奥斯瓦尔德·斯宾格勒(Oswald Spengler,1880—1936)认为,关切是"距离在精神上的对称"①。人是善于遗忘的,关切就是对遗忘的抗拒,而且,在对处境的关切中,人所追求的古老理想是乐天,即安于自己的处境而没有任何忧虑。进一步就是乐天知命,因为相信一切由命运支配,所以对自己的处境安然接受。在乐天或乐天知命的处境理解中,有一个角度的缺乏,即人总是有所忧虑的。有了这一层的理解,人就不会耽溺于追求永远幸福、快乐这类虚妄的目标,并深陷求而不得的痛苦、烦恼之中。德国哲学家卡尔·西奥多·雅斯贝斯(Karl Theodor Jaspers,1883—1969)曾说:"被忧虑和希望所震撼的灵魂使我们富有洞察力。"② 本书在伦理学的视野中,从人的有所关怀和有所忧虑去探索人的处境。英国哲学家伯特兰·罗素(Bertrand Russell,1872—1970)曾说:"伦理学与生命密切相关,这并不是生物化学家研究的作为物质过程的生命,而是由幸福和悲痛、希望和恐惧,以及使我们宁要这个世界而不要那个世界的其他类似的对立物构成的生命。"③ 关怀和忧虑是指我们对事物与事件所采取的态度、立场,是我们参与世界的方式,是我们对世界做出的情感反应,也是我们对他人的承认方式,它们是主体与世界的联结,这其中同样包含了客体对主体的生存的重要性。

每一个时代赐给个人不同的处境。理解人的处境,时代性是其中的一

---

① [德]斯宾格勒. 西方的没落:上. 齐世荣,等译. 北京:群众出版社,2016:导言11.
② [德]雅斯贝斯. 历史的起源与目标. 魏楚雄,俞新天,译. 北京:华夏出版社,1989:161.
③ [英]罗素. 伦理学和政治学中的人类社会. 肖巍,译. 石家庄:河北教育出版社,2003:13.

个重要因素，就像黑格尔曾经说的，这里就是罗德岛，要跳你就在这里跳吧。每个人只能从自己的罗德岛起跳，这是探究人的处境的一个不容忽视的因素。人活在世上，不仅有所关怀，而且有所忧虑。当然，要考虑的还有世界这个包罗万象的概念中的各种因素，对此，萨特曾说："通常情况下世界是作为我们的境遇的地平线。"① 人们通过观察、关心世界而有所关怀、有所忧虑。只有这样，人们才能对处境有认知、有了解，才能设身处地去想象和理解，这是促进人与人相互沟通和交流的前提，更是全球化时代必须面对的时代课题。

第一节　资本时代、处境及自我认识

　　努力追求更好的东西、成就更好的自己，是人类普遍的心理现象。对于这种心理现象，庄子（约前369—前286）的理解是悲观的，他说"企者不立"，因为每个人都会企望比自己更好的自己，每个人在自己的现有状况中都会想办法改善处境，这种心理使我们生活的世界变得充满竞争，因而难免使人焦虑、着急、忧伤，但也会让人兴奋，从而自我振作、自我提升，赋予生命不一样的意义。对于现代人而言，一个人追求某种境界并企图超越自我是好的，但这能不能成为无上的人生智慧，是应当加以考察和认识的，毕竟努力不完全等同于成就。对诸如此类问题的思考，应当进一步深入考察人的处境。

　　当代社会就客观环境而言，处于一个大的时代，以工业化和现代化为标志，现在更是进入大数据时代；但是从人的内心感受而言，每个人都是小人物。人的卑弱、无助、焦灼甚至绝望常常被放大，空气里弥漫着不管不顾的气息，人被科学技术和竞争心理拖进了这样一个新的时代：外在环境的宏大衬托出人内心的渺小。在这种心理驱使下，个体的人会更愿意遁入群体。个体紧紧依附于群体而随波逐流，对于自我和他人的感受来说，存在似乎等于不存在，人便会在行动中表现出现时代的两重矛盾，即顺从与反抗。一般说来，人总是对来自他人和世界的侵犯保持着警惕，当心中酝酿的反抗情绪见诸行动，他就变成了这个世界的反抗者，反抗是坚持属于自己的某种意愿。更多人没有力量也没有觉悟地融入时代中，成为顺从者，顺从是对自我的放弃。所以，当人的处境发生改变，就应当对全部人

---

　　① ［法］萨特. 萨特研究. 施康强，译. 北京：中国社会科学出版社，1981：19.

类历史的发展（包括物质的、精神的、心理的、文化的、道德的）进行新的审视，尤其是我们身处其中的这个时代。

这个以技术进步为标志的时代，赫伯特·马尔库塞（Herbert Marcuse，1898—1979）称之为"单向度"的。人变成了"单向度"的人，即"丧失否定、批判和超越的能力的人。这样的人不仅不再有能力去追求，甚至也不再有能力去想象与现实生活不同的另一种生活"①。正如我们放眼所看到的，技术理性正在塑造着当代社会的新景观——舒服、平稳、合理、民主，人们以享受的姿态接受这些价值。但是，新的技术也会成为新的控制形式，人们所享受的是以个性受到压制、接受新的控制形式为代价的。而且，人为自己的享受付出接受控制的代价，通常是以不容易被发现的形式完成的。当然，类似的评价有时难免有失公允。我们看到技术理性在城市化的背景下，带给人类更多方便、舒适与享受，这种进步是不容否认的。在人类历史发展的兴盛时期，城市化是其中最显著的一个特色，正如美国学者斯蒂芬·平克（Steven Pinker，1954 年生）所发现的："城市一直是思想的熔炉。大都会型的城市可以聚集足够数量的、多种多样的思想，同时还提供了大量的角落和缝隙，足供特立独行的人们寻找藏身避难之地。理性时代和启蒙时代也正是城市化的时代。伦敦、巴黎和阿姆斯特丹成为知识的骡马大市，思想家们每天都在沙龙、咖啡馆和书店聚会，对时兴的观点评头论足。"② 所以，思想家们有理由相信，关怀人的人道主义革命的出现，部分是因为 17、18 世纪城市的兴起。以马尔库塞为代表的悲观派与以平克为代表的乐观派的基本立场和基本观点，是从不同角度对城市生活所做的概括，也是认识现代人之处境的重要前提。

一、全球化：资本时代与大城市生活

在一个不断变化发展着的时代，新的主题和新的内容不断出现，不过，资本始终是其中引人注目的因素，它与大城市的关系历史悠久。单从资本主义作为一种社会制度的萌芽来看，城市群最为发达的欧洲经历了这样的历史，斯宾格勒曾说："世界的历史就是城市的历史。"③ 14、15 世纪的罗马、佛罗伦萨、阿姆斯特丹，16、17 世纪的伦敦、巴黎，18、19 世

---

① ［美］马尔库塞. 单向度的人——发达工业社会意识形态研究. 刘继，译. 上海：上海译文出版社，2006：译者的话 2.
② ［美］平克. 人性中的善良天使：暴力为什么会减少：上. 安雯，译. 北京：中信出版集团，2015：214-215.
③ ［德］斯宾格勒. 西方的没落：上. 齐世荣，译. 北京：群众出版社，2016：151.

纪的里昂、曼彻斯特、西里西亚，都在资本的推波助澜下以城市的面貌在大地上迅速崛起。大机器工业、无产阶级、资产阶级共同推动了城市的繁荣。美洲大陆同样如此，18世纪的波士顿，19世纪的纽约、芝加哥，20世纪的华盛顿、拉斯维加斯等，资本与大城市互为依靠，共同进步。

在经济学中，资本的核心要素是货币，但是货币只在与生产资料结合、为资本家所占有并能带来剩余价值时，才成为资本。马克思在《资本论》中深入地论述了这个过程既创造财富也产生罪恶的事实，无疑，马克思的资本理论是我们理解资本时代的关键。马克思梳理出的资本逻辑有：流动性、扩张性、交换价值、物化、异化、世俗化，还有人与人之间只有冷酷无情的现金交易，再无别的联系。从马克思关于资本逻辑的理论论证中，能够清楚地看到资本如何深刻地影响了我们生活于其中的时代。资本在流动中扩张。正如马克思、恩格斯在《共产党宣言》中所说："生产的不断变革，一切社会状况不停的动荡，永远的不安定和变动，这就是资产阶级时代不同于过去一切时代的地方。一切固定的僵化的关系以及与之相适应的素被尊崇的观念和见解都被消除了，一切新形成的关系等不到固定下来就陈旧了。一切等级的和固定的东西都烟消云散了，一切神圣的东西都被亵渎了。人们终于不得不用冷静的眼光来看他们的生活地位、他们的相互关系。"① 马克思看到了资本对人类社会的最大威胁，它破坏一切稳固的东西，把一切都卷入与它的流动性相匹配的动荡之中，重新塑造了人的存在意识、存在方式和存在状态。这一段著名的话也是马克思处境论的主要内容。在马克思看来，人的历史是生产资料的历史，因为生存是首要条件，一切都是为了满足生存的需求，经济在其中起决定性的作用。马克思强调没有孤立的人，人只能在社会中生产、生活，这使得资本成为现代生活中的一种主要因素。

资本对人的塑造与控制是全方位的，这是其可怕之处，法国哲学家让·鲍德里亚（Jean Baudrillard，1929—2007）的分析指出，资本"无情地占领全部生活空间，不论先后次序。资本把人投入劳动，但它同样也把人投入文化，把人投入需求，把人投入语言和各种功能性方言，把人投入信息和交流，把人投入法律、自由、性关系，把人投入生本能和死本能——它在各处都同时根据敌对神话和冷漠神话来训练人"②。在他的描述中，资本显然是影响现代社会的最重要的力量，它在流动与扩张中从根

---

① 马克思恩格斯选集：第1卷.北京：人民出版社，1995：275.
② [法]波德里亚.象征交换与死亡.车槿山，译.南京：译林出版社，2006：50.

本上改变了人的存在方式和感受方式。

资本主义市场盛行的冷酷法则是：个体之间的冷漠交换。世界进入工业革命带来的物质与精神大变动之中，就意味着世界进入广泛的生产和交换过程之中。约翰·沃尔夫冈·冯·歌德（Johann Wolfgang von Goethe，1749—1832）最伟大的作品《浮士德》，显然就是一个关于这样的时代的寓言。一个长期困守书斋、安于孤独生活的学者，终于对一切感到厌倦，愿意出卖灵魂去换取那些为世人孜孜以求的东西，如金钱、权力、名声等。自知终有一死的浮士德这样吐露心声：凡是赋予整个人类的一切，我都要在内心中体味参透，保留在我精神的天地之中，在我心上堆起人类的苦乐，让我的自我发展融入人类无束缚的自我，直到最后，像他们一样消失。他想遍尝人间一切苦乐，求获体验与感受的无穷丰富。因此，浮士德有了这样的惊人之举，和魔鬼梅菲斯特达成一笔交易，梅菲斯特帮助他尽可能地体验一切，作为回报，他向梅菲斯特抵押自己的灵魂，只要他有一瞬间对一切感到满意，说出"美啊，请你暂时一留"，这笔交易就算完成。歌德在他的巨著中探索人之物质需要与精神需要的边界和比重。对于一般人而言，委身于舒适的物质生活，还是委身于需要不断努力的高级精神生活，的确是个问题。这两方面尽管有某种程度的融合，但在大部分情况下存在冲突，舒适的享受与生活往往容易消解精神领域殚精竭虑的努力。从一般人性来说，物质欲望常常占据上风，如果不加节制，继之而来的就是普遍的道德沦丧。梅菲斯特是这种类型的代表，他洋洋得意地宣称："我为此反倒喜爱永远的空虚。"[①] 他用财富与享乐作为筹码来抵押浮士德的灵魂，本身就象征资本逻辑与人文精神交锋的胜利。

这样的交易在现代工业社会逐渐集中在以货币为中介的行为中。金钱成为交换体系中很重要的因素，在人与人、人与物、物与物之间作为媒介发挥作用。关于其所导致的消极后果，法国哲学家亚历克西·德·托克维尔（Alexis de Tocqueville，1805—1859）如此描绘："在这类社会中，没有什么东西是固定不变的，每个人都苦心焦虑，生怕地位下降，并拼命向上爬；金钱已成为区分贵贱尊卑的主要标志，还具有一种独特的流动性，它不断地易手，改变着个人的处境，使家庭地位升高或降低，因此几乎无人不拼命地攒钱或赚钱。不惜一切代价发财致富的欲望、对商业的嗜好、对物质利益和享受的追求，便成为最普遍的感情。这种感情轻而易举地散布在所有阶级之中，甚至深入到一向与此无缘的阶级中，如果不加以阻

[①] [德]歌德. 浮士德. 绿原，译. 北京：人民文学出版社，1994：434.

止，它很快便会使整个民族萎靡堕落。"① 对于这种社会弊端所造成的生存困境，弗洛姆顺理成章带出了人会逃避自由的结果。在传统社会，个人的地位比较固定，成就与个人能力比较匹配，但是这种金钱更深介入的社会使得"生活不再是一个以人为中心的封闭世界，世界已变得无边无际，同时又富有威胁性"②。这种威胁来自外在世界，来自市场，更来自资本。物质财富巨大增长带给人巨大的考验，法国哲学家邦雅曼·贡斯当（Benjamin Constant，1767—1860）曾经指出："拥有一笔巨大财富，即使对平民个人来说，也会激起他们在正常情况下绝不会涌上心头的欲望、狂想以及杂乱无章的白日梦。大权在握的人们也是一样。……太多的财富也会像太多的权力一样使人头脑昏，因为财富就是权力，而且是所有权力中最实在的权力。"③ 财富的桀骜不驯的特征由此可见。

关于交换价值，马克思时代的资产阶级所相信的道德格言是：从任何东西中都可以榨出金钱（Anything is good to make money of）。所以，对写诗的能力所要求的是，能够把这些诗变成金钱。马克思这样批判资本主义社会中资本的这种特性："人们向我的能力要求的完全不是这个特殊能力的特有的产物，而是依赖于异己的、不在我的能力支配下的那些关系的产物。"④ 也就是说，一个事物的价值包括对人的能力的承认，都取决于其能否与金钱进行交换。有生命的个人的存在是全部人类历史的前提，人性、情感等因素显然是不宜被纳入交换体系的，这种矛盾必然造成人类精神上的痛苦与悯惑。交换活动频繁、交换意识盛行，不仅使得人与人之间的关系更加冷漠，而且带来物化、异化等现象。

马克思历史唯物主义认为生存是首要条件，一切都是为了满足生存的需求，所以经济成为决定性的根源，这是物化的深层原因，也造成了19世纪的各种矛盾。一方面，土地资本向工业资本转化，造成了大量贫困悲惨的现实，被剥夺得一无所有的人们来到城市，他们没有故乡，没有财产，也没有道德，在最无人性的境地中任人宰割。在这个过程中，首先是劳动，然后是使用机器，使工人失去人性。另一方面，技术与生产的结合、对科学与未来的憧憬，累积了大量的社会财富和乐观情绪，不能否认，科学的惊人进步带来了普遍的希望。马克思描画了一个资本与劳动结

---

① [法] 托克维尔. 旧制度与大革命. 冯棠，译. 北京：商务印书馆，1992：35.
② [美] 弗罗姆. 逃避自由. 刘林海，译. 北京：国际文化出版公司，2000：46.
③ [法] 贡斯当. 古代人的自由与现代人的自由——贡斯当政治论文选. 阎克文，等译. 上海：上海人民出版社，2005：156.
④ 马克思恩格斯全集：第3卷. 北京：人民出版社，1960：477.

合的新社会，那里将生产出物的丰富与正义，这是他所设计的幸福之路。马克思的全部著作中都贯穿着发展的理想和进步的观念。马克思在自己世界观形成的青年时代，被德国人道主义思想和浪漫主义思想所滋养，他关于发展的理想受到歌德等人的影响，为人们认识变化着的时代和社会提供理论基础。他对于时代的变化是了然于胸的，从《共产党宣言》中的表述就可以窥见，只是这种变化带来的结果到底如何，要由后来资本主义社会的进一步发展来验证。

马克思认识到了早期的资本主义所表现出的令人惊叹的创造力以及令人恐惧的破坏力。1856年，他在伦敦举行的《人民报》创刊纪念会上发表演说，这样认识19世纪："一方面产生了以往人类历史上任何一个时代都不能想象的工业和科学的力量。而另一方面却显露出衰颓的征兆，这种衰颓远远超过罗马帝国末期那一切载诸史册的可怕情景。"① 马克思的敏锐性表现在他把握了这一时代的特质。他说："在我们这个时代，每一种事物好像都包含有自己的反面。我们看到，机器具有减少人类劳动和使劳动更有成效的神奇力量，然而却引起了饥饿和过度的疲劳。财富的新源泉，由于某种奇怪的、不可思议的魔力而变成贫困的源泉。技术的胜利，似乎是以道德的败坏为代价换来的。"② 马克思在这一段话中描绘了现代生活的最基本的特征，即矛盾：机器创造神奇但也引起饥饿和过度疲劳，涌现的财富又变成贫困的根源，技术的进步带来道德的败坏，人类日益控制自然但又成为他人的奴隶。现代生活的基本事实这样充满矛盾，这些矛盾的种种归结为一点，就是价值缺失、空虚与价值丰富以及巨大可能性之间的矛盾。这其中的根源在于资本主义的驱动力是利润。有研究者分析指出，对于资本而言："利润驱动力一定是没有界限的，对剩余价值贪得无厌，其后果就是生态破坏。为了不断扩大和更新生产过程，要获取所需的原材料和附加产品，导致自然资源的消耗和枯竭。……资本主义也导致了人力资源的消耗和枯竭。为了获得更大的利润而降低工资，由此带来了贫穷和危险系数、绝望和虚无主义的增加，人类生活繁荣的机遇被剥夺。"③ 这些研究成果不仅深化了对马克思相关论述的认识，而且涉及本书后面要讨论的诸多议题。

---

① 马克思恩格斯选集：第1卷. 北京：人民出版社，1995：774.
② 同①775.
③ ［美］波默洛伊. 资本的破坏性：为什么我们不能置身事外？陈伟功，王红婵，译. 马克思主义与现实，2016（4）：64-65.

马克思认为，人把自己的素质或力量转化为跟自己对立、支配自己的东西，人就被异化了。他视异化为社会进步的代价，其核心是主体和客体分离，人被迫做毫无意义的事。在资本主义发展过程中，异化结构深入且决定性地浸入人的意识，这一过程的加剧尤其以工人的被剥夺、被压迫表现出来，马克思对此进行了十分透彻的描述："劳动为富人生产了奇迹般的东西，但是为工人生产了赤贫。劳动生产了宫殿，但是给工人生产了棚舍。劳动生产了美，但是使工人变成畸形。劳动用机器代替了手工劳动，但是使一部分工人回到野蛮的劳动，并使另一部分工人变成机器。劳动生产了智慧，但是给工人生产了愚钝和痴呆。"① 这种人同自己的劳动和劳动产品、同自身和他人的关系被扭曲的状态，就是非常严重的异化状态，人们会在这种异化的存在状态中丧失自由与尊严。

同时，资本逻辑中蕴藏的世俗化因素也在现代得以激发，它表现出这样的特征，正如歌德所批评的："在最近这两个破烂的世纪里，生活本身已变得多么孱弱呀！我们哪里还能碰到一个纯真的、有独创性的人呢！哪里还有人有足够的力量做个诚实人，本来是什么样就显出什么样呢？"② 对于歌德所批评的这种启蒙之后的文明病征，弗里德里希·威廉·尼采（Friedrich Wilhelm Nietzsche，1844—1900）的观察也很敏锐细致，他关于这种变化之后的人性特征的说明更为具体："达于高潮的同样旺盛的求知欲，同样不知餍足的发明乐趣，同样可怕的世俗倾向，加上一种无家可归的流浪，一种挤入别人宴席的贪馋，一种对于当前的轻浮崇拜或者对于'现代'的麻木不仁的背离，即把一切归入世俗范围。"③ 人的天性是追求卓越、完美的，但是在现代五彩斑斓的生活中有着难以形容的贫乏和枯竭，人们能够形成的只是关于世界本身的碎片化的印象，同样，人的生存碎片化了，性格的完整性也被破坏了。早在 18 世纪，歌德就觉察到了这种危机，将之称为"世纪病"，他的好友约翰·克里斯托弗·弗里德里希·冯·席勒（Johann Christoph Friedrich von Schiller，1759—1805）在这方面的思考和论述对他大有启发。作为当时天才的艺术家，席勒从其所处时代的观察中发现，人的现实存在是腐朽和粗野，是自然人状态，而理性人的状态是人受理性支配，恢复健康，具有美的心灵。席勒的理论关心

---

① 马克思恩格斯选集：第1卷. 北京：人民出版社，1995：43.
② ［德］爱克曼，辑. 歌德谈话录. 朱光潜，译. 北京：人民文学出版社，1978：17.
③ ［德］尼采. 悲剧的诞生——尼采美学文选. 周国平，译. 北京：生活·读书·新知三联书店，1986：102.

的是如何使人从被感性支配的自然状态走向精神能控制物质的理性状态，从自然人变为理性人，成为既有感性又有理性的完整存在。

席勒认为粗野和懒散是人类堕落的两个极端，美对人的性格的形成和建设的作用在于避免这样两种可能情形。人若只强调自然和教养的某一方面，都会具有不可避免的弊病，正如席勒所说：感觉支配原则，人就成为野人，原则摧毁感觉，人就成为蛮人；野人蔑视艺术，视自然为他的绝对主宰，蛮人嘲笑和谤污自然，但比野人更可鄙。避免堕落，人就要有自决的自由，席勒称之为"天性的尊严"，这种自由要由美来引导和激发。他说："在一个民族里，审美修养的高度发展和极大普及是与政治的自由和公民的美德，美的习俗是与善的习俗，举止的文雅是与举止的真实携手并进的。"① 就是说，美参与人的性格的形成和建设，可以有利于人的意志在义务和爱好之间保持自由，还可以让人远离野蛮，成为理性人。席勒相信，每个人按照他的天赋和规定在自己心中都会有一个纯粹的人、理想的人，所以人天生的伟大任务就是与这个理想的人保持一致。

就性格完整性的塑造和培养来看，希腊人最具有典型性。席勒通过历史提供的材料指出，"希腊的自然是与艺术的一切魅力以及智慧的一切尊严结合在一起的。……他们既有丰富的形式，同时又有丰富的内容，既善于哲学思考，又长于形象创造，既温柔，又刚毅，他们把想象的青春和理性的成年结合在一个完美的人性里"②。席勒所发现的是希腊人在物质与道德之间达成的审美和谐。为此，席勒提出了自己"通过美走向自由"的理想，他认为美可以使人们从现实的双重混乱中恢复原状，是人类幸福生活中最好的部分；同时，美的享受可以满足人们最纯正的爱好，使人得到"至乐"。就走向自由而言，人们要求的是不可丧失和不应被剥夺的权利，因为深具美感的雄健的品德只在自由的土地上才能生长，人的精神的统一性也依靠自由的保障。关于这一点，托克维尔也说："正是自由在大批个人心中，保留着他们天生的特质，鲜明的色彩，在他们心中培育自豪感，使热爱荣誉经常压倒一切爱好。我们行将看到的生机勃勃的精灵，骄傲勇敢的天才，都是自由培育的。"③ 他的话同样证明了从人的天禀和规定来说，即使有各种各样的变换，每个人都要同这个理想的人永不改变的一体性保持一致。对自己的忠诚，为人们通过美追求自由确定了极有说服力的

---

① ［德］席勒. 审美教育书简. 冯至，范大灿，译. 上海：上海人民出版社，2003：81.
② 同①44.
③ ［法］托克维尔. 旧制度与大革命. 冯棠，译. 北京：商务印书馆，1992：159.

准则。席勒关于自由理想和观念的论述，是对康德自由学说的有益补充。人固然凭借理性获得人的形象和价值，但是，人也是有感情、感受的存在物。理性要求一体性，而感性要求多样性。席勒的美育目标及理想是："人铭记理性的法则是由于有不受诱惑的意识，人铭记自然的法则因为有不可泯灭的情感。"① 席勒的通过美走向自由的思想，在一个资本大行其道的时代和社会，在一定程度上实现了理性与感性的和解，保护了人的天性与性情的完整。

毫无疑问，资本在城市中获得了最大的发展空间，资本的矛盾性也造成了城市的矛盾性，正像鲍德里亚指出的："城市，市区，这同时也是一个中性化、同质化的空间，是冷漠的空间，是贫民窟不断遭到隔离的空间，是城区、种族、某些年龄段被流放的空间：是被区分性符号分割的空间。"② 城市化既是社会的发展方向，也越来越成为现代人的命运。从最适当的背景和经验来考察人的处境，城市的确是一个不可忽略的因素。

因为城市化，移民带来了大城市人口的增长，也带来了流动性和人们生存方式的改变。人越多，范围越大，注意力就越涣散，关注太多，就无法专注，这给个人带来了更大的自由，个人的自由增加使个人得以隐藏在人海中从而摆脱集体的束缚。与这种生活经历和生活感受不同的是，在小城镇、在乡村，任何人都难以违抗已得到普遍认可的习俗，监视的目光、鞭挞的力量来自各个方面，人们即使有勇气冒犯，也没有力量逃脱惩戒，每个人的举动都会受到公众力量的监视。这和大城市不同，在大城市，每个人都是陌生人（这更多是指情感上的），没有人对其他人感兴趣，包括他们的行为。人与人之间容易表现出冷漠与疏离，虽然大城市的舆论随着人们注意力分散而缩小。在没有集体监视的地方也缺少集体关怀，个人的存在被遮蔽。就像爱弥尔·涂尔干（Emile Durkheim，1858—1917，也译迪尔凯姆）所说："在聚居密度和人口数量互成正比的地方，个人之间的纽带不仅比较匮乏，而且比较脆弱。"③ 没有情感的牵绊，大城市更容易成为竞争加剧的领地。在一个与陌生人共存的集体中，剥夺所指向的对象是不明确的，人心容易变得冷漠或冷酷。

在大城市，一切都是人工化的景象，包括权力结构、经济情势，远离大自然的浸润，久而久之，人常常失却了真实的感觉。我们知道，权力与

---

① [德] 席勒. 审美教育书简. 冯至，范大灿，译. 上海：上海人民出版社，2003：33.
② [法] 波德里亚. 象征交换与死亡. 车槿山，译. 南京：译林出版社，2006：112.
③ [法] 涂尔干. 社会分工论. 渠东，译. 北京：生活·读书·新知三联书店，2000：256.

经济都追求扩张，扩张欲望的满足会阻挠感觉的生长与发展。罗素曾认为科学、诗歌、宗教是古老的世界被赋予意义的形式，但是现代社会的意义通常由政治与经济赋予，尤其是经济挂帅往往带来世界平面化的结果。人的心神和努力都用来赚钱了，幸福和生活往往就被忘却了。与此同时，经济被过分强调必然导致对速度、效率的过度崇拜，文化也不可避免地浸染其中。在都市的发展中，人的情感体验模式出现了与速食文化相关的面相，人与人之间形成速食关系，即生命与生命之间没有深层的牵连，传统社会的深层关系正在被现代社会的表层关系所取代。

现代人孤独、寂寞、绝望的感受，人际关系的冷漠等，均与城市化相关，因为大城市这个冷漠空间切断了人与自然、人与人的亲密关联。城市中的人们行色匆匆，近在咫尺却互不往来，失望情绪普遍存在。人总是迅速被遗忘，也轻易被取代。对于个体来说，周围人"活不活？""存在不存在？"都无所谓，都与自己没有关系。现代人疏离的状态是共处，但个人通常无意义地存在。人的绝望与世界的冷漠互为逻辑，据说上帝会眷顾每个人，他曾许诺要把每一滴眼泪都揩掉，但是，这个世界越来越像《圣经》之中的"涕泣之谷"或者说"泪谷"。现代人当然不会束手就擒，他们使历史充满了为改善自身处境而进行的斗争。在 19 世纪，人们为生活而斗争；在 20 世纪，人们为承认而斗争；在 21 世纪，反对虚无主义成为斗争的主题。如今，到处都是大城市，喧嚣不已，人声鼎沸，生活让人应接不暇。哲学家们注意到，如果能在心灵中开辟一片净土，一样可以在城市中找到宁静，就如勒内·笛卡尔（René Descartes，1596—1650）在他生活的时代，他居住的阿姆斯特丹是喧嚣的港口城市，是最商业化的城市之一，也是思想角斗的主战场，但是他在那里找到了宁静。就像他在写给朋友的信中所说："我每天都要在混乱的人群中散步，得到的自由和休憩不比您在林荫小道上得到的少。"① 城市的大街上有最丰富的人间百态。黑格尔也说："只有现代化的城市，才能向思想提供一块自我意识的土地。"② 伴随着大城市而出现的新的生活方式——流浪、迁徙、四海一家，对乡土中国漫长历史中所形成的保守心理冲击很大，消费社会崇拜物质，与传统价值中的节用、自我约束形成很大的冲突。这些都是共同构成观察现代人处境的因素，弗兰兹·卡夫卡（Franz Kafka，1883—1924）总是说，不要失望，甚至对你并不感到失望这一点也不要失望。他所体认的人

---

① ［法］加缪. 加缪全集：第 4 卷. 杨荣甲，等译. 石家庄：河北教育出版社，2002：196.
② 同①221.

的处境是充满象征与隐喻的,如他在《诉讼》中所表达的,一场没有终结、没有指望的追寻就是人的真实处境。人性是脆弱的、欠缺的,所以应当宽恕、仁慈,他用小说探索人所面临的恶的处境,即人活着可以接受荒谬,但人不能活在荒谬中。他困惑的是世界本身的空虚,人用什么来填充?对于卡夫卡的这种断言,哲学家们有各种各样的表述,如萨特认识到人的处境是"孤独",叔本华指出是"虚无",与卡夫卡最为接近的是法国哲学家阿尔贝·加缪(Albert Camus,1913—1960),以他的理解,人生始自荒诞,这种关于人的状况图景的想象深深震撼了他,他尝试着用小说《局外人》、戏剧《卡利古拉》、散文《西西弗的神话》来揭示与探讨生存荒诞、世界荒诞的主题。在加缪笔下,荒诞无处不在、无时不来,或许可以这样描述:"人存活于现实世界中,是如何感受到荒诞的?这种感受可能随时随地油然而生,也许是在某一个街角,也许是在进行某一种操作,它是对一种持续生存状态的猛然反应:可能是疲惫与厌倦,也可能是失望与惊醒。"① 荒诞与对虚无的想望是直接相关的,理解人生的荒诞事实从虚无主义袭来开始。悲剧也是理解荒诞的一个角度,正如刘小枫对悲剧的定义所揭示的:"尽管生活本身就是恶(欠缺、不义、不幸),人也不得不活。"② 加缪从人世百态中总结了三种反抗态度和方式:第一种是生理上的自杀,这是人对荒谬人生的消极逃避、俯首投降;第二种是哲学上的自杀,譬如说逃到上帝那里,以来世或彼岸来自我安慰,这是自我理性的窒息与自残;第三种是奋斗抗争,即西西弗(Sisyphus)的态度,西西弗是加缪所理解的荒诞人,他处于永久无望又无用人生之状况,但是每一次重新登上山顶,他都步履铿锵,激励人们相信走过、活过就有意义。

上述这些悲观的看法,并不能动摇人们对生活的基本看法。人们在进入生活特别是现代生活的滚滚洪流时,应当抱有这样的信念。改变自我或人的处境,马克思想通过改造世界来实现,其他哲学家则另有想法,布莱兹·帕斯卡尔(Biaise Pascal,1623—1662)说:"我们自身生存之空虚的一大标志,就是我们不满足于只有这一个而没有另一个,并往往要以这一个去换取另一个。"③ 没有人可以抗拒这种命运和生存处境。加缪断言:"当人们肯定世界的明天比今天更美好时,便会在安逸中寻欢作乐。"④ 很

---

① [法]加缪. 加缪全集:第1卷. 柳鸣九,等译. 石家庄:河北教育出版社,2002:18.
② 刘小枫. 拯救与逍遥. 上海:华东师范大学出版社,2007:212.
③ [法]帕斯卡尔. 思想录. 何兆武,译. 北京:商务印书馆,1985:75.
④ [法]加缪. 加缪全集:第3卷. 杨荣甲,等译. 石家庄:河北教育出版社,2002:279.

显然，他们的理想是改变自己。这些思考的结论有助于人们充分认识 19 世纪以来人类生活的复杂性，也使人们对人的处境有更深刻的了解和认识。

二、处境认知：出现与消失

在浩瀚、万籁俱寂的宇宙中，地球仿若一粒微尘，人寄居其中，是能说话的理性生物，人类个体生命虽然短暂，但却共同创造了绵延不绝的历史，所以沉思历史，有助于人类自我理解和观照自己的处境。当我们看待自我乃至人的处境时，让我们置身于黑格尔笔下，我们会看到什么？他的《美学》中写到的那个投掷石块的小男孩，会用惊奇的眼光看水面泛起的阵阵涟漪。人在看自己的处境时，欣赏、惊讶、审视、沉思都会有，并在看过程中形成关于处境的认知。波纹虽然会消失，但是在人类文明的长江大河里，涓滴都自有存在的价值。

"处境"这个概念是有具体内容的，包括人与人相处，被他人观察、注视，生活在需求、欲望、责任、关怀和痛苦中。本书强调的"处境"不是学术界相关研究所强调的"情境""境遇""状况"。"处"作为名词，是指居住地；作为动词，所表现出的人的选择和行动是由客观环境造成的，也是自我决定的。"处"作为动词，还有"居住"之意，也包括置身某处、处置之意，还有跟他人一起生活、交往的意思。"境"是处所、状况、地步的意思。在现代汉语中，"处境"这个词本来的意思是指"所处的境地、境况、境遇"，境况也叫状况，多指经济方面的情况，境遇是指境况和遭遇。处境在使用中通常有一种消极色彩，多指不利情况，主要是从客观的角度来看待和评价主体的状况或生活。美国心理学家乔治·赫伯特·米德（George Herbert Mead，1863—1931）强调："所有的生命有机体都活动于某个一般的社会环境或情境中，活动在它们的继续生存所依赖的复杂的社会关系和社会互动中。"[①] 同时，"存在着与各种不同社会反应相应的各种不同自我"[②]。米德把自我分为"客我"和"主我"，用以代指某种情境与个体，本书所理解的处境就包括米德所指的这些人置身其中的各种状况。

对于一般人来说，其对自我存在的兴趣远过于其他，没有人会不在意

---

① [美]米德. 心灵、自我与社会. 胡荣，王小章，译. 台北：桂冠图书股份有限公司，1995：224.

② 同①147.

自我的存在及处境。在资本、科技、全球化成为关键词的转型社会时期，人所面临的最重要的问题就是对自己的处境缺乏认识和判断，它关涉的具体问题是：人是什么？人应该怎样生活？人生的价值和意义如何确定？等等。帕斯卡尔这样探究这些问题，他说：" 人在自然界中到底是什么呢？对于无穷而言就是虚无，对于虚无而言就是全体，是无和全之间的一个中项。"① 也就是说，在无限与虚无之间，人是存在。帕斯卡尔认为，万事万物出自虚无、归于无穷，人置身其中思考自己的存在。对人的处境的研究，就是对这些问题的探索。通过对人的处境的研究，可以了解人们思想、情感、行为、生活的变化，以及其中的深层原因。现世处境是人生而所在的位置，正如马丁·海德格尔（Martin Heidegger，1889—1976）理解存在时所说，"存在自古以来就意味着：在场"②。所以，与人相关的一切考察都与处境相关。对处境的伦理学研究，就是回到人与世界之关系的根本，思考人与世界究竟是一种什么关系以及人如何看待世界及自我。

"处境"这个概念是包罗万象的。就像阿伦特所想的那样，人作为处境的存在者，处境决定我们的道德立场、选择、行为，决定人在世界上的位置。处境伦理即要求一个人处身使语言产生意义、使行动产生效果的位置，或者说在自我处身的位置上，让语言产生意义、行动产生效果。可以说，人由处境塑造而成，处境不仅指给予人生命的那些因素，甚至任何东西一经与人接触，就立刻变成接触者下一步存在的处境，所以里面既有给定的，也有创造的，包括生命本身的诞生性、有死性、世界性、复数性以及地球。世界上的一切尽管都构成人们存在的处境，但是只对与其相关的人和物才有意义。从这个意义上说，处境是造成的，是客观实在性与主观感受性的统一，也是稳定性与创造性的统一，还是物的世界与人的意识的统一。处境并非一成不变，反而容易被改变，因为每一个决定、每一个选择都会导致一定的结果，这个结果凝固成现实就构成处境。正像鲍德里亚在《象征交换与死亡》一书中所写的那样："今天，一切都是以种类或系列的方式出现的，这一事实本身就已经在测试你了，因为它迫使你们选择。这使我们对周围世界的总体使用近似于阅读，近似于选择性译码——我们在生活中主要不是使用者，而是阅读者和选择者，是阅读元件。但要注意：同时你们自己也不断地被中介本身选择并测试。"③ 在具体处境的

---

① ［法］帕斯卡尔. 思想录. 何兆武，译. 北京：商务印书馆，1985：30.
② ［德］海德格尔. 林中路. 孙周兴，译. 上海：上海译文出版社，2004：193.
③ ［法］波德里亚. 象征交换与死亡. 车槿山，译. 南京：译林出版社，2006：91.

形成中，从客观方面来说，人被动地阅读、选择、使用，这其中没有自由，因为人面对的是给定的世界。但是，从主观方面来说，人可以参与自我处境的形成，这体现意志的自由，人拥有决定与行动的自由，获得一个创造的世界。人如果安于前一种情形，就会成为马尔库塞所说的"单向度"的人；反之，人如果呈现后一种形式，就会表现阿伦特所说的人的"复数性"。这样看来，关于处境的伦理研究一定是涉及价值判断的，马尔库塞的结论是：（1）人类生活是值得过的，或者可能是和应当是值得过的。这个判断是一切理智努力的基础；它是社会理论的前提，否定它（这是完全合乎逻辑的）就是否定理论本身。（2）在一个既定的社会中，存在着种种改善人类生活的特殊可能性以及实现这些可能性的特殊方式和手段。① 从价值或伦理学的角度来认识处境，伽达默尔强调，哲学所必须具备的反思的普遍性是相对于具体处境而变得合理的，即人的"良知、对公平的感知、爱的和解都要具体地对应于处境来回答"②。因此，处境可以分为一般处境和例外处境，生活境遇平顺通常属于前者，道德冲突则属于后者，真正受到伦理学关注和考察的处境往往是后一种。伽达默尔说："没有人能够免除道德冲突情况，在此限度内可以说没有人能免除受引诱的例外，这是一种普遍的人类处境。"③ 一般处境不是例外处境，但是从人类生活的规律来看，例外处境却可以变为一般处境。理性知识有助于人对处境中的可能性进行判断，伦理知识让人知道一种处境所要求的可行性是什么。所谓可行性，是指其正当、有用、合目的。之所以如此区分，是因为一旦选择、决定和行动之后，就会带来结果的改变。因此，在对人的处境的认识和理解中，最核心、最重要的两个因素就是物、意识。古希腊时代的智者卓越地认识到这二者的区别，他们把人同外在的世界区别开来，从人所投入的生活来认识和肯定人生的独特意义，人的存在和生活因此被赋予价值。特别是亚里士多德，他把人的生活分为享乐的生活、政治生活和沉思的生活。在他看来，第一种生活微不足道，第二种生活是一部分人可以享受的权利，第三种生活才是最重要的。只有人才能过沉思的生活，这一思想后来在帕斯卡尔等思想家的体系中得到进一步发挥，从而形成了关于人存在的一种基本共识：人的光荣和独特在于他是能思想的人。

---

① ［美］马尔库塞. 单向度的人——发达工业社会意识形态研究. 刘继，译. 上海：上海译文出版社，2006：导言2-3.
② ［德］伽达默尔. 论一门哲学伦理学的可能性. 邓安庆，译. 世界哲学，2007（3）：58.
③ 同②60.

能思想的人可以进行生活方式的选择,生活方式本身是高度选择性的,这种高度选择性正是自由的内涵。对于自由是一种选择来说,在肯定性的回答中可以理解到其中的否定特质,即自由是对人的意愿和行为没有强制或阻挠。斯宾诺莎在《伦理学》中这样定义:凡是仅仅由自身本性的必然性而存在、其行为仅仅由它自身决定的东西叫作自由的;反之,凡一物的存在及其行为均按一定的方式为他物所决定,便叫作必然或受制。① 在《伦理学》一书中,对于处境伦理的理解,斯宾诺莎还有一个论断是值得注意的。他说:"应该注意,凡任何存在的东西,必然有其所赖以存在的一定原因。""最后必须注意,一切事物所赖以存在的原因,不是包含在那物本性或界说之内(这是因为存在即属那个事物的本性),必定包含在那物自身之外。"② 这些论述中已经涉及从主客两个方面来认识处境。

鉴于人在现代社会感受和所面临生活的复杂性,把"处境"这个词改造成一个伦理学、社会学和心理学都可以使用的术语,可以很好地将之运用于对人的状态描绘,既不失却对处境的客观判断、描绘和理解,也可以增加其中主观的成分。刘小枫曾说:"人生在世不可能逃避生存境遇的纠缠。退出生存境遇,依然与生存境遇有一种反常的关联,生存境遇是人非得接受不可的事实。"③ 在对现代人生存处境的分析中,就物和意识的现代呈现来说,出现了两个趋势:一是世俗化,一是无意义。世俗而且毫无意义,如同置身荒漠,现代人置身这种处境,英国诗人托马斯·斯特尔那斯·艾略特(Thomas Stearns Eliot,1888—1965)隐喻为"荒原",他在《四首四重奏》中说现代人是空心人,也是稻草人。海德格尔用"荒漠"加以说明,而且用了"世界之夜"这个词,因为夜是黎明的准备,他似乎对人的沉沦在世并不绝望。瓦尔特·本雅明(Walter Benjamin,1892—1940)则用了"单行道"这个概念:回不了头,无法弥补,只能回忆,这就是单行道。以上对人的处境的种种认识和理解,有些是可能性的,有些是现实性的。哲学家的这些类比都很有文学意味,从人类文明史来看,文学阅读或欣赏确实是人类自审和自我考察处境的有效方式,亚瑟·叔本华(Arthur Schopenhauer,1788—1860)在《作为意志和表象的世界》里详析了原因:"那些境遇由于经常重现,和人类本身一样也是永存的,并且总是唤起同一情感,所以真正诗人的抒情作品能够经几千年而仍旧正确有

---

① [荷兰]斯宾诺莎. 伦理学. 贺麟,译. 北京:商务印书馆,1983:4.
② 同①8-9.
③ 刘小枫. 拯救与逍遥. 上海:华东师范大学出版社,2007:425.

效,仍有新鲜的意味。诗人究竟也是一般的人;一切,凡是曾经激动过人心的东西,凡是人性在任何一种情况中发泄出来的东西,凡是待在人的心胸中某个角落的东西,在那儿孕育着的东西,都是诗人的主题和材料。此外还有其余的整个大自然也是诗人的题材。所以诗人既能歌颂(感性的)享乐,也能歌颂神秘(的境界)。"① 所以,诗人像人类的一面镜子,使人类意识到自己的感受和感想。法国象征主义诗人夏尔·皮埃尔·波德莱尔(Charies Pierre Baudelaire,1821—1867)宣称,他所看到的这世间的一切都散发出罪恶,所以他说:"应当在一面镜子面前生活与死亡。"② "镜像"也是现代生活的象征,它既真实无比,又不实有存在,能看到的一切都变动不居并趋于虚无。对于这一切,波德莱尔只是作为浪漫主义的诗人,用诗表达憎恨、怨怪、不满,他想在令人绝望的情绪中投入真正的生活。毫无疑问,艺术家是在创作中通过理想的棱镜反映生活现实的。就人类如何认识世界和自我来说,镜像论由来已久。尼采的查拉图斯特拉曾这样说:"我称这为纯洁的知识:对万物一无所求,但愿像一面百目镜映照它们。"③ 他认为,人把自己映照在事物中,同时把一切反映自己形象的事物认作美的。镜像并不全面,它部分地反映是非曲直,如果观察角度不同,呈现的也就有所不同。艺术的确像一面镜子,是社会生活的反映,正如柏拉图在《理想国》中所理解的,在镜子里,我们会很快看到太阳和天空、大地和自己、其他动物和植物。所以,艺术欣赏是我们认识世界、认识自己的最重要的方式之一。把艺术欣赏理解为生活之镜,意思是:当我们作为个体在观赏作品时,我们已不再是个体的人,而只是纯粹的观赏主体,个体的人已被遗忘。

所有关于人的处境的悲观主义论调都是不容忽视的,正是哲学家对人的处境的关注和研究,才能让人既看到荒漠又看到希望。马尔库塞说:"把人放在使其发现自己置身于世界的条件中来分析,我们就可以看到,人们似乎拥有某些官能和力量,它们使人能够过上一种'好生活',即最大限度地摆脱辛勤劳作、人身依附和粗鄙简陋状况的生活。获得这样一种生活就是要获得'最好的生活',即按照自然或人的本质来生活。"④ 他的研究指出了人性的一个基本倾向,即人在现实的处境中都有一种向往好生

---

① [德] 叔本华. 作为意志和表象的世界. 石冲白, 译. 北京: 商务印书馆, 1982: 345.
② [法] 波德莱尔. 我心赤裸. 肖聿, 译. 北京: 中国广播电视出版社, 2000: 231.
③ [德] 尼采. 疯狂的意义. 周国平, 译. 天津: 天津人民出版社, 2007: 115.
④ [美] 马尔库塞. 单向度的人——发达工业社会意识形态研究. 刘继, 译. 上海: 上海译文出版社, 2006: 115-116.

活的愿望。研究处境伦理，就是探索这种可能路径。

人的本然处境是欠缺的：人生来一无所有，一无所知。这使人的身上有一种显而易见的对环境与文化的依赖，既有生理的，也有心理的。前者包括衣食住行的所有满足依赖于自己的劳动以及与他人的劳动交换，后者是指人都需要人群中的爱、安全、同情、支持、承认等。人的身体需求和灵魂需求都是一种束缚，把人和人捆绑在一起，人的依赖性因此表现为在匮乏性动机支配下生活，一旦这些匮乏得到满足，人就会面临更大、更多的问题，即自我实现的问题，因为人渴望并追求完满和卓越。美国当代思想家丹尼尔·贝尔（Daniel Bell，1919—2011）把人的需求分为需要与欲求两个层次：需要是所有人作为同一"物种"的成员所应有的东西，他说："需求来自生命本能——足够的食物、合适的住所和有效的卫生"①，欲求则代表着不同个人因其趣味和癖性而产生的多种喜好；需要是绝对意义上的，是人们在任何情况下都感到必不可缺少的需求，欲求则是相对意义上的，能使我们超过他人、感到优越自尊的那一类需求；需要是生理本能，它的满足是绝对有限的，欲求则进入了心理层面，因而是无限的。欲求这类满足人的优越感的需求，是不断生成和发展的，永无止境，没有边际，故而是无限的。贝尔的需求理论可以部分地解释人类的苦恼意识何以永无尽头。心理学的研究成果表明，需求有优势大小和力量强弱之别，遵循从低到高的原则排列，低级需求最为迫切，但是低级需求一旦满足，就不复成为关注的中心，机体此时会受制于更高需求的主宰，如解除饥饿的人会更注重安全或爱等需求。这一理论说明人总是在匮乏中，无法填充，即便进入自我实现的漫漫征途，人为自我确立的目标也恒在变化之中。

人类个体的存在变幻无常，中国古人早就参透了这一点，如庄子就看得很透彻，认识到人生的欠缺是无法消除也无法克服的。《红楼梦》更是把这一点作为全书的主旨，在第一回中，当弃石求僧道二人将它带去人间的富贵场温柔乡时，僧道二人就告诉它，虽然红尘中有些乐事，但不能永远依恃，因为美中不足，好事多磨，又因为乐极生悲，人非物换，到头来总是一梦，万境归空。人在现代社会的处境依然如此，用更现代的存在主义哲学的语言来表达即为：破碎、荒诞、无意义，人所处的世界充满残忍、不幸、灾难，即使生活中有美好、幸福、快乐，人的终有一死也显现出存在本身附带的绝望。关于此，萨特选择了自由地反抗，加缪在虚无的

---

① ［美］贝尔. 资本主义文化矛盾. 赵一凡，等译. 北京：生活·读书·新知三联书店，1989：68.

深渊中苦苦找寻解脱之路，但是尼采宣告上帝之死带来了更大的迷惘。人们面临的问题是：如果没有上帝，那么该怎么办？马克思之社会分析的相关理论直指这些问题的答案，并且有一点是可以肯定的：处境对特定行动及其过程有重要影响；处境不同，一切都会有变化。从现代生活的世俗化和无意义所产生的弱化，使人的存在被技术主宰，被理性至上的信念所弱化。这样的现实正在把人的处境微小化，也可称为微处境。所谓微处境，一方面是指现代城市生活中人们广泛使用的交流方式有"微博""微信""微话"等，另一方面是指现代社会个体更为卑微的存在方式以及精神上的衰弱与渺小。应该说，人所热烈追求的权利就是一个人在世界上的位置，一个能使言语产生意义、行动产生效果的位置。可是现在，人在追求这种权利、寻找这个位置时，遇到了更大的困难：这个世界被丰富的物所堆砌。从可观察到的现象来看，社会的丰裕与人的微不足道反差极大。人们被物的丰富所包围，其结果用鲍德里亚的话说就是"我们处在'消费'控制着整个生活的境地"①。无论是其中的参与者还是其中的旁观者，每个人都被深深地影响。鲍德里亚所说的"我们处在'消费'控制着整个生活的境地"的含义是：被精心包装的商品附带着它的符号性意义在购物中心展示，在成千上万双眼睛的注视下，它迎合着人的欲望，直指消费者的腰包、信用卡。消费过程完成，商人获利丰厚，消费者心满意足，大家都为自己的人生价值坐标增加了新的说明物。所以，在这种境地中，黄金、货币遵循着商品及交换价值的逻辑，成为社会生活的兴奋点、崇拜物，但也是异化的中心。商品逻辑的支配力量在城市生活中流行，使得社会生活及个人生活中存在着难以填补的人际关系的空虚和个人存在的虚无。马克思对消费的说明也指出："在消费中，产品脱离这种社会运动，直接变成个人需要的对象和仆役，供个人享受而满足个人需要"②。马克思所批评的"商品拜物教"显示：人们关注的是产品本身，而不是消费者如何使用新产品。这样的消费社会将带给个人新的感受和新的自我定位。

通过对资本主义社会的观察，贝尔认为"现代主义是其中的诱惑者"③。它一直引诱当代的男人和女人们（乃至小孩）抛弃自己的道德、政治、经济的身份和责任，传统意识、观念和生活方式也在这个过程中被

---

① ［法］鲍德里亚. 消费社会. 刘成富，全志钢，译. 南京：南京大学出版社，2008：5.
② 马克思恩格斯选集：第2卷. 北京：人民出版社，1995：7.
③ ［美］贝尔. 资本主义文化矛盾. 赵一凡，译. 北京：生活·读书·新知三联书店，1989：65.

抛弃,与节俭不同的消费习惯和生活方式就此形成。贝尔这样描述这个过程,他说:"造成新教伦理最严重伤害的武器是分期付款制度,或直接信用。从前,人必须靠着存钱才可购买。可信用卡让人当场立即兑现自己的欲求。机器生产和大众消费造就了这种新制度,新欲望的不断产生以及用以满足它们的新方法也促成了这一改变。"① 这个过程既包含自我意识的改变,也包含对自我的重新认识。贝尔认为,资本主义的发展,在前工业化阶段是对付自然,在工业化阶段是对付机器,到了后工业社会,社会面临的首要问题是人与人、人与自我的关系问题。他的意思是人可以从丰裕社会得到不断增加的基本配给,靠个人努力与突出成就赢得社会地位和物质褒奖,并保证自己的尊严与自由。在这个过程中,借着对自我需求的认识、理解、实现与满足,自我的意识更为清晰。

三、个体性:身体的发现与自我

在所有的观察和对象中,最重要的是人,可以肯定只有人才是他自己的最终目的。在现代社会尤其如此,基本的单位不是部落、城邦、群体,也不是其他什么组织,而是活生生的人。现代的个人主义是观察的基点,人的自我认识发展的成果就是个人主义的出现和兴起。在这种关于个人的理解中,康德曾经十分肯定自我观念形成的重要性,他说:"人能够具有'自我'的观念,这使人无限地提升到地球上一切其他有生命的存在物之上。"② 人的生物生命可以被辨认和赋予意义,是通过个人从生到死的生命故事和生活过程,在这个过程中,人从生物生命中浮现,获得自己的唯一性。

叔本华曾说:"与人类的距离愈远,个性特征的痕迹愈消失,到了植物,除了从土壤、气候及其他偶然性的有利或不利影响得以充分说明的那些特殊属性外,已完全没有其他的个体特性了。最后在无机的自然界,则一切个性已经消失无余了。"③ 我们看到驻于时间之中,个体有生有灭,永远变化,不会常存。这种生存属性决定,人是人认识自我的基本出发点。作为个体的存在,人首先有存在的需求,然后渴望有自主性、有自由,而且有尊严。这样,对人的认识应该从人是欲望主体的事实出发。

---

① [美]贝尔. 资本主义文化矛盾. 赵一凡,译. 北京:生活·读书·新知三联书店,1989:67.
② [德]康德. 实用人类学. 邓晓芒,译. 上海:上海世纪出版集团,2012:3.
③ [德]叔本华. 作为意志和表象的世界. 石冲白,译. 北京:商务印书馆,1982:193.

从中国古代思想史来看，中国人对"欲"的认识和讨论可以追溯到先秦时代，譬如《论语·为政》中"从心所欲，不逾矩"这句话就非常清晰地表达了孔子对人的认识：一个人即使随心所欲作为，也没有违背道德。"从心所欲，不逾矩"这个命题，是孔子对人的本质的中国哲学式思考，涉及个体与社会、感性与理性、自由与道德等多个面相，可以从多个层面进行论述。

哲学史证明，没有范畴，经验就是混沌不分、条理欠分明的。既然孔子是从经验出发的自述，那么对"从心所欲，不逾矩"这个命题的分析，最重要的就是进行概念解释。孔子这个命题涉及中国哲学和价值观的几个重要范畴："心""欲""矩"。孔子主张"从心"，"从"是"遵从"或"放任"的意思。"心"这个概念在孔子以后哲学的发展中才得到重视，其内容丰富，主要有以下几层意思：本体论意义上的心，如"心体"；伦理层面的道德意识，如"恻隐之心"；还指思维器官，如"心之官则思"。在孔子的表述中，"心"的意思比较接近于"本能和感情"。

后来，孟子（约前372—前289）把中国学问概括为"求放心"，他说："仁，人心也；义，人路也。舍其路而弗由，放其心而不知求，哀哉！人有鸡犬放，则知求之；有放心，而不知求。学问之道无他，求其放心而已矣。"（《孟子·告子上》）孟子这段话引出了一个关于"从心"的新问题："心"放在哪里？一般人的出发点是放在"欲"上。"欲"是所想、所要，这样做合乎人情、人性；孔子在看到人性这一基本事实的同时，还提出了另外一条标准：合理，即"不逾矩"。"矩"是一切言行的法度准则；"不逾矩"，是说不逾越道德，要合乎法度。可见，对"欲"和"矩"及其关系的理解，是认识孔子这个命题的关键。

"欲"在汉语中有四层意思：第一是指欲望；第二是指想要、希望；第三是指需要；第四做副词用，表示将要。它的现代表达是"愿望"或"需求""需要"。根据《现代汉语词典》，"愿望"指希望将来能达到某种目的的想法；"需求"指由需要而产生的要求；"需要"则有两个意思：一是应该有或必须有，二是对事物的欲望或要求。

"欲"还是一个重要的哲学概念，被视为"心"的功能和作用。"欲"是中国古代人性论的重要内容，如《礼记·礼运》所载："何谓人性？喜怒哀惧爱恶欲七者，弗学而能。""欲"也是个人生存需要的内容，如孔子谈"欲"对此都有涉及。所以，只有了解"心之所欲"为何，才能知道如何可以"不逾矩"。"心之所欲"中的"欲"的具体内容，孔子在《论语·里仁》中有明确的说明："富与贵，是人之所欲也。"也就是说，富贵是人心所欲。从今天的心理学研究成果和常识来看，一方面，孔子对人的欲望有正确的认识。一般而言，人的欲望都会有特定的目标，如食物、娱乐是为了感官的享受，权力、财富是为了地位与尊重等。另一方面，孔子对人心所欲的认识又是非常粗陋的。富贵只是人欲中微不足道的一部分。今天，如果从现代社会、人权的角度来看欲望的分类，其是极其复杂的，可以分为主观的欲望（如饥渴、性、睡眠、健康等）和病态的欲望（如酗酒、吸毒等）。人的欲望还有不合理与合理之分，前者如过分吝惜或过分浪费，后者如梦想和希望等。欲望是人性的一部分，它不同于纯粹的本能，是可引导的，是在个体与社会之间建立起的一种意向性关系。孔子只看到一般人所欲望的富贵，因此以"仁"、以"礼"还有"安贫乐道"的精神来加以钳制。

综观《论语》全书，有二十章二十六处提到"欲"。《论语》中说到"欲"的时候，表达的意思可归为三种：要、想要、希望，也有几处是欲望的意思，这些都比较接近现代汉语对"欲"的解释。故汉语中"欲"的第四层意思不在本书的论述范围之内。孔子"从心所欲，不逾矩"这个命题中提到的"欲"，作为一个概念涵盖了"要""想要""希望"三种意思，是孔子对"欲"的体认最丰富、最切己的一个命题。

梳理《论语》中的相关表述，孔子对人生有"欲"多有论及，但是他的"从心所欲，不逾矩"经过一千多年的发展居然会由宋儒改装为"存天理，灭人欲"，并成为国家哲学，成为杀人不见血的封建礼教思想。其中确实有些问题值得好好探究。

在"从心所欲"这个命题中，孔子以"欲"这个概念来强调人与世界的关系起源于自我这个主体，他还没有表现出对"欲"的敌意，他所理解人的本质和理想状态，是"从心"与"所欲"即自由与自然的统一，可见儒家对人性是尊重的，对人的可完美性是有信心的。孔子以后，"欲"作为伦理学概念得到了更为充分的讨论。有人认为"欲"是价值中立的，如与孟子同时代的告子就这样说："食色，性也。"这种性，无善无不善。孟子主张性善论，认为人性恶是"欲之咎"，所以他说："养心莫善于寡欲。其为人也寡欲，虽有不存焉者寡矣；其为人也多欲，虽有存焉者寡矣。"[①]

《孟子·公孙丑上》中有一段公孙丑与孟子的对话，对于这里研究的孔子的命题可以起到很好的说明作用。

---

① 朱熹. 四书集注. 长沙：岳麓书社，1985：473.

> 公孙丑问曰："夫子加齐之卿相，得行道焉，虽由此霸王不异矣。如此，则动心否乎？"孟子曰："否。我四十不动心。"曰："若是，则夫子过孟贲远矣。"曰："是不难，告子先我不动心。"

当孔子四十不惑的时候，孟子四十已经不动心，而且主张"食色，性也"的告子比孟子还早不动心，有如此修养功夫，"从心所欲，不逾矩"何难之有？顺着这一线索，朱熹（1130—1200）既肯定"欲"的某种正当合理，又强调"节欲"作为修养功夫的重要性，他说："欲，如口鼻耳目，四肢之欲，虽人之所不能无，然多而不节，未有不失其本心者，学者所当深戒也。"另一位理学家程颢（1032—1085）则说：所欲不必沉溺，只有所向便是欲。人性论的问题变成了修养论问题，为自由与道德关系中对道德的过分强调埋下了伏笔。

固然，就"从心所欲"而言，儒家认为人有意志自由，但人这种历史结构的存在物到底有多少自由，对于中国文化来说，是一个没有被重视过的问题。而且，"从心"与"所欲"仅仅是在形式上并置。这一问题逐渐模糊和忽视的结果，是发展出的宋明理学所主张的"存天理，灭人欲"思想，这一结果是匪夷所思的："人欲"何尝可灭？

从比较文化的视野来看，西方哲学对"欲"的认识也很复杂，类似的概念和理论就是"欲望论"。有否定性的，如在斯多葛派（The Stoics）的芝诺（Zenon，约前490—约前436）看来，"欲望是一种不合理的嗜欲，可分下列几种：欲求、憎恨、好争、愤怒、爱好、仇恨、愤慨。欲求起于我们缺少某些东西，极愿得到而不能到手的一种欲望"[①]。赫拉克利特（Heraclitos，前540—约前480与前470之间）则认为，人如果只满足于自然给予的种种享受，那么就是像动物一样活着和死去。人们认识到，"欲"就其内容来说，是自我意识固有的对象，由人的本性决定，人倾向于趋乐避苦，所以"欲"是追求快乐、回避痛苦。具体说来，追求的或回避的是带来快乐或痛苦的事物。这些事物包括生活的物质条件、友谊、爱、安全、归属以及幸福，其中既有物质领域的，也有精神领域的。相关研究以美国心理学家亚伯拉罕·马斯洛（Abraham Harold Maslow，1908—1970）的需求层次论影响最大。他认为，人类共有的需要包括食物、安全、保护、关心、群居、感情、爱、尊重、地位、身份、自尊、自我实现、发挥潜能。[②]这些需要会沿着阶梯上升，即所谓"层级需要"。其中，生理需要是绝对

---

① 周辅成. 西方伦理学名著选辑：上. 北京：商务印书馆，1964：224.
② ［美］马斯洛. 动机与人格. 许金声，程朝翔，译. 北京：华夏出版社，1987：2.

优势的需要，譬如说，一个人饥饿时，他的意识几乎完全被饥饿所控制，其他需要会暂时消失。但是，当食物丰富时，由食物匮乏引起的饥饿就越来越不重要，赋予食物以文化内涵的口味则重要得多。人是不断需求的动物，马斯洛因此认为除短暂的时间外，人极少会达到完全满足的状态。萨特也认为："欲望是存在的欠缺。"① 一个欲望满足了，就会有另一个欲望站到突出位置上来。贯穿人一生的是，人几乎总是在希望着什么。人的需要受到挫折往往会引起病态，对于现代社会而言，多属精神领域的病态或者不健全。

对欲望的认识和研究，除了上面提到的两种分类，还有哲学家从道德上把它分为善、恶、中立三种。如斯宾诺莎认为，凡是为正确的观念所引起的或产生的欲望都属于德性之内，起于不正确的观念或完全由情感所左右的欲望则是被动的。② 所谓中立的，也即正当的，如饮食等，无所谓善恶，无关乎价值。

中西方伦理学对"欲"的这些研究成果，有助于从更广阔的视野去看孔子命题中的"从心所欲"。"欲"既然出自"心"，那么"从心所欲"就具有了自由的意味，也彰显了人的权利。人可以怎样"从心所欲"？其具体内容就像英国哲学家罗素所说："一个独立的人意味着可以随心所欲地起居，随心所欲地选择饮食，只要他并不过分；如果对方愿意，他可以同自己所选择的女性结婚。"③ 罗素不仅指出了"从心所欲"的具体内容、人可以随心所欲的范围，而且确立了"从心所欲"所具有的善的性质。但是，相比较而言，在主要信仰儒家学说的中国两千多年的封建社会里，个人极度缺乏罗素说到的这些基本权利，起居乃至婚姻，个人都没有自由，表现为日常生活的晨昏定省，终身大事的父母做主。这些与现代观念格格不入的做法，中西方"从心所欲"观念上的巨大差异，与这个命题的后一部分有关，即合不合"矩"的问题。

考察现代人的心理变化，自我的发现极为重要。在自我的发现和确立中，"个别性""自我性"呈现，并由不可替代性确立。每个人的不可替代性在具体处境中显现，譬如，"死"是任何人不能替他人做的事，也没有人可以代替他人去头痛、感冒、悲伤、痛苦或幸福，这一切决定了人只能

---

① [法]萨特. 存在与虚无. 陈宣良，等译. 北京：生活·读书·新知三联书店，1987：131.
② [荷兰]斯宾诺莎. 伦理学. 贺麟，译. 北京：商务印书馆，1983：242.
③ [英]罗素. 伦理学和政治学中的人类社会. 肖巍，译. 石家庄：河北教育出版社，2003：23.

是个体性的存在。所以，人必须独自面对，因此而孤独；人也必须独自担当，责任就这样来到。这一现代社会的重要发现从自我意识开始。对于"你是谁？"这个典型的身份问题，一个墨守传统的人通常会回到人伦关系中回答，如：我是我父亲的儿子。今天的人则会强调，我就是我，我是自己的产物，在选择和行动的过程中我创造自己。自我在帕斯卡尔的论述中与自爱心等同，其中孕育了恶的要素，所以帕斯卡尔认识到了人的矛盾、双重处境：肯定人的伟大和尊贵，因为人有理性、会思想；承认人的渺小与卑劣，因为人脆弱、可悲、不义。人不能活着而不去关怀和了解自我是什么，人都爱自己的利益、名誉、财富、好处、生命的延续甚于世上的一切。重要的是，帕斯卡尔理解到："人必须认识自己，如果这不能有助于发现真理，至少这将有助于规范自己的生活。"① 更重要的是，对于一个有宗教信仰的人来说，他甚至相信，假如人们认识自己，上帝就会医治好他们并宽恕他们。由此，自我感受越来越得到重视、受到推崇，成为衡量经验的美学尺度和伦理尺度。自我意识的出现所导致的人们对自我的认识和评价还带来了有关处境伦理的另一个问题，即贝尔所说的人我有别，这样，"这种身份变化是我们自身的现代性的标记。对我们来说，已经成为认识和身份源泉的是经验，而不是传统、权威和天启神谕。甚至也不是理性，经验是自我意识——个人同其他人相形有别——的巨大源泉"②。与日俱增的人的自我意识会带来对自由的更大的渴望，但事实上的自由从来不会随同自由意识的增长而实现。

  康德在他关于自我的哲学中区分了"作为思维存在的我和作为感官存在的我"③。叔本华称之为悟知性格（意志）与验知性格（表象），他说："这是康德的重大贡献，我完全接受他所作的这种区分；因为悟知性格在一定程度上出现于一定个体中时，就是作为自在之物的意志的，而验知性格，当它既在行为方式中而从时向上，又在形体化中而从空间上呈现的时候，就是这儿出现的现象它自己。"④ "人的全部本质就是意志，人自己就只是这意志所显现的现象。"⑤ 在人的自我认识和认知这一问题上，叔本华的独特贡献在于他提出了人的第三种性格——获得性格，即人通过经

---

① [法]帕斯卡尔. 思想录. 何兆武，译. 北京：商务印书馆，1985：26.
② [美]贝尔. 资本主义文化矛盾. 赵一凡，等译. 北京：生活·读书·新知三联书店，1989：137.
③ [德]康德. 实用人类学. 邓晓芝，译. 上海：上海世纪出版集团，2012：18.
④ [德]叔本华. 作为意志和表象的世界. 石冲白，译. 北京：商务印书馆，1982：397.
⑤ 同④396.

验、反省思考为自己获得一种性格，这一性格中往往包含一种对自我的了解与认可。这种性格有助于纠偏一些不切实际的想法和趋势。一般人常会为某种地位、境遇、幸运而羡慕他人。其实，人在追求才能、财富、地位、享受、爱情时，仅靠欲求、才能、幸运是不够的，更重要的是知道自己要什么、能做什么、配得到什么。他说："人很可能经常是他自己，但他并不是时时刻刻都了解自己的，而是直到他在一定程度上获得真正的自我认识为止，每每是把自己认错了的。"① 在叔本华看来，人生所能品尝的最具持续性的、最大的、最尖锐的痛苦就是对自己的不满意，所以对自我的认识和了解是人生的重大课题，他断言："和鱼只有在水中，鸟只有在天空，鼹鼠只有在地下才感到舒适一样，人也只能在和他相适应的气氛里才感到舒适，例如宫廷里的那种空气就不是每一个人都能呼吸的。"② 这样，人才能达成自我认识，才会有对生命意志的肯定和否定。与此同时，罗素指出："太强的自我是一座监狱，你若想充分地享受人生，就得从这座监狱中逃脱。"③

对于自我认识在现代社会的现实意义，英国哲学家安东尼·吉登斯（Anthony Giddens，1938年生）这样认为："对自我实现的关心，不仅是个人对几乎无法控制的带威胁性的外部世界的自恋式的防卫，而且部分地也是向全球化影响对日常生活环境冲击的一种积极调适。"④ 社会是一种塑造性力量，它总是鼓励个体与自己保持一致，所以总是褒扬顺从，掐灭反抗，这已经构成自我认识和自我实现中的一部分内容。美国学者大卫·理斯曼（David Riesman，1909—2002）在其他学者合著的《孤独的人群》一书中强调了现代社会这样的特点：人们"学会借助适应而不是创新来应付生活"⑤。适应一般是指一个人对自己的文化和外部环境有一种被动的顺应，而顺从与适应的人能否被很好地接纳，这取决于他们所处的社会状况如何。也许社会本身充满忧虑、偏见及谬误，而且适应在某种程度上是对自我的背离。对此，马斯洛提出了一种更有说服力的理论。他在研究中特别强调，人就是自我实现的人。他认为自我实现的本质特征是人的潜力和创造力的发挥，人们竭尽所能，使自己趋于完美。他讲的完美并不是人

---

① ［德］叔本华. 作为意志和表象的世界. 石冲白，译. 北京：商务印书馆，1982：415.
② 同①417.
③ ［英］罗素. 幸福之路. 吴默朗，金剑，译. 北京：中央编译出版社，2012：137.
④ ［英］吉登斯. 现代性的后果. 田禾，译. 南京：译林出版社，2011：109.
⑤ ［美］理斯曼，格拉泽，戴尼. 孤独的人群——美国人性格变动之研究. 刘翔平，译. 沈阳：辽宁人民出版社，1989：9.

们通常所理解的完备美好、没有缺点的意思,而是有两种理解,他说:"事实上'完美'一词有两层意思。一层意思用于存在这一范围之内,另一层意思则用于匮乏、努力和生成这一范围之内。在存在认知中,'完美'意即对一个人本身固有的一切的现实主义的感知和接受,而在匮乏认知中,'完美'必然意味着错误的感知和幻觉。从第一层意义上来讲,每一个有生命的人都是完美的,从第二层意义上来讲,任何人都不是完美的,也永远不可能是完美的。"① 马斯洛把自我实现描绘为一种人格发展,人们借此从匮乏中振拔出来,从神经病态中摆脱出来。能够正视、忍耐并尽力解决生活中的问题,其实就是接受、领悟人的处境,看清人的处境与生俱来的缺憾,但不乏勇敢和创造力。人们总会面临这样一些问题:忧伤、孤独、颓废、不满和抱怨;问题和痛苦永远存在,绝不会烟消云散,这样处境中的人,其自我实现的途径就是有效的努力。马斯洛的动机人格理论形成了一种新的人性观念,探索了一种新的人的形象。吉登斯和理斯曼则把自我问题的研究置于现代性的新的时代背景之下,充分探讨了问题的复杂性。

第二节 新处境的关键因素:现代性和感受性

美国学者弗雷德里克·杰姆逊(Fredric Jameson,1934年生)1985年在北京大学关于后现代性的演讲使得"现代性"这个学术概念开始为国内学者所熟知和了解。此后的几十年里,这个词及其意义,引起了学术界极大的关注,至今已积累了颇多成果。从当代中国社会的现实和发展来看,进一步研究现代性仍有必要。重视现代性研究的前提是当代中国高速的工业化发展和城市扩建,以及这种变化所带来的人们生活方式和存在状态的改变。观察当代生活日益增长的复杂性和流动性,现代性的理论能够提供很好的说明。从社会生活的现实来看,各种矛盾和冲突的急剧增长与现代性的问题有密不可分的关系。这一节试图从理论上给予认识和厘清。

对现代性理论的研究历史进行整理,将形成关于现代性的理解的清晰图景,使现代性的理论和历史意义得到进一步阐述,更重要的是,从现代性中诞生出了人们新的感受性。现代人生活在知识的社会,理解力普遍得到提升,但随之而来的问题是感受力减弱,失去对宇宙万象包括生活本身

---

① [美]马斯洛. 自我实现的人. 许金声,刘锋,等译. 北京:生活·读书·新知三联书店,1987:338-339.

惊异的感受。现代人唯有在艺术中还保留了这样一种能力。这种倾向与启蒙以来哲学界对理性的过度推崇有关。康德曾经指出,世界本身是由主体的认识方式决定的。对事物和世界的所有认识,只要被上升为理性,便属于"知"的范畴;与"知"对称的是"感",叔本华把它界定为理性的抽象概念之外的一切东西。① 所有的感觉都是可以类聚的,它们唯一的共同点是被排除在抽象的理性认识之外。就人们对世界的理解和认识而言,抽象思维能力的形成必不可少。从人的认识过程来看,最初是可以直观的,如1加1等于2,但是达到一定程度后,就必须借助抽象的概念,如500加500。也就是说,直观认识到的东西被抽象地表达出来是认识发展的必然。对理性与感性之关系的了解可以有助于深化对这一主题的研究。

"现代性"究竟是什么?有待于从历史中找寻答案。它是一种双重现象,包含着对立的特征,最早出现在17世纪的欧洲。这个概念经常被等同于现代主义、工业社会,它意味着社会的发展,出现、形成和建构着一种新的秩序,它也意味着生活于其中的人们正经历着与过去不同的时期,它仍然是可以从时间与空间两个维度来认识和指认的一种社会存在状态。它还是一种崭新的观察视角,帮助人们了解和理解今天人的处境、生活方式与模式的转变。

一、文学视域中的现代性

18世纪,现代性已经作为一种文学现象初现端倪。波德莱尔观察到这样的情况:"他寻找我们可以称为现代性的那种东西……对他来说,问题在于从流行的东西中提取出它可能包含着的在历史中富有诗意的东西,从过渡中抽出永恒。……现代性就是过渡、短暂、偶然,就是艺术的一半,另一半是永恒和不变。"② 这段话中所说的"他"是一个感觉敏锐的画家,波德莱尔称他为现代生活的画家。画家的画笔捕捉到了现代性作为现象的出现,波德莱尔则表述了自己对起源于都市生活的现代性美学体验的理解。他们从巴黎的生活中获得了今天人们所说的现代性的印象,即过渡、短暂、偶然和永恒、不变、必然。波德莱尔观察和预言了一个新的艺术时代的来临。

波德莱尔是个诗人,他自己连同他的诗美学地显现了现代性是什么。

---

① [德]叔本华. 作为意志和表象的世界. 石冲白, 译. 北京: 商务印书馆, 1982: 91.
② [法]波德莱尔. 现代生活的画家. 郭宏安, 译. 杭州: 浙江文艺出版社, 2007: 31-32.

本雅明对这一现象进行了系统和缜密的研究。他称波德莱尔为闲逛者，有时也叫他浪荡子，整个巴黎出现了这样的人群，他们出现在拱廊街，这是多少有些梦幻的地方。人们随工业文明而变得富裕的时候，闲暇开始大量增加，拱廊街成为绝佳去处，也成为被观察的背景。根据本雅明的研究，拱廊街用玻璃做顶，地面铺大理石，大理石过道通向大的建筑群，两侧全是高雅豪华的大卖场、大商店，集中展示豪华工业的新发明。

波德莱尔置身拱廊街的人群中寻找诗歌灵感或艳遇。在巴黎这座放荡不羁的城市，他是一个浪荡子，整日在大街小巷游荡，都市和人在都市的生活境遇、生活经历、体验都变成他笔下的诗。他也是一个真正的诗人，用自己的灵感与才华、无拘束的想象与表达、广阔无垠的题材去揭示人生的真正悲剧，如生命的有限、短暂，还有转瞬即逝的生命的欢愉和乐趣。他意识到现代性，也意识到现代的各种病征，他在艺术上的努力正像尼采所说的："艺术的拯救，现代唯一充满希望的一线光明，始终只属于少数孤独的心灵。"[①] 尼采是对美寄望甚高的哲学家，对世俗生活不免有点敷衍和逃避，他说："我们要逃到自然会打动我们感官和启发我们想象力的地方去。"[②] 尼采认为美包含有用的、慈善的、增强生命力的特质，就像丑被长期的经验证明为有害的、危险的一样，美所具有的生物学价值对人是有用的、好的，人们应当通过理解、亲近美和艺术来获得抵御现代性之消极影响的力量。加缪也深信，艺术"绝非是一种孤芳自赏、自我陶醉的东西，它是一种在心灵上打动大多数人的手段，并向他们提供一种对共同痛苦和共同欢乐的独特感受方式"[③]。可以说，当波德莱尔在巴黎的大街上以闲逛这种流动方式来实践自己的美学时，尼采、加缪把现代的这种流动性剖析得更为深入。这三位思想家都是在现代性与美的表现中发现了它们的关联性。

现代性意味着流动、变化，理解现代性的产生，"变迁"是其中一个重要概念。所谓"变迁"，就是变化，分为社会变迁、经济变迁、文化变迁、价值变迁等。变迁包含着这样的意思，即现代性本身就是一个各种利益和力量在全球寻求平衡的过程。在全球化时代，这一点格外清晰可见。

---

① ［德］尼采. 悲剧的诞生——尼采美学文选. 周国平，译. 北京：生活·读书·新知三联书店，1986：136.
② ［德］尼采. 权力意志——重估一切价值的尝试. 张念东，凌素心，译. 北京：商务印书馆，1991：353.
③ ［法］加缪. 加缪全集：第4卷. 杨荣甲，等译. 石家庄：河北教育出版社，2002：368.

都市生活、城市化充满诱惑和吸引力，是更有序、更文明、更进步的存在方式，但是人们的不适感却与日俱增。现代性作为现代化的具体表现，也与进步相联系。尼采曾说："具有'现代观念'的人们几乎本能地信仰'进步'和'未来'。"① 这些信念导致了更大范围内的迁徙和流动，改变了过去人在某一地点专门固定下来的关系中出生和成长的状况。一个可以迁徙和流动的社会是充满了活力的社会，从积极的方面说，人才和资源的流动，为过去一百多年的时间里资本主义所产生的巨大生产力、所创造的惊人财富提供了说明；但也正是迁徙和流动，使人们的生活方式和生活内容发生了不同于过去一切时代的变化。最显而易见的是，它剥夺了人的安定感，价值变迁则使人在这种境遇下的无助被放大。人们更勤奋、更得志，也有更多烦恼，甚至后者的消极影响更大。都市生活显现了这种情感的普遍性，没有安定生活带来的归属感，人的行为和情感就不可避免地带有一种暂时性，这和现代性短暂、过渡、求新奇的特性一拍即合，也使现代性显现出肤浅的一面：人们只在意可衡量、可计算、可见的价值，对于其他的则不屑一顾。"如今，人们不再热切关心自己的异化了：他们尽管常常对自己的处境深感不满，但又不相信世道会发生一个根本的变化。"② 在这种状态下，时间伦理和空间伦理是人获致独一无二性的重要因素。

二、时间和空间：现代性的新维度

中国古人说：上下四方曰宇，古往今来曰宙。"宇宙"这个概念包含了中国古代的时空观，确立了人存在的时间维度和空间维度。简单地说，就是人的存在表现为经历时间、占据空间。但是，生命或长或短，总有时限；天地或宽或窄，无人永存。宇宙无边无际，世界辽阔悠久，无论从时间来看还是从空间来看，人都是沧海一粟，是渺小无助的。了解现代性同样可以从时间与空间两个维度展开：从时间维度看，现代性从18、19世纪延续至今；从空间维度看，现代性的出现表现为19世纪以巴黎为代表的大都市的出现。

哲学把时间定义为物质的存在方式，是物质的根本属性。当英文版的《时间简史》1988年出版时，斯蒂芬·威廉·霍金（Stephen William Hawking，1942—2018）的理论为人们提供了理解时间的全新视角，他认

---

① [德]尼采. 疯狂的意义. 周国平，译. 天津：天津人民出版社，2007：155.
② [美]理斯曼，格拉泽，戴尼. 孤独的人群——美国人性格变动之研究. 刘翔平，译. 沈阳：辽宁人民出版社，1989：原序47.

为至少有三种时间箭头：心理学时间箭头、热力学时间箭头、宇宙学时间箭头。霍金预言，100亿年后，星体能量会耗尽，会坍缩成黑洞，就此终结时间与空间。这种预言式的结论，并不能阻止人们用文学的方式赋予时间浪漫性。时间是文学的一种属性，通常文学中总是充满回忆和追忆，表达挽留时间的努力。马塞尔·普鲁斯特（Marcel Proust，1871—1922）发现：重现的时间，首先是人们在逝去的时间之中重新发现的时间，它赋予我们一种永恒的形象；然而，它还是一种原初的、绝对的时间，一种在艺术中被肯定的、真正的永恒。可以说，人们在时间中感觉生命存在，在追忆中重现时间。普鲁斯特关于失去和重新获得的时间寓言证明，每个人身上都雕刻着过去的时间，他的《追忆逝水年华》以文学的方式证明：现代性不忽视过去，过去可以追忆。

时光重现，人在追忆中肯定自己曾经存在，已经存在，也将会存在。记忆保留了转瞬即逝的行动、言说、思想。人的生命活动本来在活动过程结束后就消失了，但记忆克服了这种瞬时性，与人有关的存在得以持久。希腊人相信记忆是"艺术之母"，他们用建筑、纪念碑来保持记忆。阿伦特认为，行动、言说、思想本身是空虚的，"为了成为世界之物，即成为业绩、事实、事件、思想或观念形态，它们必须首先被观看、倾听和记忆，然后被物化为诗句，写下来的纸张或印好的书籍，表现为绘画或雕塑，成为各种各样的档案、文件和纪念碑"①。就是说，他人在场促使无形之物向有形之物转化。人的生活如果在过去和未来这两个时间维度不能有所体悟，那么就会成为没有文化根底的存在，其消极后果如雅斯贝斯所说，"他丧失了对其文化遗产及其对终极目标的探求，他仅仅生活在现存之中。但现存也日益变得空虚，他越少由记忆的实体支撑，便越不能孕育已萌芽的未来可能性的种子"②。

刘小枫从自然的和历史的两种角度来理解时间，他说："从存在的维度上讲，天地时间与历史时间始终是一维的，仅仅方向不同。天地时间（或称自然时间）是交替往复：盛衰、消失、圆缺，历史时间是善恶相间、生死与夺、情欲生灭。"③ 自然时间是具体的，如古诗所言"生年不满百"；历史时间则是抽象的，如所谓"常怀千岁忧"。横跨古今，人们会看

---

① [美] 阿伦特. 人的境况. 王寅丽，译. 上海：上海世纪出版集团，2009：69.
② [德] 雅斯贝斯. 历史的起源与目标. 魏楚雄，俞新天，译. 北京：华夏出版社，1989：128.
③ 刘小枫. 拯救与逍遥. 上海：华东师范大学出版社，2007：206.

到，在自然时间中，人的生命有限，人的存在渺小而短暂，人的存在充满有限性的感悟。以陶渊明（365或372或376—427）为代表的魏晋文人，对生命短暂、人生无常有着强烈的感受，他说："悲晨曦之易夕，感人生之长勤。同一尽于百年，何欢寡而愁殷！"（《闲情赋》）洞悉这一真相的农耕文明时代的诗人往往放浪形骸，徜徉山水，在天地之间闲逛，以此逍遥人生。

俄国文论家巴赫金（Михаил Михайлович Бахтин，1895—1975）以陀思妥耶夫斯基的小说为例，提出了"长远时间"概念，认为伟大作品撼动人心的力量就在于集中了人类在其历史生存的全部时期内所创造的经验，他说："在长远时间里，平等地存在着荷马与埃斯库罗斯、索福克勒斯和苏格拉底。其中也生活着陀思妥耶夫斯基。因为在长远时间里，任何东西都不会失去其踪迹，一切面向新生活而复苏。在新时代来临的时候，过去所发生过的一切，人类所感受过的一切，会进行总结，并以新的涵义进行充实。"① 现代性中的永恒与不变、短暂与偶然，浓缩的是人们对时间的新的感受。所以，现代性迷恋"新"，"新"在现代性中具有中心的、支配性的价值，它力求表现新奇、新颖、创新。现代性关于"新"的价值体验和展示是在时间中进行的，无论去回忆还是去经历。英国学者迈克·费瑟斯通（Mike Featherstone，1946年生）的研究揭示了时间之维何以体现现代性的价值，他说："现代性的动力造就了新的事物、人和地方，它摧毁了旧有的和当下的东西以为新的东西铺平道路。"② 人们发现，现代性不仅有时间维度，而且有空间维度。在现代性的空间维度——城市生活中，波德莱尔跟随着画家的目光追逐现代性，他注意并赞赏新出现的事物，包括新人、新场所、新形象。可以说，关于现代性的时间和空间两个维度，最典型的例子就是巴黎拱廊街中无所事事的波德莱尔。

巴黎是世界现代化进程中最具代表性的城市。文化巨人歌德曾经高度赞美它为人的精神人格成长所提供的最为舒展的环境，他说："试想一想巴黎那样一个城市。一个大国的优秀人物都聚会在那里，每天互相来往、互相斗争、互相竞赛、互相学习和促进。那里全世界各国最好的作品，无论是关于自然还是关于艺术的，每天都摆出来供人阅览；还试想一想在这样一个世界首都里，每走过一座桥或一个广场，就令人回想起过去的伟大

---

① ［俄］巴赫金. 文本 对话与人文. 白春仁，等译. 石家庄：河北教育出版社，1998：373.
② ［英］费瑟斯通. 消解文化——全球化、后现代主义与认同. 杨渝东，译. 北京：北京大学出版社，2009：210.

事件，甚至每一条街的拐角都与某一历史事件有联系。此外，还须设想这并不是死气沉沉时代的巴黎，而是十九世纪的巴黎，当时莫里哀、伏尔泰、狄德罗之类人物已经在三代人之中掀起的那种丰富的精神文化潮流，是在全世界任何一个地点都不能再看到的。"① 据说，本杰明·富兰克林（Benjamin Franklin，1706—1790）在巴黎时被巴黎的建筑所震惊："大理石、瓷器和镀金物被浪费而没有任何功用。"②

波德莱尔投身于巴黎街头熙熙攘攘的人群中已然证明：现在和未来以及大都市生活都说明了现代性是时间性的也是空间性的，是年代性的也是关系性的。现代性的这一特性证明，艺术创作的本质在于把瞬间事物与有意义事物同一化。"浪漫主义精神，是一种渴望精神，不断追求那永在规避它的东西。归根结底，这即是时间之谜自身，或者更确切地说，与时间相关的意义和真实之谜。"③ 索伦·克尔凯郭尔（Søren Kierkegaard，1813—1855）的审美观提醒我们：正是透过艺术创作或欣赏，通过遮蔽痛苦和短暂性，我们得以躲避了一种充分清醒地意识到自己站在上帝面前的处境；同时也说明，"优秀艺术与美好生活两者都需要有对特殊事物的训练"④。

三、新感受性

讨论处境问题，感受很重要。感受性与处境之间有一种密切的关系，感受性会受处境的影响，即处境能带来快乐或不快的感觉。同时，人也常常借感受性来确定自己的处境是好或不好。一个人如果没有感受事物的能力，那么就将丧失很多享受生命的乐趣。

人对世界的感受正在因为世界的变化而发生变化，对"感受性"这个概念进行新的界定是必要的。平克最新的研究成果显示："在现代人的情感中，越来越从感知的意义上，特别是从感受痛苦和实现自我的能力上看待道德价值，并将感知定位为大脑的活动。"⑤ 对于现代人来说，速度崇拜与创新意识加剧了感受方式的变化，自我的感觉和经验受到推崇，但却引起并带来深刻的精神危机以及对虚无的恐惧。因为个体生命的有限，所以很难构成一个意义系统。现代人超越自我永恒发展的精神渴求，在现实

---

① [德] 爱克曼, 辑. 歌德谈话录. 朱光潜, 译. 北京：人民文学出版社, 1978：137-138.
② [美] 麦金太尔. 德性之后. 龚群, 戴扬毅, 译. 北京：中国社会科学出版社, 1995：234.
③ [英] 帕蒂森. 克尔凯郭尔：美学与"审美". 易存国, 译. 哲学译丛, 1992 (4)：74.
④ 同③28.
⑤ [美] 平克. 人性中的善良天使：暴力为什么会减少. 安雯, 译. 北京：中信出版集团, 2015：496.

的壁垒中屡屡受挫,虚无主义的幽灵时隐时现。一切事物都将销声匿迹,诗人陈子昂(659—700)登幽州台的"前不见古人,后不见来者",所感受的巨大苍凉证明:只有此刻的感受是真实可触碰的。尼采也说:"只要爱着、恨着、渴慕着,总之,只要感受着——梦的幽魂和魔力便立刻降临我们,我们就昂首仰望,置一切危险于度外,踏上最危险的路途,升达幻想的穹顶和塔尖,宛如天生即为攀登。"① 这种变化最先在艺术领域得到表现。

近百年来,现代主义成为压倒一切的文化潮流。艺术的特立独行、标新立异,成为现代人光怪陆离处境的情绪表达,从美国画家惠司勒(James Abbott McNeill Whistler,1834—1903)向观念脸上掷颜料瓶开始,一场看似荒诞的艺术游戏开始登场。马塞尔·杜尚(Marcel Duchamp,1887—1968)那把著名的名为《泉》的夜壶使问题复杂化,印象主义在画坛的崛起则使问题变得更加扑朔迷离。1874年,包括皮埃尔·奥古斯特·雷诺阿(Pierre Auguste Renoir,1841—1919)、克劳德·莫奈(Claude Monet,1840—1926)、保罗·塞尚(Paul Cézanne,1839—1906)、爱德华·马奈(Edouard Manet,1832—1883)在内的一群年轻人在巴黎举办了一次小画展,这次画展使他们获得了一个称呼。莫奈为这次画展送去了一幅画,画的是太阳刚从水面升起,为此他将其命名为《印象》,巴黎的记者们抓住这个词称他们为印象主义者。但是,这个词在当时意味着不受欢迎,有人说,要当这样的画家,显然只要把颜色随心所欲地涂到画布上,再给它起个名字就行了。

印象主义最令人困惑之处在于,它模糊了艺术和生活的区别。法国文艺理论家米盖尔·杜夫海纳(Mikel Dufrenne,1910—1995)比较审美对象和艺术作品的不同时指出的情况无疑会让我们困惑,他说:"如询问一件家具在标有布勒印记时是艺术作品,但由利维坦制造时是否仍是艺术作品;又如我插花的那个花瓶是否与卢浮宫陈列的古希腊酒罐一样同为艺术作品。"② 在生活场景中捕捉到的艺术的蛛丝马迹,既是现实主义倾向,也是对世界看法的主观化。叔本华这样理解艺术欣赏活动中的主体,他说:"我们只是作为那一世界眼而存在,一切有认识作用的生物固然都有此眼,但是唯有在人这只眼才能够完全从意志的驱使中解放出来。"③ 人

---

① [德]尼采. 悲剧的诞生——尼采美学文选. 周国平,译. 北京:生活·读书·新知三联书店,1986:232.
② [法]杜夫海纳. 审美经验现象学. 韩树站,译. 陈荣生,校. 北京:文化艺术出版社,1992:27.
③ [德]叔本华. 作为意志和表象的世界. 石冲白,译. 北京:商务印书馆,1982:276.

们委心于对艺术作品的观赏，清晰地去感觉一部作品的价值是什么以及它能有什么价值。伟大的艺术家揭示人们由于重现而相同的境遇，把其中遇到的一切提示并留给未来的人们。歌德曾在和爱克曼（Eckermann，1792—1854）的谈话中说："世界总是永远一样的，一些情境经常重现，这个民族和那个民族一样过生活、讲恋爱、动情感。"① 不管怎么样，艺术总是力图显现人生的可以理解并有充足理由，致力于探索人性的种种可能以及丰富性和多样性，这也是伦理学的任务。苏格拉底提出知识即美德，罪恶仅仅源于无知，有德者即幸福者。在这三个基本问题中他表达的是，知识、伦理为人们探索与了解世界及人性提供工具和方法论。康德也解释了其相关性，他说："就观念的状态而言，人的心灵要么是行动的，表现出能力，要么是接受的，存在于感受性之中。"② 所以，他认为事物的状态或世界的面貌取决于主体及其感受性的特征。对感受性的重视，带来了18世纪以来美学发展的新阶段，并促使人们对存在做出一些新的思考，表现为人们开始醉心于生活的艺术，这是与人的生存密切相关的课题。所谓生活的艺术，是指以寻找生活的美、表现生活的美为目的的人类活动，表现了人存在的精神价值。

观察我们这个现代艺术和生活之间的区别正在变得模糊的时代，科学与技术的发展已经改变了人们感知世界的方式，并使生活成为一场审美大发现。就新技术对人类的生活、感知世界的方式、存在体验发生的巨大影响而论，本书试图揭示，在人的审美体验发生转向的过程中，技术是其中的主宰力量。本议题的探讨以文森特·威廉·凡·高（Vincent Willemvan Gogh，1853—1890）的名画《农夫鞋》中的鞋子这样一种生活中司空见惯的器具为例。鞋子本来只是器具的存在，无论是凡·高自己的鞋子还是农夫的鞋子；但是，当凡·高把它呈现在画布上，它就成了艺术品。凡·高就此拉近了艺术与生活的距离。一双鞋，以器具的形式存在还是以艺术品的形式存在，今天看来其界限并不是那么泾渭分明。

凡·高画过很多鞋。他是荷兰人，鞋子对荷兰人的生活大有意义，因为荷兰国内大部分国土低于海平面，一双好鞋可以帮助人们抵御寒冷和潮湿。美国学者迈耶·夏皮罗（Meyer Schapiro，1904—1996）对凡·高与鞋的关系有这样精辟的分析，他说："就是他自己的鞋子——它们与他的身体不可分离，也在重新激起他（的）自我意识时而无法忘怀。它们同样

---

① ［德］爱克曼，辑. 歌德谈话录. 朱光潜，译. 北京：人民文学出版社，1978：54.
② ［德］康德. 实用人类学. 邓晓芒，译. 上海：上海世纪出版集团，2012：16.

是被客观地重现于眼前的，仿佛赋予了他种种感触，同时又是对其自身的幻想。"① 从凡·高关于鞋的画作来说，他使器具的存在变成了艺术品的存在。海德格尔在关于"艺术作品的本源"的讨论中用凡·高画过的一双农鞋来阐释自己的论述，他说："从鞋具磨损的内部那黑洞洞的敞口中，凝聚着劳动（者）步履的艰辛。这硬邦邦、沉甸甸的破旧农鞋里，聚积着那寒风料峭中迈动在一望无际的永远单调的田垄上的步履的坚韧和滞缓。鞋皮上粘着湿润而肥沃的泥土。暮色降临，这双鞋底在田野小径上踽踽而行。在这鞋具里，回响着大地无声的召唤，显示着大地对成熟谷物的宁静馈赠，表征着大地在冬闲的荒芜田野里朦胧的冬眠。这器具浸透着对面包的稳靠性无怨无艾的焦虑，以及那战胜了贫困的无言喜悦，隐含着分娩阵痛时的哆嗦，死亡逼近时的战栗。"② 凡·高揭示了鞋子作为器具对大地的归属性，它显现在农夫的世界并饱含生活的气息而得以保存。正是这种保存下来的归属关系，让器具自身居于自身之中。

　　海德格尔在凡·高的《农夫鞋》中体会到存在者对存在的显现，凡·高画作中的鞋不仅指静物本身，而且指它所包含的各种关系。人们不能不承认凡·高在艺术史上是令人难忘的，他不动声色地接受命运的考验、折磨和苦难，使人们即使在今天仍能体会出画布上的那双鞋所包含的辛劳、无言、忍耐、尊卑、绝望和希望。加拿大学者马歇尔·麦克卢汉（Marshall McLuhan，1911—1980）注意到技术大发展对美学及生活领域的影响，他说："从艺术家的观点来看，艺术的追求不再是传递理性上有条理的思想感情，而是直接参与经验去体会。无论在报界、广告业还是在高雅艺术中，现代传播的整个趋势是走向过程的参与，而不是对观念的领悟。"③ 他认为，在这个被他称为与技术密切相关的大革命过程中，每种文化、每个时代都有自己喜欢的感知模式和认知模式，倾向于为每个人、每件事规定一些受宠的模式。就如人们欣赏凡·高的画，不是把它看作一块布、布上画的一双鞋，而是看到了一个无限丰富的意义世界。这双鞋是有它的原型还是艺术家的想象创造？鞋子作为审美对象在它的功利效用中呈现出对人和社会的意义，鞋子是人自身创造能力的体现，它是能工巧匠制作和创造的东西，是劳动产品，它使欣赏者体验到可资利用的喜悦，这些会在人的心灵世界激起人对于自己创造能力的自豪感、愉悦感。这和人

---

① ［美］夏皮罗. 描绘个人物品的静物画. 丁宁，译. 史与论，2000（3）：65.
② ［德］海德格尔. 林中路. 孙周兴，译. 上海：上海译文出版社，2004：18-19.
③ ［加］麦克卢汉. 麦克卢汉精粹. 何道宽，译. 南京：南京大学出版社，2000：92.

们在其他艺术活动中所体验到的一样，审美领域与个人体验的世界相连，人在知觉和体验中理解世界的存在。这种审美体验因为技术的发展被扩大和放大了，譬如作为工业化产品的一双鞋子，通过各种程序进入卖场，当鞋子在陈列橱窗、货架或模特脚下被展示时，鞋子仿佛是精致的艺术品，人们的想象力通过它，为大众轻而易举地找到进入艺术殿堂的路途，与此同时，人们还可以用购买、消费参与到艺术的合作中去。

进入现代工业社会以来，鞋子是流水线、机械化大生产的产物。生产鞋子的材料经过工人劳动从生产线上下来后，它本来只是一双鞋子，可是一旦贴上标签，如 Nike（耐克），奇迹便产生了，作为工业化产品的鞋子同样可以成为象征物：向人们允诺虚幻的富有和平等。这双鞋的身价取决于被人们接受和追捧的程度，它被包装好进入消费领域后会成为某人的心爱之物。耐克公司的点石成金之笔在于用艺术的色彩装点了每一双平常的鞋子，提供了对艺术的新理解，鞋子不再是一双平常的鞋子，而是艺术品、美梦，对于有钱人而言是身份，对于穷人而言是平等。鞋子不仅被创造了实用价值，更重要的是其精神价值和审美价值。今天，人们不再那么强调一双鞋的功能，而是更重视它的品牌，原因就是里面包含着文化意味。一双鞋，以最直接、最简洁的方式，把独特、时尚、潮流等韵味显露无遗。在耐克鞋的生产中，制作鞋子的技巧越来越成为艺术。以高科技和新材料完善其存在的耐克鞋，表现了美，和凡·高在一双破损的鞋中所表达的不同，今天的人们特别是年轻人在对一双耐克鞋的拥有中寄托了美和更多意味的东西。鞋子使人们看到一个无限丰富的意义世界，人们还可以因为拥有一双鞋而拥有一个意义无限丰富的世界。人们成为一双鞋子的主人，这件事体现了消费面前人人平等。亚里士多德曾说："我们所拥有的一切事物都有两种用途，两者都属于事物自身。"① 鞋子也一样，它可以用来穿，是人们穿在脚上、走路时着地的东西，也可以作为交换物品，用之换来金钱或食物等。鞋子的产生，始于人类安全、安逸的需要，鞋子可以御寒、保暖，也可以隔绝来自大地的伤害和危险。另外，鞋子还能满足人的心理需求，这恐怕是亚里士多德没有想到的。耐克鞋就这样跨越了发达国家、发展中国家，南北半球诸如此类的界限，在全球范围内成为人们的迷梦。与过去人们在创造活动中体验美不同的是，现代人在消费中完成了审美体验的转换，这是一种新的感受性：通过购买，才力不逮的遗憾得到了弥补。

---

① ［古希腊］亚里士多德. 政治学. 颜一，秦典华，译. 北京：中国人民大学出版社，2003：16.

毫无人情味的城市、千篇一律的城市生活方式，这些因素造成了感受的钝化，人们渴望在人性中恢复自由、美、生活的欢乐这些感受，消费在一定程度上满足了人们对新感受的需要。正如人们所看到的，一双耐克鞋被包装好，像其他生活必需品一样被卖给人，它会安慰人也会撩动人，实现消费与文化的结合：价钱昂贵带来消费过程中不易察觉的优越感，价钱平平则带来畅销，总之，类似的是一种包含着新感受性的解释系统，我们应该关注其中的新感受。可以说，从凡·高鞋到耐克鞋，表现的是一个时代的巨大变化。人是在感受世界中塑造人格和形成个性的，各种基本心理能力的相互作用打下人成其为人的各种烙印。因为消费，技术的力量和货币的力量在这种审美体验的转向中越来越重要。人们曾经认为，正确使用技术，可以解决工业生产上的问题，也可以解决人类的所有问题。这种情结导致人以一种异化的方式崇拜自己的技能和财富，这种崇拜容易使生命本身和生命的感受被忽略。

　　技术和货币的确是现代社会的两种发展动力。人对技术的依赖使技术成为人的主人，与此同时，货币也从工具角色上升为人的支配者，这些客观的异己力量正在威胁着人的生存状态。现代工业技术之权威的树立使人文精神丧失，商品交换逻辑的渗透更是让人的尊严荡然无存。雅斯贝斯曾说："像机器部件似的人类生活，与人类过去习惯的生活相比，可能有以下特点：人被迫迁移，背井离乡，作为回报，他在机器旁得到一个位置，分配给他的房子土地本身也是机器类型的、短暂无常的、可以交换的，不是如画的风景，不是唯一的家。"[①] 马尔库塞更是尖锐地批评资本主义社会异化及其对人的各种控制，尤其是以技术力量为代表的"理性控制"。今天，这种理性控制以媒体控制的形式出现，媒体在一定程度上掌控了人们的生活、消费兴趣、倾向、嗜好、生活品位甚至生活方式和内容。各种媒体构成一架巨大的文化机器，从视觉、听觉等多种感官渗透、塑造当代人的内涵和生存方式。人们打开电器开关，阅读报刊，无疑正如马尔库塞所担忧的，成了这台文化机器中的螺丝钉。类似耐克这样财力雄厚的公司，也通过掌握技术、金钱和媒体，在一定程度上控制着消费者。在这个过程中，人们毫无防备地相信，自己正在接受美的生活。美国学者尼尔·波兹曼（Neil Postman，1931—2003）有一个观点："有两种方法可以让文化精神枯萎，一种是奥威尔式的——文化成为一个监狱，另一种是赫胥黎式的——文化成为一场滑稽戏。"[②] 日常生活正在通过审美化的趋势，

---

① ［德］雅斯贝斯. 历史的起源与目标. 魏楚雄，俞新天，译. 北京：华夏出版社，1989：128.
② ［美］波兹曼. 娱乐至死. 章艳，译. 桂林：广西师范大学出版社，2009：132.

使物质的力量借助美的装饰成为生活的绝对主宰。如耐克公司，有遍布世界各地的生产基地，每天从流水线上下来的新产品数以万计，这些产品正在成为都市人生活的新传奇。当耐克鞋不仅以物质形式被消费，而且以一种文化符号被消费时，人们也许应当意识到这种物品向全世界的输出，正如英国学者特里·伊格尔顿（Terry Eagleton，1943年生）所观察到的，它代表的意义是"资本主义的最终胜利——让它自己的文化渗透到地球上最不显眼的角落"[1]。值得注意的是，也许不是技术而是掌控技术的人拥有掌控世界的力量。

第三节 技术复制时代的处境伦理

在资本、科技、全球化成为关键词的转型社会时期，人所面临的最重要的问题是，如何认识与人的处境相关的一些古老且永远有意义的问题。通过对这些问题的思考来认识自己的处境，其关涉的具体内容是：人应该怎样生活、决定、行动？应该以什么样的方式度过人生？等等。本雅明把20世纪称为"技术复制时代"，即机器做主的时代。技术的确越来越成为回答并理解上述问题的关键性因素，正如雅斯贝斯所认识到的："技术已给人类环境中的日常存在造成了根本的转变，它迫使人类的工作方式和人类社会走上全新的道路，即大生产的道路，把人类的全部存在变质为技术完美的机器中的一部分，整个地球变成了一个大工厂。在此过程中，人类已经并正在丧失其一切根基。人类成为在地球上无家可归的人。他正在丧失传统的连续性。"[2] 他深刻地理解到，技术是人类用科学手段控制自然的过程，其目的是使人能够诸事取决于自己，使自己免于匮乏，并能塑造自己的存在。所以，对人的处境的研究，不能回避技术带给了我们什么改变，技术怎样形成、决定和塑造了当代人的处境这些问题，而且通过对这些问题的探索，可以了解人们思想、情感、行为、生活的变化，以及其中的深层原因。现世处境是人生而所在的位置，所以与人相关的一切考察都与处境相联结。对处境的伦理学研究，就是回到人与世界之关系的根本，思考人与世界究竟是一种什么关系以及人如何看待世界及自我。

技术是指为了产生有用的物体和效果而利用物质与自然力的活动，其

---

[1] [英]伊格尔顿. 文化的观念. 方杰，译. 南京：南京大学出版社，2006：66.
[2] [德]雅斯贝斯. 历史的起源与目标. 魏楚雄，俞新天，译. 北京：华夏出版社，1989：114.

与生产的结合、对科学与未来的憧憬,积累了大量的社会财富和乐观情绪。科学的惊人进步更是带来了普遍的希望。我们都知道,技术作为手段的目的是把人从自然的禁锢中解放出来,从匮乏、威胁和奴役中解放出来,为人们赢得闲暇、满足、舒适。但是,技术发展带给人类的困惑和问题也与日俱增,它集中爆发和表现的情形,正如查尔斯·泰勒(Charles Taylor,1931年生)所批评的:"我们终究会在某处经验到一种距离,一种缺失,困惑,或者更糟糕的,那种传统上所称的抑郁,即厌倦。在后一种境况中,糟糕之处在于,我们失去了对何处是完满之地的感知,甚至不知道完满可能包含些什么;我们感到已经忘记完满的样子,或再也不能相信完满。但是,缺失的痛楚、丧失的痛楚,依旧在那里。"① 他把当今时代称为"世俗时代",是指西方社会已经从一个人们不可能不信仰上帝的社会,走向一个即便对最坚定的信仰者来说,信仰也只是诸多选择之一的社会。列奥·施特劳斯(Leo Strauss,1899—1973)的"危机理论"则为我们理解这些重大问题的迫切性和重要性提供了另一个视角。他曾经观察西方社会,认为现代以来最重大的时代问题就是危机迭出,既有时间性的现代性危机,也有空间性的西方文明危机。其具体的内容为"彻底的虚无主义,亦即根本否认世界上还有可能存在任何'好坏''对错''善恶''是非'的标准,同时这种'历史观念'导致似乎人间再没有任何永恒之事,因为一切都转瞬即逝,一切都当下消解。这种'历史观念'因此无情地冲刷着人心原有的深度、厚度和浓度,导致人类生活日益平面化、稀释化和空洞化。"② 这些重要的思想资源为我们理解技术时代人的处境提供了新颖的角度。

在最靠近我们生活的今天,学者孙周兴把技术时代人类生活的关键词准确地提炼为"虚拟与虚无",他把技术时代的人类生活概括为三点:(1)普遍同质;(2)质感消失;(3)判断失据。他批判了原子弹造成的历史虚无感、生活世界里词与物的萎靡和消逝、货币/金钱的虚拟化及其对人类精神/心性的虚无化。他认为这些现象的根本驱动力是现代技术,正是现代技术导致了人类精神生活的巨变。③ 至于物质上的丰富如何转变或带来了精神上的空虚?齐格蒙特·鲍曼(Zygmunt Bauman,1925—2017)注意到:"逃避空虚的个人经验采用了这样一种解救方式:在登上车船之前

---

① [加]泰勒. 世俗时代. 张容南,等译. 上海:上海三联书店,2016:导论9.
② [美]施特劳斯. 自然权利与历史. 彭刚,译. 北京:生活·读书·新知三联书店,2003:12.
③ 孙周兴. 虚拟与虚无——技术时代的人类生活. 探索与争鸣,2016(3):43.

购买的报纸或一本简装书是过于拥挤的年代便携式城壕。人们能将自己的视线埋在印刷品中，或者转脸不瞅，或者干脆闭上眼睛。"① 所以，从伦理学角度关注技术时代人的处境，本身就意味着道德关怀，以此对人的处境进行改善，是这个时代我们面临的新课题。

一、处境伦理如何建构

"前言"部分已经梳理并分析了建构处境伦理的理论前提，本节则主要讨论把处境理解为人的状况，并在此基础上建立一种处境伦理的可能性。因为伦理学是关于道德的学科，道德本身是为了改善人的处境，所以对这种努力进行阐述、说明或解释的处境伦理就至少包含三层意思：(1) 人是社会的存在，人都有一个处境，以社会的方式共同生活。米德的研究表明："正是作为社会的存在物，我们才是道德的存在物。一方面，社会的存在使自我成为可能，另一方面自我的存在又使高度组织的社会成为可能。在道德行为中，这两个方面互相呼应。"② (2) 人是理性存在物，在这种共同生活中如何相互对待依赖人的理性做出判断。(3) 人的道德判断中包含着可普遍化的因素。人在以特定方式行动时，希望相同处境的人也以同样的方式行动。因此，处境伦理是"对人生此在的辩护"③。

关于处境伦理，约翰·戈特利伯·费希特（Johann Gottlieb Fichte, 1762—1814）有一个清晰的表达，他说："每个人都应该并且必须绝对做自己（的）处境、心思与见解命令自己做的事情，而不做任何其他事情，也就是说，每个人都应该并且必须绝对不做自己的处境、心思与见解禁止自己做的事情。"④ 处境伦理有一个最根本的目标：探索、了解、相信、忠诚自己。处境伦理关注个人的生存困境及其解决途径，这种关注把人与其所处的文化和社会现实紧密结合在一起，处境伦理要求人们设身处地去想象、理解而不仅仅是批评。人从出生之初就被先定的、历史性地置于一定的处境之中，成长、生活、死去，这是一个不断做出有关自身选择的过程。曾经、正在、将来有什么样的情形与自我遭遇，构成了处境的内容。

---

① [英]鲍曼. 生活在碎片之中. 郁建兴，等译. 上海：学林出版社，2002：45.
② [美]米德. 心灵、自我与社会. 胡荣，王小章，译. 台北：桂冠图书股份有限公司，1995：367.
③ 邓安庆. 重返"角力"时代：尼采权力意志的道德哲学之重估. 上海：上海教育出版社，2017：4.
④ [德]费希特. 伦理学体系. 梁志学，李理，译. 北京：中国社会科学出版社，1995：272.

如康德对他的实用人类学的研究内容所规定的，处境伦理研究如下内容："人作为自由行动的生物由自身作出的东西，或能够和应该作出的东西。"① 对处境的认知始自那些自我意识冷不丁涌现的时刻：人俯身观看自己，无休无止地关注自己，如同希腊神话中的美男子那喀索斯（Narcissus）。

柏拉图对人的处境的认识最真切，在《理想国》最后一卷，他通过苏格拉底与格劳孔的对话谈到了人的处境。一个优秀的人在生活中遭遇厄运而被痛苦折磨时，柏拉图认为：遇到不幸时尽可能保持冷静而不急躁诉苦，是最善的。因为人的生活中没有什么值得太重视，他通过苏格拉底之口说："周密地思考所发生的事情呀！就像在（掷骰子时）骰子落下后决定对掷出的点数怎么办那样，根据理性的指示决定下一步的行动应该是最善之道。我们一定不能像小孩子受了伤那样，在啼哭中浪费时间，而不去训练自己心灵养成习惯；尽快地设法治伤救死，以求消除痛苦。"② 他深以能在不幸中保持忍耐和平静而自豪。

真正的道德面向人的处境。亚里士多德的德性论认为德性是一种成就，在古希腊时代本身就指卓越，古希腊人深信尽善尽美固然是上天的尺度，但追求尽善尽美却可以成为人的尺度。成就和卓越之所以被看重，是因为它们是有价值的，与满足和奖赏相伴随。如果说伦理学处理人的关系，那么处境伦理则关注人的处境的一切构成。亚里士多德的伦理学还把人的生活处境的有条件性作为伦理学的中心任务，描绘了普遍原则的具体化和对具体处境的应用。

如何在物质富裕的情况下追求道德的完善和精神生活的丰富与卓越，这是今天这个时代人们探索美好社会理想所思考的主要内容。阿伦特曾说："人类存在是受制于处境的存在。"③ 人无论做什么，无论以什么样的状态存在，都是处境的存在者。处境显现了世界的客观性、对象性、物性。但是，行动、行为、活动中所包孕的创造性改变了这种被决定的状态，即人可以凭自己的创造力量与处境相互作用。人并不是消极无能、无所作为的，人生的欢乐和意义常常是在抗争中发生的。从一般人性来说，人争取生存的尊严与幸福，追求合理的、诗意的人生，但是目标的实现有待于当事人自觉地追求和刻意地经营与创造。俗话说"靠人人老，靠山山倒""天助自助者"，这些是中华文化总结出来的处境伦理。在西方，帕斯

---

① ［德］康德. 实用人类学. 邓晓芒，译. 上海：上海世纪出版集团，2012：1.
② ［古希腊］柏拉图. 理想国. 郭斌和，张竹明，译. 北京：商务印书馆，1986：403.
③ ［德］阿伦特. 人的境况. 王寅丽，译. 上海：上海世纪出版集团，2009：3.

卡尔看到了人的处境中的矛盾性，他说人"要求伟大，而又看到自己渺小；他要求幸福，而又看到自己可悲；他要求完美，而又看到自己充满着缺陷；他要求能成为别人爱慕与尊崇的对象，而又看到自己的缺点只配别人的憎恶与鄙视。他发现自己所处的这种尴尬，便在自己身上产生了一种人们所可能想象的最不正当而又最罪过的感情；因为他对于在谴责他并向他肯定了他的缺点的那个真理怀着一种死命的仇恨"①。人只有认识到自我存在的不足，才能找到努力的方向，使大地上人们的生活更富有诗意、更精彩。

现代性决定了我们应当从新的经验出发，了解人的处境，从而认识人。人既然是一个被处境决定的存在，任何东西，无论是自然给定的还是人为的，一经与人接触，就会变成人下一步存在的处境。处境表达意义、独特性或重要性，带来幸福或悲伤、快乐或痛苦、满足或缺憾、充实或孤独等各种情感体验。当然，对自己的处境安之若素历来是受到赞誉的，因为处境受到客观条件的制约和影响，其中包含着众多人力不逮的因素。每个人的处境都是独特的，处境伦理即寻找人在世界上的位置，确立人在世界上的地位，选择和决定怎样度过一生，做一个什么样的人。阿拉斯代尔·麦金太尔（Alasdair MacIntyre，1929年生）说："判断一个人也就是判断他的作为，判断一个人的德性和恶的依据，在于他在具体环境中所做的具体行为。"② 所以，在社会秩序中，人都有一个位置，这个位置是人自我认识和他人认识自我的重要依据。

处境伦理的建构显示了道德论证的过程，通常道德论证包含以下因素：事实、普遍性和制约性的逻辑结构、倾向、想象力。例如，"不许撒谎"成为道德约束的过程如下：有人撒谎，谎言造成伤害。如果我在被伤害的处境中，那么我一定不愿意这样的事情发生；如果我有过被谎言伤害的经历，那么我痛恨谎言。如果没有，那么想象力可以帮助我理解被伤害的后果，我同样痛恨谎言。因此，无论处于哪种处境，我都会同意"不许撒谎"。从这一过程看来，道德的推广和约束力是否有效，处境是核心概念。个体如何思考、如何有目的地选择与行动，一定受到自我处境和社会情境的影响甚至由其决定。

在伦理学史上与处境伦理密切相关的理论是在"前言"中介绍过的弗

---

① ［法］帕斯卡尔. 思想录. 何兆武，译. 北京：商务印书馆，1985：52.
② ［美］麦金太尔. 德性之后. 龚群，戴扬毅，译. 北京：中国社会科学出版社，1995：154.

莱彻的境遇伦理学，它的影响很大。这种理论认为，决定即做决定的道德，遵循行动为先，不关心什么是善，而关心如何行善，为谁行善，也不问什么是爱，而只问在特定境遇下如何做可能表示最大爱心的事，注重行动而不是原则。① 这样说来，人只有在道德的框架内才能建构自己的目的，这是与处境伦理相一致的。麦金太尔断言："不论我们是否认识到，我们是历史所造就的。"② 这其中包含了处境伦理客观性的一面。在这种被历史造就的过程中，自我不仅是个人创造的，而且是社会创造的。也就是说，处境伦理的主观性的一面是由其客观性决定的，所以处境常常是被介入、被理解的。米德认为："个体依赖于他所属的有组织的社会或社会共同体，个体自己对于这种依赖的意识是他责任意识（大体上也是他的道德意识）的基础和根源；而道德或不道德的行为，在本质上则可以从社会方面来这样界定：前者作为行为是对社会有益的或是有助于社会的生存发展的，而后者作为行为则是对社会有害的或造成社会败坏的。"③ 也就是说，在社会中生活并依赖于他人而生活的事实是人的道德意识的基础，也是人的道德行为的依据。相互依赖会产生认同与合作。

关于处境作为概念和处境伦理的关系，还可以从马尔库塞的有关论述中得到启发，他说："'概念'用于指称某物的心理表象，人们把它理解、领会并且认作为一个反映过程的结果。它所反映的事物可以是日常实践的一个对象、一种处境、一个社会、一本小说。"④ 总之，对于人来说，事物得到理解，它就变成思想的对象。马尔库塞从伦理学角度认识处境，把它作为思想的对象，从理论上予以把握。个人的处境，是当事人认识、看待自我的客观条件的总和。马尔库塞所分析的人的处境，包含这样的内容，他说："把人放在使其发现自己置身于世界的条件中来分析，我们就可以看到，人们似乎拥有某些官能和力量，它们使人能够过上一种'好生活'，即最大限度地摆脱辛勤劳作、人身依附和粗鄙简陋状况的生活。获得这样一种生活就是要获得'最好的生活'，即按照自然或人的本质来生活。"⑤ 一般说来，哲学家分析人的处境，常人拥有人的处境，具体而言，

---

① [美] 弗莱彻. 境遇伦理学——新道德论. 程立显，译. 北京：中国社会科学出版社，1989：40.
② [美] 麦金太尔. 德性之后. 龚群，戴扬毅，译. 北京：中国社会科学出版社，1995：163.
③ [美] 米德. 心灵、自我与社会. 胡荣，王小章，译. 台北：桂冠图书股份有限公司，1995：301.
④ [美] 马尔库塞. 单向度的人——发达工业社会意识形态研究. 刘继，译. 上海：上海译文出版社，2006：97.
⑤ 同①115-116.

诚如马尔库塞所说:"直接经验的世界——我们发现自己生活于其中的世界——必须被理解、改变甚至颠覆,以便显露出它的实际面目。"① 处境是对直接经验的表达,处境伦理则更多是直接经验或间接经验的抽象概括和提炼。下面进入考察人的处境的具体讨论。

二、道德冲突与道德权衡

任何社会都会有矛盾、争端和斗争,也少不了摩擦和碰撞,人和人之间更是如此,这样就常常导致各种冲突。在全球化时代,这一问题更加具有普遍性和广泛性。在处境伦理的框架里,找寻对冲突的认识和解决之道,是本节的主旨所在。当然,讨论处境伦理只是说明:虽然没有一种办法使所有的难题迎刃而解,但部分地接近、缓和或解决问题仍然是有价值的。

基于相互利益的合作和基于利益冲突的分离都是人类社会的典型形态。从人类生活的历史和经验来看,在社会中生活的人肯定比独自生活的人享有更大的利益和好处,这是不容怀疑的。但是,各种利益、好处的分配往往会带来冲突,这些冲突最后都可以归结为道德冲突。何谓道德冲突?学者甘绍平认为,道德冲突是指行为主体处于一种两难的情形:他本应满足两种义务或两种规范的要求,但实际上他无法做到这一点,而是必须二者择一,从而势必要违背其中的一种义务或规范。② 道德冲突既是学术讨论的前沿问题,也是道德实践中的热门话题,在世俗生活中更是不免为人们所津津乐道。这个问题之所以会引起如此广泛的关注,是因为人的存在和人类生活具有复杂性与多样性。

任何人在生活中都会有多重身份,扮演多重角色,故而肩负着各种身份和角色所赋予的使命与义务。个体在为了履行某种义务而行动时,有时会导致对其他应当履行的道德义务的放弃或背离,最典型的就是大家所熟知的"忠孝不能两全"。在现代社会的生活与道德实践中,道德冲突更加具有直接性和当下性。比如电影《唐山大地震》中所反映的,在危难中两个孩子只能救一个,救谁?医院里每天都有的情形,孕妇难产,母亲和孩子只能留一个,留谁?人的理性选择、价值排序固然可以有效地帮助行动者做出决定,而且艰难的时刻总会过去,但是,伦理学如果不能深切地回

---

① [美]马尔库塞. 单向度的人——发达工业社会意识形态研究. 刘继,译. 上海:上海译文出版社,2006:113.
② 甘绍平. 道德冲突与伦理应用. 哲学研究,2012(6):93.

应这样的现实，关注人充满痛苦的生命感受，又如何能表现关怀人生的价值追求、有益美好人生的智慧色泽？

利益、观念上的冲突各种各样，凡涉及道德上的评价，或事关好坏、善恶的分辨，都可以归结为道德问题，道德冲突因此也叫价值冲突，它的实质是不同价值之间的抉择。弗洛姆认为不同价值原则的冲突是最激烈的冲突，也是最根本的冲突，它比不同阶级之间的斗争、为争夺更大份额社会产品的斗争更激烈。弗洛姆将冲突概括为："那些对社会生存所必需的规范与那些对其成员的最全面发展所必需的普遍规范是冲突的。"① 我们知道，一切价值都是有条件的、相对的，因此，权衡作为一种道德策略，越来越呈现出其所拥有的智慧光芒。从人类的历史发展和社会心理来看，人爱和平、和谐、和睦，对冲突、矛盾、对立有一种本能的抗拒，所以如何消解各种冲突、矛盾、对立，一直是人类面临的重要课题。无论是对历史的考察还是从生活的经验出发，我们都知道，冲突有程度分别，并且不是所有的冲突都可以消除或解决，如生死对立，恋生不能永生，怕死不会不死。同时，也不是所有的冲突都需要消除或解决，如恋生怕死的心理，但是如果人真的可以不死，也许生比死更为可怕。所以，此处探讨的冲突是指必须解决或可能得到解决的范围之内的冲突。只有这类冲突，才能通过权衡并根据原则与规范来加以认识、解决或部分地加以解决。

通常，从伦理学的发展脉络来看，人们的道德思维会遵循两种模式，即伦理理性与伦理智慧。前者指行为主体在日常的社会交往中合乎道德地行动；后者指行为主体在面临道德困境和伦理悖论的时候，为了寻获道德的或者比较道德的解答，所采取的选择、权衡、谋略、处置、协调等实践活动。② 从人的道德思维模式来看，人们对道德冲突的思考和解决常常依赖于伦理智慧，其中权衡最能反映问题的复杂性，它指理性面对冲突总是能够有所作为，它的作用就是："追求某一特定目的时，通过权衡采取某一种手段可以获得什么样的好处，以及这样做将要付出什么样的代价。"③"权"在现代汉语中指秤锤，"衡"指秤杆，二者合而为一指称量物体的器具，比喻衡量、考虑，后引申为法度、标准、原则。词义的演变深刻反映

---

① [美]弗洛姆. 为自己的人. 孙依依, 译. 北京: 生活·读书·新知三联书店, 1988: 219.
② 甘绍平. 论两种道德思维模式. 伦理学研究, 2016 (4): 31.
③ [英]吉登斯. 资本主义与现代社会理论. 郭忠华, 潘华凌, 译. 上海: 上海译文出版社, 2013: 173.

了人类思维的发展逻辑，它能给予人们关于道德冲突思考的最大启迪和策略的最优选择。

面对道德冲突的思路之一：确立道德原则并使之可普遍化。道德原则的普遍化建立在其有效性的基础上，道德原则的有效性在于人们遵循它会使共同生活更好，从而引导合乎伦理的行为。行为的伦理性通常在于从普遍的视角来看它是可接受的。孔子提出的"己所不欲，勿施于人"就是具有普遍性的道德原则。在很多情形下，人们常常把原则的普遍性与目标的普遍性混为一谈，孜孜以求在人类生活的每个阶段都有对人的心理、情感、精神、行为起激励作用的目标，这个目标统摄、制约、规划、决策、导引人的行为，如人们对幸福的理解。显然，并不存在这样的目标。因为人生是动态的、发展的、建设性的，处境是生成并不断变化的，所以不可能一劳永逸地解决所有问题。为人生高悬一个幸福的目标，不仅不会万事大吉，而且会行不通，即不具有解决问题的力量，更不可能为行动提供源源不断的力量。通过对这个问题的缜密考虑，罗尔斯提出了"合理的生活计划"，为此提供了比较周全的价值基础，因为"一项合理的生活计划是使和一个具体个人相关的所有价值判断形成并最终变得一致的基本观点"①。罗尔斯认为，人应当形成一种合理生活的能力，其中最为重要的就是道德能力的获得，这样一种人们进行道德选择和道德判断的能力包括获得正义感的能力、控制自我欲望的能力等。人们在生活中获得了这种能力，就可以通过交流达成共识并提炼出指导生活的原则，从而使这种原则具有可普遍化的特点。这对于冲突的解决无疑是一种思想和观念上的准备。人们通常会坚持自己的偏好而与他人发生争执或斗争，但是具有合理内容的、可普遍化的原则能够使人们在进行道德判断和道德选择时超越自己的偏好，所以这不失为一种解决冲突的路径。

面对道德冲突的思路之二：对道德原则进行排序，确立不同道德原则的优先秩序。这一思路对处境伦理的建设性意义在于，在通常的情形中，人们遵循一般的道德原则就会导致善的结果。但是，在不寻常的情形中，不同的道德原则之间可能会发生冲突，即使不发生冲突，遵守道德原则也可能会导致悲剧或灾难。还是以康德"不许撒谎"的绝对命令为例来说明，上升为绝对命令的原则将导致的结果是由原则与行为的关系决定的。关于道德原则与行为的关系，理查德·麦尔文·黑尔（Richard Mervyn

---

① [美]罗尔斯. 正义论. 何怀宏，何包钢，廖申白，译. 北京：中国社会科学出版社，1988：395.

Hare，1919—2002）这样表述："行为之所以能以独特的方式展示道德原则，其原因正在于，道德原则的作用就是指导行为。"① 在一般、正常的情形中，根据原则去选择和行为没有任何问题，人们甚至会不假思索就知道自己该怎么做。但是，现实生活中难免甚至常常会出现道德原则彼此冲突、人们面临极端选择等种种特殊情形，也就是人们所说的道德冲突。对此，一方面，黑尔用"可普遍化"作为道德判断的逻辑特征，指出："尽管这个世界随着巨大的物质变化而变化着，但从道德的角度来看，它在一些基本问题上却变化得异常缓慢。"② 人们诉诸原则知道哪些值得追求哪些应当避免，原则提供人们行动的理所当然的前提，否则人们就会无所适从。另一方面，黑尔也认为在原则与例外情形之间有一种动态的关系，他说："实际上，我们的确认为，在大部分情况下遵守这一规则是正当的，但我们同时也认为，在例外情况下违反这一规则也属正当。"③ 也就是说，原则往往覆盖着大部分的人类生活领域和事件，但不能穷尽一切。对于伦理学上由康德引出的关于道德原则的激烈冲突，在黑尔的理论中可以得到更为合宜的解释和认识，他认为之所以在各种例外情形中的所作所为能够被允许，是因为任何一种原则都可以被视为临时性的，都可能会有例外情形。如在战争期间欺骗敌人的说谎，使永不说假话这一原则合理地扩充为"除了在战争期间欺骗敌人之外，永不说假话"，这种具有临时性与暂时性的原则将因此而变得更严格，也更可行、更有说服力。这一观点在现代生活中得到了回应，如今天相关的学术研究结论所赞同的："在我们的现实生活中很难避免两种不同的道德义务发生严重冲突的情形。一种道德规范（如不说谎）与另一规范（如不伤害）遭遇对立，在当事人的权重中未能获胜而做出让步，这是一种非常态的境况。但这并不意味着在常态环境下这一规范也失去了普遍的适用性与约束效力。"④ 也就是说，特殊情境下对原则的策略性选择并不构成否定原则之基础性、普遍性的理由，无论该原则被采纳还是被摒弃。原则是一个集群、系统，不可能每一条都放之四海而皆准，每一条原则都有自己的侧重和限度，用于解释、说明、指导和保护人们生活的某一方面或人们的某一种权益。

解决道德冲突的思路之三：认识到伦理是一种互惠协议。契约论有力

---

① ［英］黑尔. 道德语言. 万俊人，译. 北京：商务印书馆，1999：5.
② 同①72.
③ 同①51.
④ 甘绍平. 非常态下的道德抉择. 哲学研究，2016（10）：114.

地说明了订立社会合作条件的互利性、互惠性。罗尔斯用契约论的理论生动地将伦理的这一特性解释为：你不打我，我也不打你。契约论以人们之间出于互利而生出的默认契约来解释伦理的起源，通常诉诸人对痛苦的感受以及对他人的痛苦有所反应，这是人有道德生活的情感机制，所以人们愿意用人同此心、心同此理的思考模式去设想：我想摆脱痛苦，也不要把痛苦加于他人；我追求利益，也要顾及他人的利益。所以，找到一种互惠模式是人们共同生活的默认前提。这种互惠以人与人之间能够释放善意为前提，以解决冲突为目标，如罗尔斯所设想的具有可操作性的解决冲突训练班：将冲突各方带进一种友善的氛围中，让他们有机会进行交流，然后交给他们一项共同任务，协商如何能够解决冲突。这种做法能够相互激发同情。这样一来，"我们的道德理解力随着我们在生活过程中经历一系列地位而不断提高"[①]。这种变换视角为对方着想的观念，以往只能在小范围内流传，但是在今天，全球化把人类推向一种新的生存处境，互惠及有目的的合作不仅是一种需要，而且是一种必要，在更广大的范围内把这种可能性向现实性推进，既是全球化本身的趋势，也是人类因应的策略。

总之，权衡是人们在应对道德冲突时的伦理智慧，作为策略选择，正说明："在道德理论的应用问题上，不仅需要有对理论与原则的明晰性与坚定性的维护与强调，而且也需要有对一种明智的道德判断力的秉持与恪守。"[②] 这种智慧涵盖了道德生活的复杂性，既能坚持原则的指导性，又能应对例外情形，对人的现实处境考量充满人文关怀的色彩。

的确，把道德冲突与道德权衡相结合是从伦理学角度考察人的处境的实践智慧，对道德冲突与道德权衡的考量包含着对人的处境的深刻关照。人的处境不仅影响人的观念，更影响人的判断和接下来的一系列决定与行动。人在世上的行为总是依赖处境所提供的各种可能性，人要估价自己的处境才能做决定。处境往往包含了主体生活的各个环节、细节，所以合理的决定和行动一定不能忽略对处境的分析，比如利益、愿望、能力、环境等主观和客观因素。如果不分析处境伦理，那么就很难对相互冲突的目标找到一个合理的解决办法。时代、社会都会深刻地决定或影响人的处境，它们往往构成讨论处境伦理的客观方面；对于处境伦理来说，更为耐人寻

---

① [美]罗尔斯. 正义论. 何怀宏，何包钢，廖申白，译. 北京：中国社会科学出版社，1988：455.
② 甘绍平. 伦理学的当代建构. 北京：中国发展出版社，2015：199.

味的因素还有自我抉择，处境伦理也探讨人和人相互对待的道德。所以，对道德冲突与道德权衡的延伸性讨论主要从这些方面展开。可以说，处境之所以成为伦理学的研究对象，是因为人就其处境而言，是在诸多可能性中有所选择从而被塑造成不同的人并以不同的方式度过人生的。

通常，人们正确行动有两个前提：（1）对处境的分析、正视；（2）依赖理性，正确推理。在处境伦理中，道德涉及人与人的互动以及合作的方式，所形成的道德观是一个极其复杂的结构，不仅包含原则、理想、准则的内容，而且涉及思想、行为和情感的所有因素，其中最为基本的是对道德原则的认识。我们知道，每一种原则都涵盖一些它所维护的价值，这些价值对社会和共同生活是有益的，原则指导人们组织世界和共同生活，从而取得最大可能的和谐。按原则行事，就是表明捍卫和坚守某些价值的立场、态度。每一种原则都有一定的内容，它规定了在遵守原则的情形下人们所应承担的责任和义务。

坚守处境伦理就客观因素来说，罗尔斯关于社会制度的正义理论对当今影响最大。处境伦理在罗尔斯正义理论的框架内被表述为："在具体问题上不得不按照具体境况的一般事实来权衡它们。"[①] 所谓的具体境况，当然包含一般和非常等诸多情形，它所要求的道德智慧就在于权衡，这其中当然暗指了处理的灵活性。所以，权衡本身的确就意味着对例外情形的承认，它与原则如何运用及如何得到贯彻的问题并不冲突。罗尔斯的正义理论体现了建构原则和论证原则的理论宏愿，他这里所说的权衡体现了对现实情况的复杂性的高度认可。这种现实对人的理性提出了要求，对处境伦理的考验在于处境、理性与个人目标实现之间的密切关系，罗尔斯用合理性的概念这样表述："假如我们正视我们的境况并尽可能正确地推理，我们的决定就是合理的。"[②] 他的理由是，即使一个人对情况所知有限，他的选择的合理性也可以依据他根据所知情况进行的正确推理而得到保证。就是说，只要我们能根据已知情况进行正确推理，就可以保证选择的合理性，这是人对自身处境的正确反映。分析处境伦理的有关特点，只有原则才能帮助人在相互冲突的要求与状态中建立一种秩序、维持一定的平衡。罗尔斯的这一观察为我们愿意遵循道德行事提供了例证，他说："虽然我们通常把道德要求都看成是强加到我们身上的约束，但它们有时是为

---

① ［美］罗尔斯. 正义论. 何怀宏，何包钢，廖申白，译. 北京：中国社会科学出版社，1988：307.

② 同①383.

了我们的利益而审慎地自我加予的。"① 这是处境伦理合理建构的内在动因之一，即人类生活需要道德。

罗尔斯强调，为了正义和善的社会，必须制定公平的原则，按正义原则有资格得到的东西往往指向社会之基本善的分配，如自由、机会、收入、财富、自尊的基础，而且基本善"是那些被假定为一个理性的人无论他想要别的什么都需要的东西"②。自尊是罗尔斯所认为的最重要的基本善之一。就考察处境伦理的主观方面的因素来说，罗尔斯认为人的基本价值在于维护自由、自尊和自信。其中，自尊之所以最重要，是因为一个人努力的动力和行动都与其对自我价值的肯定和确信有关。自我的欲望、需求、行动是自我价值实现不可缺少的关键要素。一个人如果缺少自尊，那么就将走向虚无主义，因为缺乏追求的目标，就没有什么事情值得去做，即便有事情值得去做，也会缺乏追求的意志。在这种情况下，人生就变得虚无缥缈，人们当然会陷入冷漠、犬儒主义甚至虚无主义。

总体说来，人置身于自我的处境中，为自己的选择和行为找到合理的解释与说明，一般处境遵循原则主义，当面对道德冲突时的例外处境则运用道德权衡。虽然遵循这些原则可以减少摩擦和冲突，但是我们也承认有很多冲突不是原则或道德介入就可以解决的。处境使主体出现，也使主体存在，在对处境的领会中，人的存在被归结为作为，即行为或举止构成一个统一体，其起始恰恰是主体选择没于世界中的态度。每一个人都是自己选择成为的人，是从自我的处境出发对自我的选择，世界将由这个选择承担并被照亮。萨特强调："处境之所以是我的处境，也是因为它是我对我自己的自由选择的形象，而它向我表现的一切在这一切也是表现我并使我成为象征的意义上讲是我的。"③ 对道德冲突的权衡，何尝不是使自我在处境中被照亮的一种方式？

三、如何做一个明智的旁观者

当代颇负盛名的哲学家彼得·辛格（Peter Singer，1946 年生）在实践伦理学的领域中贡献卓著，他关注如何把道德应用于实践的问题，对于人们津津乐道的幸福问题提出了自己的理论，即："那些为了快乐而追求快乐目

---

① [美] 罗尔斯. 正义论. 何怀宏, 何包钢, 廖申白, 译. 北京：中国社会科学出版社, 1988：336.
② 同①87-88.
③ [法] 萨特. 存在与虚无. 陈宣良, 等译. 北京：生活·读书·新知三联书店, 1987：709.

标的人，经常找不到快乐，而追求其他完全不同目标的人却常常能够得到快乐，这就是所谓'享乐主义悖论'。"①"享乐主义悖论"这个概念对于我们思考人的处境，尤其是思考人在自己的处境中如何做一个明智的旁观者或观察者，是有建设性意义的。人在社会中共存，彼此属于利益共同体，这种利益共同体从前是家族、民族、社区、国家；今天，全球化消除了更多的壁垒和界限，人与人从来没有像今天这样利益攸关，属于命运共同体。人是自己命运的当事人，是他人命运的观察者，当其反思自我的存在时也是自我命运或生活的观察者。一个人如果不关心他人，不关心世界，只在意和追求自己的快乐、幸福，那么是很难实现自己的目标的。辛格的理论不仅提醒人们对此加以重视，并且有充分的理由让人们相信，即使人们在今天以一种对自我高度关注的方式得到了快乐、幸福，这种快乐、幸福也是空洞的、没有吸引力的。正如辛格所强调的，"如果我们的生活除了我们自己的快乐以外，什么意义也没有，那我们就可能发现，一旦得到了我们认为是快乐所必需的东西，幸福本身却与我们失之交臂"②。辛格的理论说明，即使在快乐、幸福这些最具吸引力的目标下，对自我处境的关照仍然需要更大的智慧来加以促进。

现代生活决定了我们应当从新的经验出发来了解人的处境，从而认识人。人是一个被处境决定的存在，任何人在一定的处境中都会有两重身份，即当事人与旁观者。这一节主要讨论旁观者身份在处境伦理建构中的理论与实践意义。

旁观者也称观察者。"旁观"在现代汉语中被解释为"置身局外，在一边看"，"观察"是"仔细察看"的意思。在《论语》中，孔子很早就告诉他的弟子判断人的最好法宝是"视其所以，观其所由，察其所安。人焉廋哉？人焉廋哉？"（《论语·为政》）"观"是细致地看，"察"有考察的意思，"观察"是从生活中考察、察看的意思，这是道德学习和道德判断的重要方法与内容。所以，旁观者或观察者的身份是人将自我和他人纳入道德评价所赋予的，是处境伦理的重要内容。

在西方伦理思想史上，斯密是较早提出旁观者理论的哲学家，有学者统计，"旁观者"是他的《道德情操论》中出现频率最高的词，有169处之多。③ 斯密说："当我努力考察自己的行为时，当我努力对自己的行为

---

① ［美］辛格. 实践伦理学. 刘莘, 译. 北京：东方出版社, 2005：330.
② 同①.
③ 孟繁英. 道德判断：情感抑或理性——亚当·斯密的公正的旁观者理论评介. 兰州学刊, 2016（12）：122.

作出判断并对此表示赞许或谴责时，在一切此类场合，我仿佛把自己分成两个人：一个我是审察者和评判者，扮演和另一个我不同的角色；另一个我是被审察和被评判的行为者。第一个我是个旁观者，当以那个特殊的观点观察自己的行为时，尽力通过设身处地地设想并考虑它在我们面前会如何表现来理解有关自己行为的情感。第二个我是行为者，恰当地说是我自己，对其行为我将以旁观者的身份作出某种评论。前者是评判者，后者是被评判者。"① 斯密在论述人的道德及其产生时，常常喜欢说设身处地、身临其境，他虽然并未明确地以处境为研究对象，但是在探究公民的幸福生活等这样一些伦理目标时，他的不言而喻的前提是：每个人各有其处境。当事人与旁观者的区别是对应这一理论的。

第一，当事人与旁观者的区分之所以重要，是因为这一区分成为人们正确认识与评价自己和他人的前提。我们知道，道德发生作用的最重要的机制之一是社会舆论，在社会舆论的环境中，每一个人的行为都面对无数观察者的审视。这种道德发生作用的模式借助于旁观者理论还会进一步延伸。从经验出发，人们都会承认当事人的身份提供最真实的感受，旁观者的身份则包含了审视、评价。通常，人们进行道德评价，常常是以他人的品质和行为为对象的，如斯密所说的："我们假定自己是自己行为的旁观者，并且用这种眼光来尽力想象这种行为会对我们产生什么影响。在某种程度上，这是我们能用别人的眼光来检查自己行为合宜性的唯一的镜子。"② 无疑斯密为这种区分提供了一个很有说服力的理由。因为一般人对自己的看法都会受到他人的影响，人如果不离开自己的处境，以一定的距离来察看自己的动机和情感，就不可能对此做出尽可能客观、全面的评述，也不可能做出恰当的判断。所以，他主张要像公正而无偏见的旁观者一样，才可能更好地考察自己的行为。以旁观者的立场，人们更能发现意义，比如引起他人反应，引起参与、沟通、合作的行动。旁观者的身份，类似米德所说的对他人角色的扮演，他认为："只要个体能够扮演他人的角色，那么，他就能自动控制他自己在合作过程中的行动。正是这种透过扮演他人角色而实现的对于个体自己的反应的控制，才使得这种沟通对群体中的行为组织具有了价值。"③ 人们由此进入他人的

---

① [英]斯密. 道德情操论. 蒋自强，等译. 北京：商务印书馆，1997：140.
② 同①139.
③ [美]米德. 心灵、自我与社会. 胡荣，王小章，译. 台北：桂冠图书股份有限公司，1995：245.

态度和经验,深深地相互理解。旁观者的角色就是人们检查自己行为之合宜性的一面镜子,这样一来,人们就更能接受自己所处时代和社会的道德观念,让自己的行为合宜并表现出德性,同时人们之间更容易道德地相处。

第二,当事人与旁观者的区分有益于培养人们的道德情感。斯密认为:"如同旁观者不断地把自己放在当事人的处境之中,由此想象同后者所感受到的相似的情绪那样,当事人也经常把自己放在旁观者的处境之中,由此相当冷静地想象自己的命运,感到旁观者也会如此看待他的命运。"① 想象对于我们理解并同情他人的处境大有裨益,因为我们对他人的感受没有直接经验,只有借助想象,我们才可以身处对方的境况,感同身受。在这个意义上,处境就是身处其境,所以只有设身处地地想象才能帮助我们了解或知道他人的感受。在这个意义上,可以拆除或超越个体作为当事人与旁观者之间的樊篱和隔膜。这种想象是道德敏感性,也是道德能力。在斯密看来,通过想象,人即使作为旁观者也能在一定程度上进入对方的情境,形成关于他人感受的某些想法。人想象和体会他人的恐惧、痛苦和绝望,才会发展出并坚守制约人类共同生活的原则,如不伤害原则、仁爱原则等。叔本华曾对道德的这一发展详加论述,他说:"只有另一个人的痛苦、匮乏、危险、无助,才唤起我们的同情,并且确实唤起的是同情。"② 所以,他告诫世人不要伤害任何人,要尽其所能地帮助所有人。

第三,在具体的处境中,当事人之旁观者的身份可以是有益的道德训练。为什么要做一个旁观者?很多哲学家都从对人性的观察中发现,自利与生俱来,利他则是学习训练的结果。对于一般人来说,他人、陌生人遭遇的灾难,哪怕是毁灭性的,也不如自己切身感受到的哪怕是微不足道的痛苦带来困扰更大。斯密相信,人们借助公正的旁观者的眼力可以纠正天然的自爱之心,这样,人就不会随时都把自己看得比他人重要,目光如豆地聚焦于小小的自我之上,也不会为了私利而损害或伤害他人。旁观者可以努力体谅当事人的感受;作为当事人想象他人会怎么看自己,或者想象自己是他人,会把自己的情绪控制在旁观者能够赞赏的程度上。观察使观察者从自我中心的困境中走出来,得到认识论上的解脱。在这样的道德训

---

① [英] 斯密. 道德情操论. 蒋自强,等译. 北京:商务印书馆,1997:22.
② [德] 叔本华. 伦理学的两个基本问题. 任立,孟庆时,译. 北京:商务印书馆,1996:236.

练努力中，斯密认为："在前一种努力的基础上，确立了温柔、有礼、和蔼可亲的美德，确立了公正、谦让和宽容仁慈的美德，而崇高、庄重、令人尊敬的美德，自我克制、自我控制和控制各种激情——它们使我们出乎本性的一切活动服从于自己的尊严、荣誉和我们的行为所需的规矩——的美德，则产生于后一种努力之中。"① 斯密期待人们能够经过这样的道德训练做到心境平静和自制。旁观者若能努力把自己置于对方的处境之中，考虑到对方可能的苦恼或痛苦，就能够以最大的同情体谅对方的处境，同时看待他人的处境也会充满悲悯与仁爱。

第四，旁观者的身份使人们能够超越自己当事人的利益而保持中立。米德从心理学的角度得出结论说："以旁观者的态度看待事物，人们更容易保持中立，人处身旁观者的立场，就能做到不怨恨它们而是理解他人，我们进入理解就是原谅的情境。"② 美国儿童心理学家劳伦斯·科尔伯格（Lawrence Kohlberg，1927—1987）关于人的道德发展的相关研究结果证实了这一点。科尔伯格认为，儿童或少年进入道德发展的第三个层次，就能采取"观者视野"，即从旁观者的角度看待自己与他人的相互作用关系，这是客观的、中立的第三者立场。在"我"和"作为旁观者"的我之间，仍然会形成"我—你关系"或"言者—听者关系"。与将旁观者作为伦理角色相关的心理学研究认为，这是采取客观的、中立的第三者立场来反观个体间的关系，从而意识到这种关系。

总之，处境伦理要求人们作为旁观者设身处地去想象、理解而不仅仅是批评。这样，可以说旁观者保持与当事人一致的情感是一种道德训练的结果。道德训练的结果是让人性接近尽善尽美的程度。

为什么要成为明智的旁观者？对旁观者的道德要求是明智，这源于亚里士多德伦理学思想把明智作为理智德性，亚里士多德明确指出："人们只能合乎明智以及伦理德性才能有所作为。"③ 也就是说，德性帮助人们确立正确目标，明智则有助于达到目标。人如果缺乏明智，就没有正确的选择，所以亚里士多德把明智的人看成善于策划的人，能对自身的事情加以很好的思辨从而策划对自身的善以及有益之事。

在中国古代，知事则为明智，在现代是指洞察事理，在当代则引申为

---

① ［英］斯密. 道德情操论. 蒋自强，等译. 北京：商务印书馆，1997：24.
② ［美］米德. 心灵、自我与社会. 胡荣，王小章，译. 台北：桂冠图书股份有限公司，1995：168.
③ ［古希腊］亚里士多德. 尼各马科伦理学. 苗力田，译. 北京：中国社会科学出版社，1999：137.

"懂事理、有远见、想得周到"。综合中西方古代哲学的思想，"明智"这个概念内含了这样一些要素：（1）理性能力中的理智和理解力。这里主要是指对处境的正确认知和判断。人们可以觉察自己行为的长远后果，从中预见可能产生的利益或害处。（2）理性能力中的判断和自我控制。明智帮助人们放弃眼前的欢乐或忍受眼前的痛苦，为了将来获得更大的欢乐或避免更大的痛苦。（3）理性能力中的适当的想象力和自我排遣能力。这种能力帮助人们对事物做出中立和谨慎的判定。明智作为德性也作为概念，经过两千多年的历史演变，已经发展出更为丰富的内容，如学者甘绍平所指出的："所谓明智是一种道德洞见，一种唯一在伦理上具有重要性的理智德性。"[①] 这种德性与人的处境一致，本身就是以理性的行为方式或行为能力对具体处境做出的一种反应，所以他认为明智不是一种盲目的、工具性的机敏，而是对各种复杂处境的正确估断，是以亚里士多德时代的善好生活为目标、为宗旨的理性抉择。在今天，人们更是赋予其全新的内涵，"它不再是一种为了达致'善好'的具体实现而对现实情境进行把握和权衡的能力，而是一种在实际的应用中对基于不同理论背景的各种不同的道德规范进行比较权衡、做出有序排列、最终实现有效选择的能力"[②]。简单地说，明智就是前面讨论道德冲突时所提到的道德原则排序，仍然以康德"不许撒谎"的绝对命令为例，如果明智地对待这一原则，就如辛格所指出的："在不寻常的情况下，简要的规则会相互冲突，而就算它们不相互冲突，遵守规则也会导致灾难，通常情况下，撒谎是错误的。但是假如你生活在纳粹德国，当盖世太保上门来搜捕犹太人时，否认有犹太人藏身于自己的阁楼，则显然是正确的。"[③] 应该说，辛格的理论和对于人们更为合宜行为的解释，有一种变通和灵活，对于认识处境伦理具有现实意义。明智所包含的伦理学知识让人们了解或知道一种处境所要求的可行的东西是什么，因而采取行动常常基于这样一种考虑，这种考虑会把具体处境同人们一般视为正当和正确的东西联系起来。

因为生活具有丰富性、处境具有复杂性，所以成为旁观者是不够的，人们还应当努力具备和表现出明智的德性。明智的旁观者在罗尔斯的宏大理论体系中有时被称为理想的观察者，也是同情的观察者，罗尔斯认为应

---

① 甘绍平. 伦理学的当代建构. 北京：中国发展出版社，2015：200.
② 同①201.
③ [美]辛格. 实践伦理学. 刘莘，译. 北京：东方出版社，2005：3.

当具备这样一些要素：公平、有关知识的掌握、想象的自居力。① 就是说，观察者有正义感、有理性、有同情心。为什么我们需要公正、需要理性、需要同情？因为公正防止偏见和自私；理性帮助人们做出正确的判断，采取正确的行动；同情有助于人们理解他人对生活的欲望与需求，理解人只要能够活下来，即使是艰难地活下来，就有可能追求和享受美好生活，从而对他人的生命和生活有更大的尊重与关爱。

我们看到，正义感、理性作为理智因素经由罗尔斯《正义论》的宏大建构使处境伦理得到更多的理论资源、更大的理论声援。与此同时，伦理学家通过同情找寻人们理解他人的情感因素——所谓的同情共感，即让个人想象置自身于另一个人的处境或地位，并了解自己如果处在他人的处境或地位会怎么做，这为人与人的相互沟通和理解提供了更好的基础。因为同情本身就能让人设身处地感觉和体验他人的境遇。罗尔斯的"理想的观察者"概念告诉人们：公正、理性、同情是有助于人获得更好生活的推动力。这三个要素还会导致观察者从一种普遍的观察者角度去赞成某一事物，比如罗尔斯所说的正义社会。观察者的角色之所以重要，罗尔斯给出的理由是：一个正当组织的社会是一个得到了这样一个理想的观察者赞成的社会。② 罗尔斯提出"理想的观察者"概念，"理想"的意涵当然是指正义感、理性能力、同情心，罗尔斯最重要的贡献是证明了正义感最为重要，普遍的正义感对于组织社会生活和开展个人生活都至关重要。三个要素相结合就意味着，在正义的社会制度中，有正义感的理性存在物同情共感，无论对于良善社会、人际和谐还是对于个体幸福都是重要的。

我们如果不能经由"明智的旁观者"这个概念认识到问题的复杂性，就会成为黑尔所说的"肤浅的观察者"③。毫无疑问，人因为自私与浅薄会积累冷酷、麻木，从而在道德上止步不前。在人类社会，人作为被处境决定的存在者，总是期望更公正的制度、个人的更大理性、人际间更多的善意，明智的旁观者的道德感和正义感肯定会对此形成一种有力的保障与推进。"明智的旁观者"概念既意味着原则与情境的融洽，也意味着一般与特殊的共存，更意味着自利与利他的合理统一。可以说，处境伦理有助于人成长为明智的旁观者，明智的旁观者又是处境伦理的有益

---

① [美]罗尔斯. 正义论. 何怀宏，何包钢，廖申白，译. 北京：中国社会科学出版社，1988：179.
② 同①176.
③ [英]黑尔. 道德语言. 万俊人，译. 北京：商务印书馆，1999：102.

构成，可以期待两个因素构成良性互动将带来道德实践的进步。

四、实践智慧

实践智慧的历史常常被追溯到亚里士多德，但是麦金太尔提醒说："一种道德思想史确乎是由苏格拉底最先开创的，也正是在这一道德思想史中并通过它，道德的理解才得到准确表述，道德的实践才形成其历史。"① 麦金太尔所说的由苏格拉底开创的这一段人类探索智慧的历史保留在他的学生柏拉图记录其对话的《理想国》中。无独有偶，中国哲学史上最有智慧的思想家孔子的思想则被他的学生整理成《论语》一书。比较苏格拉底和孔子，他们都关注实践智慧，并由此开启人类的爱智之旅。岁月流转，世界相较过去的时代发生了天翻地覆的变化，"全球化""技术复制""知识爆炸"等构成了理解人的处境的关键词，在生存方式、生活内容和用知识、技术造福并改善人的处境的能力上，过去显然不能与今天相提并论，但是从"爱智慧"与"智慧"的角度来看，也许是今不如昔。在久远的年代，那些有智慧的心灵曾经达到的高度，即使今天还是让人仰望、叹为观止。一种哲学思想，无论多么高深、多么详备、多么周全，如果对人理解自我的处境不能做出解释，不能提供思想支援和智力支撑，那么它的价值总是要大打折扣的。意大利思想家贝内德托·克罗齐（Benedetto Croce, 1866—1952）断言："哲学来到世上不是为了屈服于现实，即在痛苦和迷惑的想象中体现的现实，而是要克服种种想象，解释现实。"② 苏格拉底和孔子的思想之所以在今天仍然大放光彩，恰恰在于它们作为思想和观念的强大解释力、说服力，并对今天人们在这个时代认识和理解人的处境大有启发。

人的处境，是实践的过程，也是实践的结果，并由实践造成和推动，所以处境就是人的存在状况。本节从中西方爱智慧的历史起航，探究实践智慧如何成为一种处境伦理，也是从实践智慧的角度对处境的道德研究。

儒家思想中关于实践智慧的讨论，可以从孔子与其学生子路的一段对话来看：

> 子曰："由也，女闻六言六蔽矣乎？"对曰："未也。""居！吾语

---

① ［美］麦金太尔. 三种对立的道德探究观. 万俊人，等译. 北京：中国社会科学出版社，1999：196.

② ［意］克罗齐. 作为思想和行动的历史. 田时纲，译. 北京：商务印书馆，2012：42.

女。好仁不好学，其蔽也愚；好知不好学，其蔽也荡；好信不好学，其蔽也贼；好直不好学，其蔽也绞；好勇不好学，其蔽也乱；好刚不好学，其蔽也狂。"（《论语·阳货》）

人性常常被遮蔽，"六言六蔽"就是六种品行的六种弊端。"言"，美德；"蔽"，遮掩也。人们追求美德，如果不通过学习明白其中的道理，朱熹就称之为"各有所蔽"。钱穆先生在《论语新解》中说："仁、知、信、直、勇、刚六言皆美名，不学则不明其义，不究其实，以意会之，有转成不美者。"① 六种不美也就是"六蔽"，其具体内容为："愚"，若可陷可罔之类；"荡"，谓穷高极广而无所止；"贼"，谓伤害于物；"绞"，是指说话尖刻；"乱"，是指犯上违法；"狂"，指躁率，抵触人。孔子与子路谈"六蔽"，有其用心。在孔子的学生中，子路勇于为善，有勇、刚、信、直的优点，但是行为中常常失之偏颇，所以孔子以此言来纠正他、启发他。如果说"六言"是关于人性的知识和美德，那么"六蔽"则是蒙昧对人性的遮蔽，这当然是实践检验的结果，是要对人性有深刻的观察才能了解的。孔子告诉子路通过"学"与"习"来知"六言六蔽"，则可称为"智"。

孔子的"六言六蔽"论主要内容翻译成现代语言就是谈实践智慧与处境伦理的关系，二者之间的桥梁是学习，也就是实践。正像德国当代学者恩斯卡特所说："我们必须学会学习，即在所有我们生活于其中的不同境遇中，为了能够不仅适应德性的实践需求采取恰当的行动，而且也为了能够针对每一个体境遇的独一无二情形采取恰当行动，我们必须获取如何实践德性的知识。在这个意义上，作为德性本质部分的知识是那种能使我们将每种德性恰当地实践于我们生活于其中的每一个体境遇之独一无二情形中的实践知识。"② 这一段话告诉我们，人们学习的重要内容和价值是理解实践智慧与处境的关系，主要可以从这样一些方面来介入：（1）人都有自己生活的处境；（2）处境各有不同，德性的实践需求不一样，行动就不一样，恰当的行动是与处境的要求一致的行动；（3）为了符合处境的要求恰当地行动，人应当学习并具备实践德性的知识；（4）德性的知识是对具体处境的反映。恩斯卡特在孔子学说的启发下，由中西方相似论述的分析比较来探讨实践智慧是如何形成和发展的。我们可以从中看到，恩斯卡特

---

① 钱穆. 论语新解. 北京：九州出版社，2011：421.
② ［德］恩斯卡特. 德性与知识——如何开展孔子启迪的哲学与西方哲学之间的对话. 高海波，译. 世界哲学，2012（4）：82.

从中国古代哲学中得到的最大启发在于，意识到学习对于人性发现和实践智慧涵养的重要性。

中国古人认为天、地、人并称三才，《论语》告诫世人，人要通过学习才配得上这种光荣。众所周知，《论语》这本书的核心内容是教人学习成为君子。成为君子是目标，学习是方法、手段、途径，也是过程。中国哲学中出现"实践"这个概念比较晚，但是比较而言，孔子所说的"学习"非常接近我们今人所理解的"实践"和"实践智慧"，"君子欲讷于言而敏于行"则接近于"实事求是"。所以，谈中国哲学的实践智慧，应该高度重视"学习"这个概念，《论语》中有很多材料可以证明它的重要性。

首先，《论语》开篇即谈"学而时习之"。"学"是"除迷""解惑"。在孔子看来，"学"了，还要反复"习"，就是实践。在儒家思想中，"学"和"习"是两个不同的环节，前者以知识为目标，后者以智慧和能力为目标。在孔子看来，人只有这两个环节合而为一，才能真正有进步，并体会到这种进步所带来的精神上的满足和愉快，即"不亦说乎"。所以，儒家的实践智慧关怀生命本身，主张生命的向上拓展和君子人格的养成是人格魅力的重要构成，有人格魅力的人得到他人的承认和欣赏，就会"不亦乐乎"，这便是人与人相处的比较理想的样态。即使得不到承认，孔子也警诫人们要做到"人不知而不愠"，即寻常看待这样的处境。"承认"依然是今天的学术界热衷讨论的有现代意义的话题，正像德国哲学家阿克塞尔·霍耐特（Axel Honneth，1949年生）所说："我们愿意接受来自他人的承认，或者说，至少也存在着一种隐秘的假定，即他人在他的行为计划里会给予我们积极的考虑，就是这种期待或假定被融合为人类交往的结构。"[①]人要努力在自己的处境中有所作为，这是儒家倡导的，但是，一个人的一生能不能被人了解，能不能有一定的成就，又不是个人所能把握的，所以孔子也主张知天命、畏天命。

其次，对人的道德评价依据于人们对学习的态度。孔子认为君子是学习而成的，所以对学习的态度决定了人格的高下。孔子曰："生而知之者，上也；学而知之者，次也；困而学之，又其次也；困而不学，民斯为下矣。"（《论语·季氏》）

朱熹在《四书章句集注》中指出了此段话的意谓："言人之气质不同，大约有此四等。"君子以学为贵，困是指有所不通，如果困而不学，就为

[①] ［德］霍耐特. 为承认而斗争. 胡继华，译. 上海：上海世纪出版集团，2005：50.

下等。把人从"困"中解脱出来，自我的努力是学习，对他人的努力是教育，这是孔子一生孜孜以求的两件事，他是从同情和同理心推出这个结论的，即：己欲立而立人，己欲达而达人。"立"有生存、存在之意；"达"则是通达，懂得透彻之意。孔子固然相信人性本善，但是也相信人性有所遮蔽，所以主张学习，后觉者向先觉者学，先觉者教后觉者，才能明善复其初。所以，孔子理解的实践智慧是"学而时习之"。面对"遮蔽"，中国哲学讲明德，对人生有关怀，对人性有了解，这就是一种实践智慧，是人们改善自我处境的努力呈现，它的目标在于人的自我完善和促进他人完善。

在近代以来的思想家中，让-雅克·卢梭（Jean-Jacques Rousseau，1712—1778）曾经也很明确地表达了对学习、教育作为实践的认识，他说："我们生来是软弱的，所以我们需要力量；我们生来是一无所有的，所以需要帮助；我们生来是愚昧的，所以需要判断的能力。我们在出生的时候所没有的东西，我们在长大的时候所需要的东西，全都要由教育赐与我们。"① 西方哲学显然醉心于启蒙。

这两种话语系统解释了人对完整性的偏爱，但这种完整性不是自在的而是实践的，所以实践是非常明确的历史任务，由人类自我赋予。当然，不能只停留在实践智慧的考察上，更重要的是在此基础上认识和理解其与人的处境的密切关联，进一步探讨处境伦理建构的实践维度。实践是具体的人在一定处境中的活动。这种活动固然是以改造世界为目的的，但是苏格拉底更关切的是"它牵涉到每个人一生的道路问题——究竟做哪种人最为有利？"② 他追问正义是什么？关心人怎样才能拥有正义的美德，因为"正义是智慧与善，不正义是愚昧和恶"③。苏格拉底不仅宣称自己一无所知，而且教育他人认识到自己的无知，所以德性就是知识，以此来使自己更聪明、更有判断力。这就要求人的智慧和明智，苏格拉底和孔子一样，认为人所受到的教育和培养最重要，理由是："如果人们受了良好的教育就能成为事理通达的人。"④ 可见，学习和教育这样的实践对于人追求道德生活目标的重要性，在西方的哲学传统中同样受到重视。但是，和孔子有所不同的是，做正义的人这样的道德目标是追问和推理出来的。孔子重视实践智慧表现为学习和自我涵育的过程，苏格拉底则更重视已经形成的能力。

---

① [法]卢梭. 爱弥儿：上. 李平沤, 译. 北京：商务印书馆, 1978：7.
② [古希腊]柏拉图. 理想国. 郭斌和, 张竹明, 译. 北京：商务印书馆, 1986：27.
③ 同②36.
④ 同②138.

实践不仅依赖于人们做什么，而且依赖于这些行为的意义及其发生的环境，如时机、情境、条件等，所以被称为实践智慧。实践智慧对应的英文是 practical wisdom，有时被译为深虑（严群），有时被译为明智（苗力田、廖申白），有时被译为明哲（吴寿彭），有时被译为智德（潘小慧），它是实践推理的能力，处理那些与善恶相关的偶然性事物的特殊情况。① 这是一种与处境相关的知识、能力和智慧，所以，本书主要在明智的意义上对等使用实践智慧。这源于柏拉图说"实践做好事能养成美德"②。美德是心灵的健康、美和坚强有力，也源于亚里士多德把明智作为理智德性，他明确指出："人们只能合乎明智以及伦理德性才能有所作为。"③ 也就是说，德性帮助人们确立正确的目标，明智则有助于达到目标。人缺乏明智，就没有正确的选择，所以亚里士多德和柏拉图一样把明智的人看成善于策划的人，能对自身的事情加以很好的思辨从而策划对自身的善以及有益之事。

　　孔子和苏格拉底在学习成为有美德的、明智的人这一点上，力图解决的就是实践智慧与处境的关系问题，现代的思想家则为我们呈现了实践智慧如何在当代人类道德生活和处境伦理建构中发生作用的逻辑路径，从原则的暂时性、灵活性的角度丰富了人们对此类议题的认识和思考，这种丰富恰恰是与处境伦理相关的，也是与人的明智相关的。实践智慧要求人们对道德原则的遵守要充分考虑人的处境的时代性、即时性、丰富性和多样性，但是并不贬损道德原则的永恒性和普遍性。直到今天，康德这样的古典哲学家为人类道德生活确立原则的努力仍然为后世所铭记，他曾说："有两样东西，我们愈经常愈持久地加以思索，它们就愈使心灵充满日新又新、有加无已的景仰和敬畏：在我之上的星空和居我心中的道德法则。"④ 这段名言仍然是伦理思想史上关于人的道德精神、关于人的心灵的最动人的描述和最动情的表达。

　　对于今天人类的道德生活来说，最重要的实践智慧是通过学习来认识和了解人的处境，这种认识和了解常常被提炼成道德原则或道德规范而在人的生活中发挥作用，人们按照这样的原则或规范来与人相处和生活，往往可以获得比较理想的生活形态，也可以保持一种身心的和谐状态。所

---

① ［美］哈里曼. 实践智慧在二十一世纪（上）. 刘宇，译. 现代哲学，2007（1）：63.
② ［古希腊］柏拉图. 理想国. 郭斌和，张竹明，译. 北京：商务印书馆，1986：174.
③ ［古希腊］亚里士多德. 尼各马科伦理学. 苗力田，译. 北京：中国社会科学出版社，1999：137.
④ ［德］康德. 实践理性批判. 韩水法，译. 北京：商务印书馆，1999：177.

以，道德常常被认为是有益于生活的。如何确立这样的原则或规范，古往今来的人们在道德生活中孜孜以求，凝练了思想智慧，如孔子认为"己所不欲，勿施于人"，基督教提出"摩西十诫"等。这些道德原则或规范虽然表述不尽相同，但是有一些核心内容是共同的，正如卢梭所认识到的："在道德教育方面，只有一条既适合于孩子，而且对各种年龄的人来说都最为重要，那就是：绝不损害别人。"① 通过这一原则，卢梭意识到最高尚的道德是消极的，也是难于实践的，所以他说："要体会到把这一条做得成功是何等的伟大和艰难，那就不能光是谈它的理论，而必须付诸实践。"② 卢梭把道德原则与实践相结合，是近代启蒙运动中对人类的道德实践最有推动作用的思想资源。他相信社会的道德实践会给人们的心中带来对人类的爱，也就是说做了好事使人变成了好人。叔本华在此基础上，对道德的发展详加论述，他把"公正"和"仁爱"称为元德，就是最基本的道德，人类的其他德行都源于这两种道德，这两种道德则源于人的自然情感即同情。叔本华给予了同情学说不一样的考察，他认为，"只有一个人的痛苦、匮乏、危险、无助，才会唤起我们的同情，并且确实唤起的是同情"③。虽然他的这一说法有失偏颇，不能完全概括我们对人类的同情情感的理解，但是他由此而得出的结论还是可以得到广泛的赞同，他说："不要损害任何人；相反，要就你能力所及，帮助所有的人。"④ 这样的认识是对道德维护人的生活之作用的有力表达。在当代的道德实践中，这些思想有了更简洁、更符合现代观念的概括，学者甘绍平更合理地将其逻辑顺序排列为"从不伤害、公正到仁爱"⑤，并论证了这样的道德原则是人人能做且应该做的，是人之常情，也是儒家黄金律在现代的激荡和回响，他指出："我们要想成功，在做每一件事情的时候，就都要扪心自问：这样做是否无端地伤及他人？是否公道妥帖？是否在紧急的情况下能够援救他人？我的这种做法，是否可以得到可普遍化要求的检验，也就是说，是否可以得到所有当事人的认同？"⑥ 只有这样，道德才会真正守护和助益人类的共同生活。他让我们知道道德是对个人利益和共同利益的维护，当这样的道德

---

① ［法］卢梭. 爱弥儿：上. 李平沤，译. 北京：商务印书馆，1978：115.
② 同①.
③ ［德］叔本华. 伦理学的两个基本问题. 任立，孟庆时，译. 北京：商务印书馆，1996：236.
④ 同③238.
⑤ 甘绍平. 伦理学的当代建构. 北京：中国发展出版社，2015：69.
⑥ 同⑤87.

观念成为共识和常识，建设有道德的社会和做有道德的人就会成为做人的基本道理。

英国作家乔治·奥威尔（George Orwell，1903—1950）曾经奔赴西班牙参战，他的意识和动机是简单、真诚、强烈、健康的，他说："在我初抵西班牙及其后相当一段时间里，对于西班牙的政治局势，我不仅是没有兴趣，甚至根本不晓得有这么一回事。我知道有一场战争正在进行，但并不清楚是什么样的战争。当时你若问我为什么加入民兵团，我的答复会是：'和法西斯战斗。'你若是再问我战斗是为了（追求）什么，我会答说：'为了基本的做人道理。'"① "基本的做人道理"正是人的处境中日常经验的重要组成部分，也是维系人类共同生活的重要道德资源。更进一步说，对处境的伦理关怀，本身就包含在人们可以就"基本的做人道理"形成共识。康德曾说："在人用来形成他的学问的文化中，一切进步都有一个目标，即把这些得到的知识和技能用于人世间，但在他能够把它们用于其间的那些对象中，最重要的对象是人，因为人是他自己的最终目的。"② 从这一点来说，处境伦理就是关于怎么做人的基本道理和态度。简朴的信念、简朴的语言、简朴的表达，乃至简朴的生活，古往今来的哲学家在实践智慧与处境伦理的关系上这样地启发了我们。

第四节 处境伦理的新议题

一、虚无主义的幽灵和人的当代处境

这一节主要从处境伦理的角度谈虚无主义。贝尔曾经这样描述现代人的处境，他说："我相信，我们正伫立在一片空白荒地的边缘。现代主义的衰竭，共产主义生活的单调，无拘束自我的令人厌倦，以及政治宣言的枯燥无味，所有这一切都预示着一个漫长时代行将结束。"③ 这段话几乎包含了所有现代虚无主义的象征符号和特征："边缘""衰竭""单调""厌倦""枯燥无味""结束"。这些充满消极色彩的词语当然是象征意义的，

---

① 钱永祥. 纵欲与虚无之上：现代情境里的政治伦理. 北京：生活·读书·新知三联书店，2002：66.
② [德]康德. 实用人类学. 邓晓芒，译. 上海：上海世纪出版集团，2012：1.
③ [美]贝尔. 资本主义文化矛盾. 赵一凡，等译. 北京：生活·读书·新知三联书店，1989：40.

它们只是从心理层面喻示着现代人极其糟糕的处境。不是说虚无主义已经统领一切，但是它的确有很大的影响力和辐射力。贝尔所说的情况正在由现实加以无情的证实，所以正视虚无主义与现代人的处境的关系，是一个有紧迫性的议题。虚无主义的实质不只是道德危机，而且是生存困境或曰境遇悖论。所以，必须从人的处境出发来考察虚无主义。

虚无主义是价值的瓦解与颠覆，是对文化传统的背离与疏远，就像贝尔的研究所揭示的，传统是"维系着世代和谐和持久意义的纽带"①。虚无主义否定了传统习俗的力量，也掐断了人的生活的意义之链。随着城市的增加和人口密度的增大，人与人之间的相互影响增强了，经验交流与融合增加了，为人提供了可能性的各种样本，造成了前所未有的社会流动性。所以，虚无主义也是不确定、不相信，它的实质是信仰危机和精神危机。韦伯曾说："一定要有某些信念。不然的话，毫无疑问地，即使是在外观上看来最伟大的政治成就，也必然要承受一切世上受造物都无所逃的那种归于空幻（Nichtigheit）的定命。"② 瓦解、颠覆传统意味着没有过去，不确定、不相信则意味着没有未来，现代人面临一片空白，所以难逃被带向虚无的命运。现代以来，哲学家分析虚无主义的产生，都会追溯到现代社会的信仰危机和精神危机，这两种危机是人们陷入虚无主义的重要原因。

虚无主义容易入侵并牢牢占据现代人的精神世界，是与人的感受、体验与被形塑密切相关的。对于现代处境中的个人是如何受到虚无主义的持续困扰的，19—20世纪的几位富有远见的思想家不遗余力地进了刻画和分析。一位是尼采，他使虚无主义作为哲学思潮初现端倪，他在现实世界看到的是毫无意义、毫无方向的个人，用寻找超人、成为超人来克服人生的无意义。还有一位是加缪，他的存在哲学研究个人存在的荒诞，认为人的空虚、无助会使其深陷虚无主义的泥潭。另一位是萨特，他的作品《存在与虚无》谈论被虚无主义宰制的现代人的处境：人存在被视为不存在，这本身就意味着虚无。

在虚无主义与处境这个议题中，他们留下的思想资源极其丰富，有待深入研究。

第一，尼采：欧洲第一位彻底的虚无主义者。尼采自视为哲学家、隐

---

① [美]贝尔. 资本主义文化矛盾. 赵一凡，等译. 北京：生活·读书·新知三联书店，1989：50.
② [德]韦伯. 学术与政治. 钱永祥，等译. 桂林：广西师范大学出版社，2010：257.

士、占卜家，同时自命为欧洲第一位彻底的虚无主义者，他深刻地体验了何为虚无主义，他说虚无主义在他身后、脚下、身外，并且预言虚无主义的兴起势在必行，同时深信人们只有经历虚无主义才能理解价值。不可否认，正是尼采的大声疾呼，才使人们认识到虚无主义粉墨登场的现实。尼采晚期的作品主要是关于虚无主义的，他定义虚无主义就是最高价值的自行废黜。

尼采的虚无主义人生态度和价值观从叔本华哲学受到启发。在《作为意志和表象的世界》一书中，叔本华强调所谓的精神顶点就是让人们认识到万物皆无意义。悲观主义哲学的根源，具体而言，是人生苦恼的未可解除，而人生的苦恼总是来自以下这些悬而未决的问题，虚无主义者信奉"徒劳无益"，信仰世上本无所谓真理，而且相信一切有价值的东西都要被毁灭。一个被虚无主义情绪包围的人，自然是一个虚无主义者。尼采所说的虚无主义者与后来俄罗斯政治生活中的此类人物是不同的，他这样界定："虚无主义者是这样的人，他从现存的世界出发断定，这个世界不该存在，而且，从那个本应存在的世界出发认为没有这样的世界。这样一来，生命（行动，受动，意愿，感觉）就没有任何意义了。'徒劳无益'乃是虚无主义的激情——同时，无结果。"① 尼采的这一识见，对于西方文明是一种很确切的判定，他把西方历史的进程看成虚无主义兴起和开展的历史。海德格尔在处境伦理的意义上充分肯定了尼采思想的历史地位，他说："对尼采形而上学的深入思考成了一种对现代人的处境和位置的沉思。"② 理解尼采的虚无主义思想，有四个重要概念，即价值、价值的确立、价值的废黜和价值的重估。就是说，人们试图去解释、确立与人有关的价值，其得出的结果恰恰是虚无主义，也就是价值的废黜，即人们不再相信任何价值，所以他主张重估一切价值。

尼采把虚无主义分为三种形式：形而上学虚无主义，这是哲学家虚构的理性世界；宗教虚无主义，这是宗教家杜撰的神性世界；道德虚无主义，这是道德家虚构的自由世界。他深信在未来的某个时候，在一个比我们这个腐朽的、自疑的现代更为强盛的时代，那个怀有伟大的爱和蔑视的人、那个拯救世界的人还是会来临的。他说："这个未来的人就这样把我们从迄今所有的理想中拯救出来了，就这样把我们从理想的衍生物中、从

---

① ［德］尼采. 权力意志——重估一切价值的尝试. 张念东，凌素心，译. 北京：商务印书馆，1991：270-271.
② ［德］海德格尔. 林中路. 孙周兴，译. 上海：上海译文出版社，2004：224.

伟大的憎恶中、从虚无意志中、从虚无主义中拯救出来了。这一正午的报时钟声，这一使意志重获自由、使地球重获目标、使人重获希望的伟大决定，这个反基督主义者、反虚无主义者，这个战胜了上帝和虚无主义的人——他总有一天会到来。"① 这个未来的人就是超人。尼采在预言超人的出现可以终结虚无主义的同时，认为虚无主义来自情感，其根本原因是人与人之间的相互厌恶和怜悯，是这两种情感混合产生了尼采所认为的这个世上最大的灾难——虚无主义，也正是这个在欧洲大地上徘徊的幽灵造成了人的病态。面对这样一种严重而无法否认的事实，为了与虚无主义作战，尼采提出了禁欲主义理想。从悲观主义出发到虚无主义再到禁欲主义，这条路他和叔本华如出一辙，准确地说，他继承了叔本华哲学思考的遗产。诚然，禁欲主义不是最好的解决办法，也不可能一劳永逸地解决所有问题，甚至会带来更多问题，尼采只是把它当作权宜之计，但正像他自己说的："无论从什么角度看，禁欲主义理想都是有史以来最好的'权宜之计'，它解释了痛苦，似乎填补了巨大的真空，特别是关闭了通往自杀型虚无主义的大门。无疑，解释也带来了新的痛苦，更加深刻，更加内向，毒素更多、更腐蚀生命的痛苦，它将所有的痛苦都归因于罪过……可是，尽管如此，人由此而得救，他有了一种意义。从此他不再是风中飘零的一叶，不再是荒唐戏，'无意义'的玩偶，他现在能够有某种追求了——至于他追求的内容、目的、方法是什么，那都是无关紧要的了。"② 由此来看，尼采的根本宗旨是，宁可让人们追求虚无，也不能让人们无所追求。他准确地把握了虚无主义最根本的问题就是意义的丧失，这种丧失还会从个人感受延宕到社会生活的各个方面。

关于社会生活虚无化的特质，尼采这样说："其实，任何伟大的增长，同时也会带来巨大的破坏和残暴。因为，痛苦、毁灭的象征属于阔步前进的时代；人类一切可怕和强大的运动同时也会引起虚无主义的运动。有时，这也是深刻的、最基本的增长标志，是向新的生存条件过渡的先兆，它是悲观主义的极端形式，真正的虚无主义将会问世。"③ 对于现代生活，他认为现代历史的潮流是嘲弄的、辩证的，其令人最痛苦难忘的事件有二：一是上帝的死亡，二是虚无主义的来临。这两件事情前后相继，彼

---

① ［德］尼采. 论道德的谱系. 周红，译. 北京：生活·读书·新知三联书店，1992：74.
② 同①135-136.
③ ［德］尼采. 权力意志——重估一切价值的尝试. 张念东，凌素心，译. 北京：商务印书馆，1991：364.

此之间还有关联性：笼罩19世纪的阴影是，没有圣宠，人如何生活？人类被置于价值的巨大缺失和空虚的境地，同时这也意味着无限丰富的可能性。

因此，尼采特别强调在虚无主义来临的时代，人只能靠强力意志自我拯救。因为虚无主义若不想再忍受个体的痛苦和厌烦，那么就会在更大的范围内掀起狂澜。这显示了虚无主义的恐怖：无意义行动或疯狂。它具体表现为人们会看到的一个社会或一个人的脆弱本质，人们会看到所产生的破坏力，一些行动摧毁规定，把文明撕成碎片，剥夺人使其只剩下本能。贝尔也看到了这一点。他将此归结为资本主义文化的矛盾，指出虚无主义是"极端形式下的现代心理。尽管虚无主义建立在形而上的基础上，它如今已盛行于整个社会，也必将摧毁它自己"①。他主要从文化的角度来看待虚无主义，因为文化是人在生命过程中为自我的生存提供的解释系统、象征系统和意义系统，是人帮助自己对付生存困境的一种努力。在反抗虚无主义命运的斗争中，这一点补充了我们对尼采之重要性的认识。除了超人理想、禁欲主义，就具体的拯救方案来说，尼采寄希望于文化的力量特别是其中的艺术，他认为艺术是使生命成为可能的壮举，是生命的诱惑者，是生命的伟大兴奋剂。他说："艺术是对抗一切要否定生命的意志的唯一最佳对抗力，是反基督教的、反佛教的，尤其是反虚无主义的。"②

总的说来，尼采主张人应当这样生活：使自己的感性日益精神化和多样化。在物质丰富、技术至上的时代，人的精神已被打上阴沉、渺小、贫乏的印记，人的不满和虚无主义的肆虐是19世纪以来文明最大的问题。人普遍意志软弱、不知羞耻、是非不分还心安理得，平庸者、败类招摇过市，优秀的人才被埋没，美好的东西被亵渎。尼采断言人的半生光景是颓废的，人生失去价值、无意义、多余，他痛恨这些病态特征，想象要以充盈的、弹性的、再造的力量来调整。要反抗悲观主义、反抗虚无主义，人就应当勇敢立足自身，立足人格的丰富，立足内心的丰盈、充实、本能的健康和对自身的肯定，产生伟大的爱，终结虚无主义带来的精神及道德上的软弱，以艺术的方式来终结这一过程，他说："在意志的这一最大危险之中，艺术作为救苦救难的仙子降临了。唯她能够把生存荒谬可怕厌世思

---

① [美]贝尔. 资本主义文化矛盾. 赵一凡，等译. 北京：生活·读书·新知三联书店，1989：50.

② [德]尼采. 权力意志——重估一切价值的尝试. 张念东，凌素心，译. 北京：商务印书馆，1991：443.

想转变为使人借以活下去的表象,这些表象就是崇高和滑稽,前者用艺术来制服可怕,后者用艺术来解脱对于荒谬的厌恶。"① 他鼓励人们追求精神上的纯洁、情感上的丰富、意志力的坚韧,认为毁灭强过不伦不类,情愿没落胜过平常。他期待天上和地上的主要事情长期朝一个方向发展,相信这个世界久而久之就会产生某些东西,值得人为之活在世上,诸如德行、艺术、音乐、舞蹈、理性、精神,某种使旧貌换新颜的东西,某种精美的、疯魔的或神奇的东西。在《权力意志》一书中,他分析得更为具体,即终结虚无主义的路径也是意义的可能源泉,譬如爱、真理、伟业、艺术、幸福。

第二,加缪:人的处境中蕴含虚无主义因子。当然,虚无主义并不是19、20世纪才出现的,它在西方发展的历史可以追溯到古希腊时代的伊壁鸠鲁(Epicuros,前341—前270)及其学说。在忧惧、恐惧、痛苦及欲望中,他承认:"如果关于天象的忧惧不曾扰乱我们,如果死亡的恐惧不使我们挂心,如果不能掌握痛苦及欲望的界限也不扰乱我们,我们就不需要自然科学的研究了。"② 人人都会面对一些所谓的不可理喻性问题,诸如悲剧和死亡,也会产生情绪上的极大困扰,伊壁鸠鲁以"不动心"即情绪上的自我掌控来消解。歌德把它称为原本现象,这些现象是人类生存困境的显现,也是生存哲学所关注和研究的现象。所以,歌德肯定虚无主义是人生的必经阶段,他说:"我们还是孩子时都是感官主义者;到了讲恋爱时成了理想主义者,在所爱的对象身上发现了本来没有的特点;等到爱情发生动摇,疑心对方不忠实,于是我们又变成怀疑论者了,连自己也不知其所以然。到了暮年,一切都无足轻重,我们就听其自然,终于变成清静无为主义者了。"③ 伊壁鸠鲁和歌德都从人生的本原特征看到了虚无主义因子的隐隐闪现,看到了虚无主义给人带来了不可解的痛苦。歌德还注意到资本主义发展出来的贪得无厌会进一步促成人的虚无主义倾向,如浮士德,他即使拥有了全世界的财富,可是出现在视野中的两棵菩提树、一座钟和一间茅屋不属于他,他就不舒服,仿佛自己一无所有。

到20世纪,虚无主义的发展变本加厉,反虚无主义的阵营也在不断扩大,加缪就是其中卓越的一位,他说:"在我们虚无主义处于最黑暗的

---

① [德]尼采. 悲剧的诞生——尼采美学文选. 周国平,译. 北京:生活·读书·新知三联书店,1986:29.
② 周辅成. 西方伦理学名著选辑:上. 北京:商务印书馆,1964:93-94.
③ [德]爱克曼,辑. 歌德谈话录. 朱光潜,译. 北京:人民文学出版社,1978:181.

时期，我所寻求的，只是如何超越这种虚无主义的道理。要超越它，不是通过品德，不是通过心灵的高尚，乃是通过对光明的本能的忠诚。"① 加缪曾对他的同时代人坦诚："我曾经历过虚无主义，经历过各种矛盾，经历过暴力，经历过战乱的破坏。但与此同时，我也欢呼过创新，欢呼过生存的伟大。没有任何事情可以强制我高高地站在与我休戚相关的这个时代之上来审判它，我只能在这个时代的内部，把自己也放进去加以评价。"② 显然，他看清了虚无主义在现代据有一席之地的现实，他在尼采无价值的基础上总结了虚无主义所赋予人生的荒谬性。在西方文化中成长并亲身经历资本主义的加缪非常准确地认识虚无主义感受首先是一种情绪，他从虚无主义的角度观察现代社会，认为这个世界是荒诞的，人生也是荒诞的。

"荒诞"这个概念在现代汉语中有虚妄不可信、极不真实、极不近情理的意思。加缪的哲学奠基于"荒诞"这个核心概念并以其为要旨。他定义的"荒诞"，"是指非理性和非弄清楚不可的愿望之间的冲突，弄个水落石出的呼唤响彻在人心的最深处。荒诞取决于人，也不多不少地取决于世界。荒诞是目前人与世界唯一的联系，把两者拴在一起"③。荒诞是主观愿望与客观世界的矛盾、冲突、断裂：人渴望有所作为，不枉一生，但徒劳无功，终有一死。加缪的"荒诞"概念是虚无主义的同义词，它带给人的生命感受是一切都令人厌恶，一切都没有意义，一切都是虚幻不实的，包括生活本身。加缪认为人经由荒诞走向虚无，他在《局外人》中塑造的默尔索就是一个典型例子。默尔索是"很疲乏""说不清""有点烦""懒得说话"的，他对什么都漠然，对什么都不在乎也无所谓，他的口头禅是"怎么都行"，他因此是自己生活的那个时代和社会的一个"局外人"。

加缪用这部小说抒写现代人的"陌生感""异己感""一切与自己无关"等各种荒诞感受，把自己深深地认识到的这些归结为："'一切都是过眼云烟'。几千年来，这一伟大的呼声曾唤醒几百万人起而平息欲望和抚慰痛苦。它的回声穿越各个时代和高山大海，一直来到这里，即将逝去在世界最古老的海面上。但却沉重地撞在奥兰密集的悬崖上，发出了更大的

---

① [法]加缪. 加缪全集：第4卷. 杨荣甲，等译. 石家庄：河北教育出版社，2002：227.
② 同①153.
③ [法]加缪. 加缪全集：第3卷. 丁世中，等译. 石家庄：河北教育出版社，2002：80.

声响。本地所有的人都在不知不觉中听从了这一说教。当然，这几乎是白费力气。一个虚无的境界并不比绝对存在的境界更容易达到。"① 受虚无主义折磨的人最关心诸如此类的问题：人的生活意义可靠的源泉在哪里？何以体现？一切烟消云散的论断中是否也有人的生活的意义？人活着可以接受荒谬，但人不能活在荒谬中。对于虚无主义者来说，生活的信念可以这样概括：生活世界由荒诞构成，没有意义，在其中生活的人本身也没有意义，即便反抗生活世界的无意义也没有意义，也就是说任何价值信念都无法勾销荒诞的事实。

荒诞既来自人，也来自世界，荒诞正是这二者之间的唯一联系。具体说来，荒诞就是人的生命用尽全部心力而一无所成。即便如此，虽然生活本身酝酿了虚无的因子，可以用上帝以及之类的观念来抵抗虚无与深渊。在论述虚无的这些思想中，加缪的荒诞理论更艺术化地描述了现代人的生活状况和处境。他深刻地认识到，"解释是徒劳的，但感受却留了下来，而且随着这种感受，产生了对一个在数量上不能穷尽的世界的种种召唤。我们在此理解到了艺术作品的地位"②。加缪明确地在艺术世界里确认了虚无主义光临的事实。关于荒诞的最大事实，如加缪的小说所揭示的，是人被放逐，成为局外人、多余人。赫西奥德（Hesiodos，约前8世纪）曾讲，神为了惩罚人，把人的生活隐藏起来，以至于人不得不到处苦苦寻找他的生活。在那以前，人显然不必做什么，只要从园子里的树上摘取果实就够了。所以，对于去除荒诞感而言，要紧的是生活，义无反顾地生活并追寻生活的意义，去体验、经历、感受。加缪认为，荒谬的人的意义在于："能够决定在这样一个世界中生活，并从中获取自己的力量，获取对希望的否定以及对一个毫无慰藉的生活的执着的证明。"③ 对于荒谬的人来说，问题不再是去解释或寻找出路，而是去描述、去经历，真正地投入生活。所以，成为一个人，就是在沉思或行动中做出选择。人们的感受、反抗、自由构成生活的内容，所以尽可能地感受成为生活的内容。加缪的荒诞理论精准地反映了现代人的生活状况。接下来要厘清和解决的是：用什么来填充世界与人本身的虚无？用什么来克服生命本身的荒谬？如果投入生活是努力的方向，那么要怎样生活？加缪认识到现代生活的真相是：

---

① [法]加缪. 加缪全集：第3卷. 丁世中，等译. 石家庄：河北教育出版社，2002：206.
② [法]加缪. 西西弗的神话. 杜小真，译. 西安：陕西师范大学出版社，2006：113.
③ 同②71.

这个荒诞的世界更荒诞，虚无的人生更虚无，人生就是荒诞。但是，他没有停留在认识的阶段，而是在文学的世界里建议人们生活时带着反抗、自由和激情三种特质来抵制荒诞。

加缪看清人生是一场悲剧，强调反抗最为重要。人为了生存必须反抗，在反抗行动中会产生意识的觉醒。一旦进入反抗，属于个人的荒谬痛苦就成为集体的遭遇，将由于被稀释而变得可以忍受。反抗是存在方式，它直接诉诸行动，"是意识到自己的权利并已觉醒的人们的行动"[①]。要反抗虚无主义对生命的冷漠，要反抗荒诞的沉默不语，最好的办法是诉诸行动，他说："我大喊我什么都不相信，一切都是荒诞的，但我不能怀疑我的呼喊，至少应该相信我的抗议。"[②]反抗因此成为荒诞经验中唯一明显的事实。加缪把反抗者定义为说"不"的人，可想而知，反抗中包含着否定。的确，反抗并不创造任何东西，但它始终捍卫应该捍卫的东西，争取应该争取的东西，如尊严、自由、自我存在。反抗原则上仅限于拒绝屈辱，而并不要求屈辱他人。人们从反抗中找到自我存在的价值，如加缪所宣布的"我反抗，故我们存在"[③]。反抗涤荡虚无主义，面向存在。

在反抗之外，加缪还提供了两条路径，即自由与激情，其中自由是存在的理想状态，激情是存在的力量源泉。加缪所讨论的自由是现代社会个体的自由，包括精神自由和行动自由。这种自由是有限的，是在人生充满荒诞性的前提下，生活被赋予意义的一种信任，相信自由就可以有目标、有爱好、有希望，同时也相信自己有权利选择做或不做什么人。人可以部分地支配自己的生活，足以在某种程度上增添生活的意义并部分地抵挡荒诞。在加缪生活的法国文化中，有着热爱自由的深厚传统。从积极的方面看，人们紧紧依恋自由本身的魅力，追求无拘无束地呼吸、言论、行动的快乐，自由本身因此被视为一种宝贵而必需的幸福；从消极的方面看，自由保存人们反抗的权利、拯救人们的交流，也保持着社会的正义，所以加缪深信人唯有为自由而死，才死得其所。我们知道，自由作为权利是天赋的，但更是在意识中产生、在保护中确立、在斗争中争取的。所以，面对荒诞中涌出的令人难以置信的冷漠，需要交还激情。要终结人类呼唤与世界沉默之间的对峙，人就要以一种激情投入其中。[④]也就是说，直面荒

---

① [法]加缪. 加缪全集：第3卷. 丁世中，等译. 石家庄：河北教育出版社，2002：162.
② 同①156.
③ 同①163.
④ 同①84.

诞、进行反抗、争取自由，都需要激情，如同西西弗，在困苦中坚持，在绝望中努力，即使一切都徒劳无功，还是在开始与结束的轮回中不断行动。

总之，反抗、自由、激情这三种模式分别从物质、精神、情感三个层面讨论生存的意义，抵制虚无主义的肆意蔓延。这三种模式既是理论的总结，也包含人在实践中的努力，涵盖了人存在的不同维度，同时也记录了不同时期人们抵抗虚无主义、改变荒诞的人的处境的努力。加缪的成就是在态度和立场上总结与虚无主义斗争的历史，他的意思是：世界是荒诞的，但人面对孤独的、无意义的、有死的人生，不能束手待毙，要变荒诞人为充满激情的反抗者、自由人。他的理论有很高程度的概括性和普遍性，里面包含着信念、行动和态度。

第三，萨特及众声喧哗："存在"与"虚无"。当加缪从存在的荒诞与虚无的关系认识虚无主义时，萨特把这个主题的讨论直接还原为"存在"与"虚无"，这是萨特探讨的一个核心问题，也是一个多声部的主题，很多重要的思想家都为之贡献了自己的思想成果。梳理理论的发展脉络，萨特和加缪对虚无主义的认识异曲同工。加缪说"如果我们不存在，则我也不存在"[1]，萨特则说"我们被虚无包围着"[2]。他们把"虚无"与"存在"视为两个完全同时性的概念，并断言它们以某种方式结合在一起，附着于存在物，单独考察它们是无所收获的。所以，人的根基是虚无，即使虚无使人在本质上受到伤害，成为一种缺陷，但虚无的积极作用在于把人的存在推到了首位，使人相信除了自己所是之外，什么都不是。

萨特的存在主义同样提醒人们必须面对如下触目惊心的事实：人类正在面临虚无。虚无情绪的蔓延和扩大，使时代深受虚无主义之苦，萨特的学说强调：考察人的当代处境，认识虚无主义是其中重要的内容。对于人在处境中领会的虚无感受，笛卡尔认为是因为人的处境之"可疑"，所以宣告"我思故我在"；加缪认为是因为人生的"荒诞"，他宣布"我反抗，故我们存在"；萨特则认识到人的处境是"孤独"，所以他的宣言是"我写作我存在"。萨特的"我写作我存在"是把写作这种有谋划的具体活动作为介入自己的未来并消除虚无的可能性的一种作为。通过纸和笔结合的写作而完成的书，使他认识到自己已投身其中并有待实现。怀疑、反抗、写

---

[1] [法]加缪. 加缪全集：第3卷. 丁世中，等译. 石家庄：河北教育出版社，2002：337.

[2] [法]萨特. 存在与虚无. 陈宣良，等译. 北京：生活·读书·新知三联书店，1987：32.

作使我体验到了自我的存在，这本身是对虚空的否定，是对虚无的充实，当然也是对虚无主义的抵御。萨特的策略中包含了一种可以努力的方向。因为写和在的关系有这样两层意思："我一方面应该发现我的本质是我已经是的东西（我已经'打算写这本书'，我已经构思过它，我已经相信写这本书是有意义的，我已经用这样的方法来确定自己：如果不认识到这本书已经成为我的本质可能，人们就不再能理解我）；另一方面，我应该揭示把我的自由和这种本质（我已经打算'写这本书'，但是没有任何东西，甚至没有我曾是的什么东西，能够强迫我去写它）分割开来的虚无，应该揭示把我同我将来所要是的东西（我发现放弃写这本书的永久可能性是写作这本书的可能性的真正条件，而且是我的自由的真正含义）分割开来的虚无。"① 写作完成的作品证明了我所是，同时还被设想为存在。

　　探索在写作中和通过写作抵御虚无主义，歌德是一个杰出代表，本书虚无主义作为幽灵的意象其实也是来自他的《浮士德》。他笔下的地灵曾对浮士德说："你为什么不去努力成为一个真正的人？"这个戏剧里的问题，到现在都是人在现代化进程中遇到的大问题，也是虚无主义对人的最大困扰。作品中浮士德的内心有这样一个象征主义场景，即第五幕"午夜"中，四个白发女幽灵突然出现，她们飘向浮士德，自我介绍说她们分别叫作"匮乏""债务""困厄""忧愁"。前面三个感叹：门关住了，进不去，里面住着一个富翁。但"忧愁"却能从钥匙孔里进去。在工业文明发展的进程中，歌德以批判性的眼光发现，一切机器运动带来的必然结果都是无聊和单调，四个白发女幽灵深深地攫住了人的内心，还会有有价值的东西吗？浮士德咒骂这些幽灵把平淡无奇的日子变成恶劣的紊乱、痛苦的纠纷，他承认忧愁的力量无孔不入，认为人们总会在前进途中遇见痛苦和希望，任何瞬间都不会满足。浮士德曾向梅菲斯特抱怨："你把我送进了虚无……我希望在你的虚无中找到一切。"② 歌德的忧愁同浮士德的一样，来自一切都将随时间消失的事实，他对虚无主义的感受与时光流逝的人生感受是同步的。他相信，探求本原的结果只能导向一个久被发现的真理，即在任何时代，任何国土都是悲惨的，人类一直折磨自己。这种悲观无疑加深了他思想和学说的虚无主义色彩，使他相信这个世界对个体认识和感受而言，终将陷入彻底的虚无。

---

① [法]萨特. 存在与虚无. 陈宣良，等译. 北京：生活·读书·新知三联书店，1987：70-71.

② [德]歌德. 歌德文集：浮士德. 绿原，译. 北京：人民文学出版社，1999：259.

除了歌德在文学上的这番努力,从存在与抵御虚无主义的关联性讨论虚无主义问题,在萨特前后,还有很多杰出的理论成果。譬如弗洛姆说"我爱故我在"。他认识到人的存在中所包含的矛盾和困境,认为"人是唯一会感到他自己的存在是个问题,他不得不解决这个回避不了的问题的动物"①。弗洛姆把爱看成对人类存在这个问题的唯一合理、唯一令人满意的回答,因此他不惜笔墨地论述并告诉世人,他所理解的爱是在保持自我的独立与完整的情况下,人与自身之外的他人或他物结为一体,这种情感让人获得完整感和个性感,满足人与世界结合的需要。他强调人要献身于爱,其理由是:"我被爱因为我是我之所是,或者更确切地说,我被爱因为我存在。"②

鲍德里亚则用他的消费理论印证了当代人类的存在体认是"我消费故我在"。这个世界被丰富的物质所堆砌,从可观察到的现象来看,社会的丰裕与人的微不足道反差极大。人们被丰富的物质所包围,深处于"惊人的消费和丰盛现象"③之中,无论是参与者还是旁观者,每个人都深深地被影响、被左右。世界的物化表现为:物带着标签被精心包装,在购物中心展示,附带着它的符号性意义在成千上万双眼睛的注视下,迎合消费者的欲望。消费者给予的回报是拿出自己的信用卡,轻轻一刷。这一过程让商人获利丰厚,让消费者心满意足,皆大欢喜。因此,你是否是一个消费者这一事实极其重要。你在以一个消费者的身份出现时,会得到周全、细致、无微不至的服务与关怀,每一个诉求都有回应,甚至每一个产品设计都体现着你是上帝的荣耀。但是,你在仅仅以一个人的身份出现时,会被冷淡、漠然置之。人们只能相信:我消费故我存在。对存在感的强烈渴望会把人们引导到一个以消费来确定意义的境地,所以,鲍德里亚的发现是,我们正处在被消费控制整个生活的处境。在这一处境中,货币遵循着交换逻辑,成为社会生活的兴奋点、崇拜物,但也是异化的中心。在这一逻辑支配的社会生活及个人生活中,存在着难以填补的人际关系的空虚和个人存在的虚无。

鲍德里亚的消费理论提醒人们,就直面虚无主义盛行的时代而言,货币变身资本作为概念和经济生活的事实,都是其中的一个主要因素。正因

---

① [美] 弗洛姆. 为自己的人. 孙依依,译. 北京:生活·读书·新知三联书店,1988:56.
② 同①261.
③ [法] 鲍德里亚. 消费社会. 刘成富,全志钢,译. 南京:南京大学出版社,2008:1.

如此，马克思资本理论的重要性和深刻性应当受到重视。他体验到了现代化生活充满矛盾的基本事实，揭示了现代生活充满悖论与冲突的特点，这使他的著作在论述和批判虚无主义的文献中占有突出的位置。马克思看到，资本对人类社会的最大威胁在于它破坏了一切稳固的东西，把一切都卷入了与它的流动性相匹配的动荡之中，重新塑造了人的存在意识、存在方式和存在状态。毫无疑问，这种拜金主义狂潮造成了人们精神的软弱和贫乏，致使虚无主义肆虐横行。

上面种种论述，启发或延续了萨特关于虚无与存在的研究，使得萨特的存在主义深刻意识到人的当代处境既令人担忧也应被予以关怀。以萨特的处境伦理学观照虚无主义无处不在的现实，就会明白：人生在世，生存境遇是人不得不接受的事实；即使虚无主义的阴影笼罩天空，太阳的光芒照耀仍可期待。在一个技术丰富了人们对当代的理解的时代，讨论虚无主义具有很强的现实意义，人的处境的确蕴含着虚无主义的因子，它会在技术的推波助澜下导致人的处境陷入前所未有的困难，所以要改善人的处境就应当遏制虚无主义。

二、人世间的叹息

虚无主义者看到了世界的荒诞，也看到了世界的无意义和徒劳无益，就像尼采所说的："一切现象都是无意义的和徒劳无益的；然而无意义的和徒劳的存在本不该有。它是由哪儿来的呢？人们又是怎么知道这种'意义'和标准的呢？虚无主义本质上都认为，枯燥无益的存在远景会使哲学家反感、无聊、绝望。"① 这个荒诞的世界的确充满了人世间各种各样的叹息。

1. 痛苦

王国维（1877—1927）说："人生过处惟存悔，知识增时只益疑。"这包含了非同寻常的痛苦经验，对每一个有意识的生命都是不可避免的。加缪说："人类的痛苦是一个巨大的主题。好像除了济慈那样极富感情的诗人以外，没有人敢于接触这个主题，只有他能够亲手触摸这种苦痛。为艺术而艺术的欺骗性就在于，它对这些人类的痛苦摆出一副一无所知的面孔，似乎对此没有任何责任。现实主义的欺骗性在于，如果它能勇敢地承认眼前众生的痛苦却又对这种痛苦加以严重的歪曲，并利用它做口实来歌

---

① [德]尼采. 权力意志——重估一切价值的尝试. 张念东，凌素心，译. 北京：商务印书馆，1991：427.

颂美好的未来，那么就没有人了解实情，从而便把一切事物都蒙上一层神秘色彩。"① 人是有肉体、有感觉的存在物，所以会不可避免地感觉到痛苦。

正如人们所看到的，尽管每个人在无边的世界里那么渺小无助，小到可以忽略不计，可是每个人的思考和行动仍然会下意识地或无意识地把自己当作世界的中心，从自己的利益出发，在意和关心自己的幸福。叔本华也承认这样一种富有利己主义色彩的观点，他说："每（个）人不仅是要从别人那儿夺取自己所要的，而（且）是为了稍微增加自己一点幸福就要毁灭别人整个的幸福或生命。"② 他把这个称为"个体化原理"，指在世人的经验世界中具体的、理性的生存方式。正是生命的这种倾向性决定了痛苦不可避免，叔本华说："无边的世界到处充满痛苦，在过去无尽，在将来无穷。"③ 也就是说，痛苦是人生常态，无法解除，对于人来说，既要生活又要不痛苦，是不可能的。叔本华断言："痛苦在一切生命中都是本质的，不可避免的。"④

从词义来说，痛苦指身体或精神感到非常难受。叔本华从哲学层面把痛苦定义为人生的匮乏状态，指意志受到阻碍。只有康德别开生面地礼赞痛苦，他说："大自然在他身上放进了痛苦来刺激他的活力，使他不能摆脱这种痛苦，以便不断地向完善化迈进。"⑤ 康德认为，没有痛苦的人生是了无生趣的，人不能没有痛苦，没有痛苦人就会陷入无聊，那是更大的痛苦。在这一点上，尼采表达了与康德相似的观点，他认为："痛苦只起刺激生命的作用。"⑥ 即使人的本性是享乐，痛苦仍然是非常有用的催化剂。尼采对痛苦的认识很深刻，他说："痛苦是可贵的，在更高的意义上来说，痛苦就是异常的快乐。"⑦ 在尼采的思想体系和认识中，痛苦是高贵灵魂的基质，是精神世界的底色，是属于精神领域的灵魂的痛苦，每个时代最有创造力的那些人往往遭受了最无情、最大量的灵魂痛苦，他感

---

① [法]加缪. 加缪全集：第 4 卷. 杨荣甲，等译. 石家庄：河北教育出版社，2002：378.
② [德]叔本华. 作为意志和表象的世界. 石冲白，译. 北京：商务印书馆，1982：456-457.
③ 同②484.
④ 同②457.
⑤ [德]康德. 实用人类学. 邓晓芒，译. 上海：上海世纪出版集团，2012：110.
⑥ [德]尼采. 权力意志——重估一切价值的尝试. 张念东，凌素心，译. 北京：商务印书馆，1991：430.
⑦ 同⑥370.

慨:"有谁敢一瞥其中的荒凉!有谁敢一听孤独者和迷乱者们的悲叹。"①在尼采眼里,这个世界让人无处容身、无家可归,可是人却必须与它对话,对它有所求,人对这个世界满是蔑视,却又不能缺少这被蔑视的世界,这样的生活不仅充满痛苦,而且让人感到羞辱。基于这种认识,尼采特别指出:"虚无主义的出现,不是因为生存的痛苦比以前增大,而是因为人们怀疑灾祸也就是生命中的'意义'。有一种解释破产了,它被认为是这样的解释,即看来仿佛生命根本没有任何意义,似乎一切都是徒劳无益的。"②他推崇人的强有力的灵魂,这样不仅能应付痛苦,而且能应付可怕的损失、匮乏、劫掠和蔑视,因为其中包含着极乐之爱的新的增长。

黑格尔曾这样表达他的观点:谁认识真理?犯比较多错的人比较认识真理;谁达到目的?失败比较多的人比较接近目的;谁比较进步?经历比较多犯错与失败的人比较进步。所以,在关于人生痛苦的理解上,可以做以下类推:谁比较幸福?体会比较多痛苦的人比较幸福。

对痛苦的敏感程度决定了人们对待痛苦的态度,歌德在与爱克曼的谈话中指出:"每个时代都有那么多的不期然而然的愁苦,那么多的隐藏的不满和对人生的厌恶,就某些个别人物来说,那么多对世界的不满情绪,那么多个性和市民社会制度的冲突。"③ 总体说来,在人与世界的关系中,有大量的冲突,也就有大量的痛苦。最能证明他这一观点的是小说《少年维特之烦恼》,歌德坦诚这本书直接关系到他个人的情况,证明他生活过、恋爱过、痛苦过。也正是这种悲观思想使他下决心完成自己的独立发展,歌德想通过小说的写作,从他描写的那种内心痛苦的重压中解脱出来。海德格尔则把对痛苦的认识提升到哲学领域,他用现象学方法来解释、分析痛苦,讨论人的处境,他注意到了痛苦这种每个人都会有的情绪体验,对痛苦的讨论从四个方面入手:感官的感觉、哲学的解释、治疗学的说明,还有伦理学的关注。他说:"研究痛苦完全遵循着现象学的方法:他关注的是,在痛苦中,通过痛苦,什么呈现在人前,使什么变得更为清楚明显了。"④ 人们总是力图隐藏痛苦,但恰恰是痛苦使一切呈现,海德格尔接着尼采讲,从哲学上解释了痛苦的本质。

人类承受了数量惊人的苦难和痛苦,现代人的灵魂空虚软弱,更易于

---

① [德] 尼采. 疯狂的意义. 周国平,译. 天津:天津人民出版社,2007:56.
② [德] 尼采. 权力意志——重估一切价值的尝试. 张念东,凌素心,译. 北京:商务印书馆,1991:622.
③ [德] 爱克曼,辑. 歌德谈话录. 朱光潜,译. 北京:人民文学出版社,1978:18.
④ [美] 艾麦德. 海德格尔论痛苦. 孟庆时,译. 世界哲学,1983(2):42.

陷入痛苦的状态中，这通常会引出人们对待生命的一种严肃的或享乐的态度。今天的普遍富裕和安乐不仅没有把人类从痛苦中拯救出来，反而更加助长了这两种倾向。经历过苦难的人会怀着很深的戒备和提防随时准备着，以严肃的态度对待生活。在甜蜜中成长的一代则认为一切天经地义、理所当然，更容易成为享乐主义者。但是，他们被消费主义刺激起来的欲望和奢侈需求总是处于不被满足的状况，这就使得人类依赖技术的进步和发展而取得的繁荣富庶只是把人类抛进了一种新的痛苦的挣扎之中。黑格尔曾说："生命是向否定以及否定的痛苦前进的，只有通过消除对立和矛盾，生命才变成对它本身是肯定的。"① 这里所说的对立和矛盾，是指生命需求与外在客观世界的对立和矛盾，一切的焦虑和痛苦、一切的烦恼和失望都根源于此。事情总是不被它们所是的那样表达，而是按照人们所希望的那样，奇迹、梦想在无法克服的痛苦之上繁盛起来。人类能够取得的精神上的胜利，就是对痛苦的无情抛弃和战胜。文学尤其提供了这种模式，它可以淋漓尽致地表达人类战胜痛苦的渴望和获取幸福的努力，比如戏剧中的大团圆结局。

西格蒙德·弗洛伊德（Sigmund Freud，1856—1939）的精神分析学说认为：相对而言，人不能不活在社会中，但是人与人之间的相互沟通、理解、承认或欣赏，是一件非常困难的事；这种交流渠道的阻隔，是人产生痛苦的最主要的根源。所以，人的痛苦有三个主要来源：一是肉体的软弱无力，它注定要衰老和死亡，人是有限的生命存在；二是外部世界的生存境遇以及自然的优势力量，它毫不留情地以摧枯拉朽的方式与我们抗争；三是人际关系的复杂和规则的缺乏。同时，也有三种缓和痛苦的方法：一是极大地转移我们的注意力，使我们无视自己的痛苦；二是替代性的满足，它可以减少痛苦；三是致醉物，它可以麻痹我们对痛苦的感觉。② 他认为，人的生活的目的就是解除痛苦从而变得幸福并保持幸福。作为一位心理学家，他指出幸福从最严格的意义上说，产生于被深深压抑的那些需求的满足，在较弱的意义上则是个人力比多有效利用的问题。获得幸福是一个需要自我努力追求和实现的过程，这个过程有两个目的：一是消除痛苦和不快，二是获得快乐。

对于痛苦，人们总是害怕或阻止它的出现，隐藏、克服或解除痛苦，

---

① [德]黑格尔. 美学：第1卷. 朱光潜，译. 北京：商务印书馆，1979：124.
② [奥]弗洛伊德. 文明及其缺憾. 傅雅芳，郝冬瑾，译. 合肥：安徽文艺出版社，1987：14-16.

是人们的基本态度和经验。历史上，人们在各种活动中提炼解除痛苦的方式，其中，针对痛苦产生的不同源头，弗洛伊德提出了追求幸福和解除痛苦的可靠、积极的方式，采取不同的方式，就成为不同类型的人。

第一种类型的人是享乐主义者。在这种动人心魄的生活方式中，人们无节制地满足自己的需求。亚里士多德就认为享乐的生活是主要的生活选择之一，伊壁鸠鲁也是赞同享乐原则的。他们所说的享乐是指哲学家那种永远快活的心情。这和一般人的理解有所不同，传说中有一个亚述王，他的墓碑上刻着："吃吧，喝吧，玩吧，别有何求。"① 这一价值观有其深厚的基础，时至今日，信奉这种价值观的仍大有其人。不能否认，吃、喝、玩、乐是多么容易实现，又是多么容易让人满足，可能的消极后果是一般的人往往由于意志薄弱而耽于享乐。为了减少享乐主义观念可能带来的负面效应，亚里士多德主张将节制作为"四主德"之一，其内容就是快乐方面的中道。节制的反面是放纵，放纵应该受到责备，因为"放纵的人渴望一切快乐，或者最大的快乐。他被欲望牵引着，以其他事物为代价，除了快乐别无所求。所以，得不到快乐时他痛苦，求快乐的欲望也使他痛苦。欲望就伴随着痛苦"②。这样说来，享乐主义人生态度不仅不能帮助人们解除痛苦，而且还会引起或带来更大的痛苦。关于快乐与痛苦、享乐与放纵之间的关系，康德有明智的论述，他说："对于快乐和痛苦，我们也通过我们自身的某种更高尚的（即道德上的）欢喜和讨厌来判断；看我们是应当节制它还是放纵它。"③ 康德主张，人们特别是年轻人要轻视享乐，他说："轻视享乐，不是为了放弃享乐，而只是尽可能多地将它们永远保持在视野中！不要过早地用享受来钝化对享乐的感受性啊！"④ 哲学家在这一点上的认识表明，为了解除痛苦，人们应当恪守的行动原则为"适度""切莫过度"和"认识自己"。这样的状态看来也有它积极的作用，因为痛苦刺激人的生命力、使人不断追求完善。康德还扩大了享乐的范围和人们对享乐的理解，他主张用科学和美的艺术来享乐。人们很难面对太过真实的痛苦，以艺术作为美好的外表来包裹它，这会让痛苦更容易接受。

第二种类型的人是孤独主义者。他们离群索居，由此得到静谧的幸福。他们远离世俗人情，采取避免人际关系方面之痛苦的保护措施，这些

---

① [古希腊]亚里士多德. 尼各马科伦理学. 苗力田，译. 北京：中国社会科学出版社，1999：7.
② 同①69.
③ [德]康德. 实用人类学. 邓晓芒，译. 上海：上海世纪出版集团，2012：112.
④ 同③.

人在中国文化中被称为隐者，他们往往由于对现实的不满或有厌世思想而住在偏僻的地方。这种传统至少可以追溯到孔子时代。子曰："贤者辟世，其次辟地，其次辟色，其次辟言。"（《论语·宪问》）钱穆先生在《论语新论》中指出，辟即避。贤者避世，"天下无道而隐，如伯夷、太公是也"；避地，谓"去乱国，适治邦"；避色者，"礼貌衰而去"；避言者，"有违言而后去也"。避地以下，三言"其次"，固不以优劣论。即如孔子，欲乘桴浮于海，欲居九夷，是欲避世而未能。所谓"次"者，就避之深浅言。避世，避之尤深。避地以降，渐不欲避，志益平，心益苦。"我非斯人之徒与而谁与"，固不以能决然避去者之为贤之尤高。

隐是一种生活方式、生活态度、人生选择。中国古代读书人通常有两种基本的价值实现路径：学而优则仕，仕而不成则隐。隐者既可居庙堂之高大隐隐于世，也可处江湖之远逍遥于天地之间，以此来获得灵魂的恬静。隐士往往视现实为痛苦的根源，他们无视现实世界，断绝与现实的各种联系。最极端的甚至不惜以生命捍卫这种价值，如历史上的隐者介子推。孤独主义者当然不只是隐，他们还有各式各样的逃避方式。如英国诗人爱德华·扬格（Edward Young，1683—1765）所说："我们一旦为无谓的忧虑所刺痛，为无聊的唐突所气恼，或者在乏味的消遣面前打着呵欠，我们就会感到隐居书斋的幸福。"① 阅读和写作常常成为命运不济者的甘露，也是他们逃避的手段和方式。

第三种类型的人是集体主义者。他们让自己成为人类集团中的一分子，向自然进攻，使其服从人的意志。这种人以共同生活的方式结成群体，这一方式符合人的天性。亚里士多德曾说："人天生就是一种政治动物。因此，人们即便并不需要他人的帮助，照样要追求共同的生活。"② 共同利益也会把人们聚集起来，人们为了共同利益而共同生活，并在这种生活中获得认同感和归属感。

第四种类型的人是逃避主义者。他们靠麻醉或通过化学方式来躲开现实的压力。孤独主义者也有这类人的某些行为特征，历史上很多隐士都醉溺于酒中，如陶渊明，他曾经很深沉地感叹"天运苟如此，且进杯中物"。酒被称为"解忧物"，曹操感叹："何以解忧，唯有杜康。"酒迅速地把一

---

① [英]锡德尼. 为诗辩护. 钱学熙，译. [英]扬格. 试论独创性作品. 袁可嘉，译. 北京：人民文学出版社，1998：80.
② [古希腊]亚里士多德. 政治学. 颜一，秦典华，译. 北京：中国人民大学出版社，2003：82.

个人驱入肉体的狂热状态,麻醉是饮酒人所追求的。人们在这种"解忧物"的帮助下,随时可以躲开来自现实的压力。有人嗜酒如命,如李白,他命儿子用五花马、千金裘换酒来喝,为的是"与尔同销万古愁"。这种自我麻醉的方式其实只能暂时消解忧愁,李白自己也明白:"抽刀断水水更流,举杯销愁愁更愁。"李煜(937—978)则说:"问君能有几多愁?恰似一江春水向东流。"忧愁如滔滔江水,人生难免,醉也不能免。太过沉溺于酒中,终究是更大的忧患。古人把沉迷于酒称为"酗酒",意思是饮酒不加节制。据说禹曾警告人们:喝酒是可以亡国的。没有人听劝,商纣甚至建酒池肉林,长夜痛饮,果然亡了国。波德莱尔在写作中常常写到饮酒或醉,他说:"一些准酒鬼用最下作的方式喝酒,奇形怪状地瘫倒在地上,而他们的脑子却瞥见了街头垃圾中的火焰与华美。"① 酒的确能让人马上产生快乐,摆脱烦恼。就人类趋乐避苦的天性而言,这种致醉媒介的确大有用处。

第五种类型的人是理想主义者。他们追求转移力比多,增加心理和脑力活动产生的快乐。他们懂得寻找更有益的方式来躲避痛苦,寄情于心理和脑力活动来寻找快乐。如作家在写作中逃避痛苦获得快乐,读者在阅读、欣赏作品中获得快乐。在这些时候,文学写作和阅读是高尚的娱乐,更是美好的避难所。如果没有文学方面的禀赋或爱好,那么对于现代人来说,职场、工作也可以成为通向幸福的坦途。

第六种类型的人是浪漫主义者。他们以爱为一切事物的中心。② 以爱为中心,在爱与被爱中获得真正满足,是一种更普遍、更容易为人们所采取的方式。这里所讲的爱比较接近弗洛姆所说的性爱。他把爱分为博爱、母爱、性爱、自爱、神爱。所谓博爱,是一种人类之爱,是对所有的人都怀有的一种责任感,关心、尊重和了解他人;母爱是来自母亲的,对儿童的生活和需求做出的毫无保留的肯定;所谓性爱,则是两性之爱,它是爱的最典型的形式,是爱的本质,也是一个人爱的能力的集中体现;自爱在现代汉语中是自重的意思,在弗洛姆作为一个哲学概念的论述中则指一个人对自己的生命、幸福、成长、自由等价值的确定、关心和追求;神爱则是对上帝的爱,是爱的宗教形式。

性爱是最强烈的一种爱,它会让当事人体验到一种压倒一切的快感,人们倾向于认为它是幸福的内容。富有浪漫主义气质的人往往更青睐爱的

---

① [法]波德莱尔. 我心赤裸. 肖聿, 译. 北京:中国广播电视出版社, 2000: 58.
② [奥]弗洛伊德. 文明及其缺憾. 傅雅芳, 郝冬瑾, 译. 合肥:安徽文艺出版社, 1987: 22.

坚持与坚决，像诗人徐志摩在给他爱人的信中如此表白：我没有别的方法，我就有爱；没有别的天才，就是爱；没有别的能耐，只是爱；没有别的动力，只是爱。① 但是，弗洛伊德也指出："每个时代的智者贤人都严厉地警告我们要抵制这种生活方式。"② 他的理由是，如果以性爱为自己人生的主要内容，那么人们将使自己用最危险的方式依赖外界，依赖自己选择的对象。更大的痛苦隐藏其中：他有可能被拒绝，有可能由于不忠或死亡而失去所爱的对象。

当然，这一生活方式仍有巨大的吸引力。弗洛姆看到人们的感情和态度的对象既包括他人也包括自己，提出了"自爱"概念，所谓"自爱"就是对自己的生活、幸福、成长以及自由的肯定。弗洛姆认为神至善至美，人们爱神，对真理和正义的追求、对自己最高力量的体验，通常包含在对神的爱中。弗里德里希·包尔生（Friedrich Paulsen，1846—1908）在他的伦理学体系中，将个人利益的实现依其重要性排序如下：肉体和生命、家庭、财富、荣誉或理想的自我保存、意志的自由运用、精神生活。他肯定人自我保存的倾向，他所说的这些个人利益基本对应弗洛姆所说的我们爱的对象。

正如人们所看到的，技术的进步给人们提供了摆脱痛苦的物质基础和条件，但是，在今天更丰富的物质生活条件下，人们的痛苦并没有减少，人们甚至会从痛苦走向厌烦与无聊。叔本华的悲观主义哲学对此有透彻的分析："不管大自然做了什么，不管命运做了什么；不管人们是谁，不管人们拥有什么，构成人生本质的痛苦总是摆脱不了的。"③ 具体说来，痛苦有千百种形态，如缺陷、困乏、保持生命的操心等，如果加以解除，就会以其他的形态接踵而来，如性欲、狂热的爱情、嫉妒、情敌、仇恨、恐惧、好名、爱财、疾病，等等。"痛苦如果再不能在另一形态中闯进门来，那么它就穿上无名烦恼和空虚无聊那件令人生愁的灰色褂子而来。于是又得想办法来消除空虚无聊。……任何人生都是在痛苦和空虚无聊之间抛来掷去。"④ 这种精神上的混乱不仅带来痛苦，而且带来无聊。

2. 无聊

无聊通常是指感觉上的空虚。康德认为这种空虚是压抑人的、可怕的重负，也是最大的痛苦，他说："在心里所知觉到的感觉的空虚激发起这

---

① 潘爱娟. 分一点阳光给别人. 上海：上海人民出版社，2012：125.
② [奥]弗洛伊德. 文明及其缺憾. 傅雅芳，郝冬瑾，译. 合肥：安徽文艺出版社，1987：45.
③ [德]叔本华. 作为意志和表象的世界. 石冲白，译. 北京：商务印书馆，1982：431.
④ 同③.

样一种恐怖（horror vacui，空虚的恐怖），仿佛是预感到一种缓慢的死亡，它被认为是比由命运来迅速斩断生命之线还要痛苦。"① "无聊"在德文里就是时光漫长的意思。在英语世界里，罗素详细地考察过无聊这种现象，他认为，"摆脱无聊几乎是一切人真正强有力的愿望之一"②。他认为，人们为了摆脱无聊会去寻求各种各样的刺激，这源于人的心灵结构仍然保留人类还处于狩猎为生的阶段的影响。在狩猎时期，人们仅仅为果腹而追逐猎物，所得很少，但体力付出却极大，每天疲于奔命没有时间也没有精力无聊，所以罗素强调人的心灵结构非常适合于一种非常严酷的体力劳动生活。当人类从繁重的体力劳动中解放出来，未被用完的体力如果找不到无害的出路，就会去寻求有破坏性的刺激。他主张以政治、体育、发明创造等活动为人类在远古时代形成的待满足的冲动提供无害的出路。

　　在法国文化中，帕斯卡尔对相关主题的分析特别受到赞赏。尼采读过帕斯卡尔的书后说，他不是读过而是爱上了帕斯卡尔。帕斯卡尔能充分地表现法国文化的教养和优雅，作品的风格让人流连忘返，他对人的认识也特别深刻，他说："一切是一，一切又都各不相同。"③ 人性中有诸多天性和禀赋，造成了人的不同境遇，但人性中也不乏共通性，如无聊这种生命最根深蒂固的感受。帕斯卡尔既看到了人有独立的愿望和生活需要，有依赖性，也看到了人的变化无常、无聊和不安，认为无聊是最不堪忍受的。他对无聊的描述很深刻，说："无聊——对于一个人最不堪忍受的事莫过于处于安全的安息，没有激情，无所事事，没有消遣，也无所用心。这时候，他就会感到自己的虚无、自己的沦落、自己的无力、自己的依赖、自己的无能、自己的空洞。从他的灵魂的深处马上就会出现无聊、阴沉、悲哀、忧伤、烦恼、绝望。"④ 由此来看，帕斯卡尔是对人的处境有深刻认识的思想家，他认识到无聊比痛苦更令人难以忍受，他说："人是那么的不幸，以至于纵令没有任何可以感到无聊的原因，他却由于自己品质所固有的状态也会无聊；而他又是那么的虚浮，以至于虽然充满着千百种无聊的根本原因，但只要有了最微琐的事情，例如打中了一个弹子或者一个球，就足以使他开心了。"⑤ 无聊的生活会让人感到厌烦，无聊的心灵则

---

①　[德] 康德. 实用人类学. 邓晓芒，译. 上海：上海世纪出版集团，2012：109.
②　[英] 罗素. 伦理学和政治学中的人类社会. 肖魏，译. 石家庄：河北教育出版社，2003：122.
③　[法] 帕斯卡尔. 思想录. 何兆武，译. 北京：商务印书馆，1985：60.
④　同③63.
⑤　同③69.

为虚无主义所盘踞，使人们感受到自己生活的贫乏和无意义。所以，人们应当用消遣等方式驱赶生活中的无聊之感。

人为什么会无聊，无聊之感从何而来？康德从人类学的角度指出："对享乐的腻足会导致人的恶心状态，对于一切都被满足的人，这甚至会使生命成为负担。"① 这就是说，人不能太容易得到满足，也不能得到太大的满足。他主张人要在一个伟大抱负的驱使下，按部就班、勇往直前地去工作，这是他认为人可以让自己生活快乐又满足生活的唯一手段。尼采曾经尝试从社会学、经济学的角度对此进行分析，认为要让人变得有更大的利用价值，就应该扫除这个过程中的各种障碍，而"令人讨厌的首要障碍就是无聊和单调"②。他认为无聊和单调是一切机器运动的节奏带来的必然结果，要机械地、出色地完成任务，人就得像机器般处于劳作状态。所以，现代生活享受舒适的代价是忍耐无聊和单调。美国学者埃里克·霍弗（Eric Hoffer，1902—1983）的心理学研究指出："大多数人无法忍受生活的贫乏无聊，除非是有某些东西可以让他们热烈献身，或有某种激情的追求可以让他们隐埋自己。"③ 为了驱赶无聊，人很容易变成狂热者，譬如那种渴望写一部巨著、画一幅名画、设计一座雄伟建筑而又知道自己一辈子都办不到的人，他们无法改变自己的人生，又不能得到内心的安宁，就会成为群众运动的狂热支持者和参与者。这种情形在现代社会屡见不鲜，所以，为了克服无聊，人应当对生活满怀兴趣，一个人感兴趣的事情越多，就越不容易感觉无聊，就越容易感觉生活的充实和满足。当然，价值观的调整也是必不可少的。罗素曾这样提醒我们："人类生活要想不变得乏味和无趣，就应认识到有些事物所具有的价值完全不取决于其有用性。一个事物有用，是因为它是其他事物的手段，但是其他事物，如果反过来并不仅仅是手段的话，就必须因为它自身的缘故而被珍视，因为否则的话，有用性就是虚假的了。"④ 对于实用主义大行其道的时代，这种认识是非常重要的。

3. 醉与醒

人为了逃避痛苦和无聊等感觉，很容易遁入醉梦人生，但人又终究会醒来。在中国历史上，屈原（约前340—约前278）是一个在醉与醒之间

---

① ［德］康德. 实用人类学. 邓晓芒，译. 上海：上海世纪出版集团，2012：112.
② ［德］尼采. 权力意志——重估一切价值的尝试. 张念东，凌素心，译. 北京：商务印书馆，1991：369.
③ ［美］霍弗. 狂热分子——群众运动圣经. 梁永安，译. 桂林：广西师范大学出版社，2011：221.
④ ［英］罗素. 权威与个人. 储智勇，译. 北京：商务印书馆，2010：91.

徘徊不已、无所适终的诗人，他的痛苦不是醉而是醒，所以他哀叹："吾怨往昔之所冀兮，悼来者之愁愁。"不能随波逐流的人在清醒时特别能体会到一种深刻的孤独和空虚，还有"众人皆醉我独醒"的无奈。这种痛苦把屈原逼上了绝路，他的悲剧是历史性的，说明人对生命的认识一定要旷达，方可度过不同寻常的精神危急时刻。从这一角度来看，陶渊明对生活的田园态度是一个很好的典范，他以醉和醒为自己开辟了一片新的乐土。

自远古始，在中国传统文化中，田园就是逃避妒忌、仇恨、虚荣、奢华以及人与人之间无意义的纠缠的避难地，田园情感中包含着对简单朴素生活的赞美。中国文化似乎一直有一种底色，认为田园生活代表一种乐土的承诺、故土家园的皈依，从中可以获得尘世幸福。人们遁于此处逃避一切纷争，获得真正的幸福，就像陶渊明笔下的《桃花源记》所描写的。数百年后，苏轼（1037—1101）因"乌台诗案"被贬黄州，他在城外东坡躬耕，过田夫生活并自号"东坡"时，怀着对陶渊明的一种特殊的感情。他在《江城子》中写道："梦中了了醉中醒。只渊明，是前生。走遍人间，依旧却躬耕。"在经历宦海沉浮之后，他认识到陶渊明走过的这条路的价值。东坡晚年唱和陶渊明，在《和陶饮酒二十首·序》中云："吾饮酒至少，常以把盏为乐，往往颓然坐睡。人见其醉，而吾中了然，盖莫能名其为醉为醒也。"这段话遥遥应和了陶渊明在他的《饮酒二十首·序》中所说："余闲居寡欢，兼比夜已长，偶有名酒，无夕不欢。顾影独尽，忽焉复醉。"他们同视人生大梦，在醉与醒中无不对醉梦人生有份了悟。今天，困于都市，在恐惧与焦虑中度日，文明社会中的人们同样有对田园的憧憬和颂歌，醉是重要的到达路径。

在西方文化中，把醉作为重要的美学概念和美学意象的是尼采。他在《悲剧的诞生》中分析希腊艺术的起源、本质和功用，用太阳神阿波罗（Apollon）和酒神狄奥尼索斯（Dionysus）的象征来说明。在尼采的整个美学思想中，"醉"是一个重要概念。他认为，醉是日常生活中的酒神状态，是一种痛苦与狂喜交织的癫狂状态，是一切审美行为的心理前提，也是最基本的审美情绪。在激情的高涨中，主观逐渐化入浑然忘我之境。在《偶像的黄昏》中，尼采进一步精细地剖析这一概念与主题，他说："为了艺术得以存在，为了任何一种审美行为或审美直观得以存在，一种心理前提不可或缺：醉。"[①] 从语义学来说，这个字有着迷、销魂、狂热的意思，

---

① [德] 尼采. 悲剧的诞生——尼采美学文选. 周国平, 译. 北京: 生活·读书·新知三联书店, 1986: 319.

也有欢天喜地的意思，还意味着被从自我中猛拉出来，被拉进另一个领域。尼采认为醉的本质是力的提高和充溢之感，当然，那另外的世界也并不风平浪静。尼采分析了形形色色的醉：有性冲动的醉，它是醉最古老、最原始的形式；有巨大欲望和强烈情绪造成的醉；有激烈运动的醉；有酷虐的醉；有破坏的醉；有麻醉剂造成的醉，如酒。最高涨的醉是意志的醉。从艺术的角度，他总结了两种醉：一是太阳神的醉，一是酒神的醉。了解尼采的这一基本思路，要回到叔本华哲学，这是尼采哲学思想的源头。悲剧是叔本华哲学中艺术的最高形态，他认为艺术"以表现人生可怕的一面为目的，是在我们面前演出人类难以形容的痛苦、悲伤，演出邪恶的胜利，嘲笑着人的偶然性的统治，演出正直、无辜的人们不可挽救的失陷"①。前文已经分析过，痛苦与恐惧在叔本华哲学中是生命的本然状态，人需要梦幻来忍受生命的痛苦，其实不止于此，"人的本质就在于他的意志有所追求，一个追求满足了又重新追求，如此永远不息。是的，人的幸福和顺遂仅仅是从愿望到满足，从满足又到愿望的迅速过渡，因为缺少满足就是痛苦，缺少新的愿望就是空洞的想望、沉闷、无聊"②。如果不是人生充满痛苦和无聊，那么人就不会求醉、求忘却，但醉后还是要醒，这是尼采接受了的一个前提，所以他才会说："叔本华向我们描述了一种巨大的惊骇，当人突然困惑地面临现象的某种认识模型，届时充足理由律在其任何一种形态里看来都碰到了例外，这种惊骇就抓住了他。在这惊骇之外，如果我们再补充上个体化原理崩溃之时从人的最内在基础即天性中升起的充满幸福的狂喜，我们就瞥见了酒神的本质，把它比拟为醉乃是最贴切的。"③ 现代艺术是人们对付自己生存意义的枯竭与无聊的产物。今天的学者发现："尼采对'消除痛苦'这种观念表示怀疑并取而代之地把关于痛苦的用途和对痛苦的辩护问题放到了中心地位。"④

就全部西方文化来看，古希腊人和古希腊文化最饱满地表现了酒神的精神：丰盛、满溢、过剩，最丰美的生命感和力量感，甚至于痛苦也在其中起着兴奋剂的作用。人们钟情醉的审美，但这一情形多与醒相对，并带着深浓的酒意。醉通常是人们安顿自己心魂的方式，诗人对此情有独钟，

---

① ［德］叔本华. 作为意志和表象的世界. 石冲白，译. 北京：商务印书馆，1982：350.
② 同①360.
③ ［德］尼采. 悲剧的诞生——尼采美学文选. 周国平，译. 北京：生活·读书·新知三联书店，1986：5.
④ 邓安庆. 重返"角力"时代：尼采权力意志的道德哲学之重估. 上海：上海教育出版社，2017：3.

哲学家也不例外，康德就说："要激起或是平息想象力，有一种服用麻醉品的物质手段，这些麻醉品有些是削弱生命力的毒品，另外一些是加强生命力的，至少是提高生命感的（例如发酵的饮料、葡萄酒和啤酒，或是其中对生命力有刺激性的成分，即酒精），但全都是反自然的和人为的。那些服用过量因而在一段时间里没有能力根据经验法则来整理感性表象的人，叫做醉酒或麻醉，而自愿或故意使自己处于这种状态就是自我麻醉。但所有这些手段据说都是为了使人忘掉那似乎本原地植根于一般生命之中的烦恼。"① 康德认为，醉酒产生的无所顾忌以及随之而来的不谨慎，是一种虚假的生命力加强的感觉。的确，人在醉狂中可以暂时忘却自我，但无情的是，"醉狂终究要过去，接着便是凄冷的清晨，它随着黎明无情地降临大地"②。迎接生活的开始，勇气来自人们对人所能拥有的令人安慰的前景的期待，人的处境有理由在人自己的不断努力中持续地得到改善，人根据自己的理性可以下决心选择一种新的、更好的生活态度。

三、处境与责任

康德曾说："在道德的事情上每个人都必须，或者说也只能为他自己的举止和行为负责。"③ 承担责任和做一个有道德的人，其前提是人的自由。所以，应当在自由与责任的关系中讨论责任。《理想国》中有一个充满道德意义的寓言：古各斯的"魔戒"。说的是牧羊人古各斯偶然得到了一枚金戒指，从此有了隐身的本领；后来他与王后同谋，杀掉了国王，夺取了王位。柏拉图认为，如果有了这样的戒指，即使正义的人也不能坚定不移地做正义的事，因为"没有一个人真正心甘情愿实践正义"④。显然，这个故事是自由与责任之关系的隐喻，它意味着一个人的行动有着完全的自由，又可以免除责任，柏拉图因此推断，也许人人都想要一枚古各斯的金戒指。这种理论上的假设和推断，对理解自由与责任的关系是有启发意义的。每个人都有为他人的责任，都有面对他人的自由，这是鲍曼所说的"原初的道德情境"中的两个因素。⑤ 就自由与责任作为道德概念而言，自由是免除限制和束缚，责任是为了自由与保证自由而承受限制和束缚。

---

① [德] 康德. 实用人类学. 邓晓芒, 译. 上海：上海世纪出版集团, 2012：56.
② [美] 贝尔. 资本主义文化矛盾. 赵一凡, 等译. 北京：生活·读书·新知三联书店, 1989：97.
③ 同①75.
④ [古希腊] 柏拉图. 理想国. 郭斌和, 张竹明, 译. 北京：商务印书馆, 1986：54.
⑤ [英] 鲍曼. 生活在碎片之中. 郁建兴, 等译. 上海：学林出版社, 2002：66.

所以，在现代社会，能够观察到的情形是，本来应有的享受自由与承担责任，变成了逃避责任也逃避自由。

人们对自由的理解具有时代性。在由科学技术进步、经济增长所驱动并且日益全球化的社会，自由是什么？自由应该是什么？自由将会是什么？既要由这个时代和社会的人们给出答案，也不能脱离人类以往追求自由的历史。大家都谈论的自由，就其内容而言，极其丰富，差异也大，如密尔所说："唯一实称其名的自由，乃是按照我们自己的道路去追求我们自己的好处的自由。"① 密尔强调的是作为权利的自由，约翰·洛克（John Locke，1632—1704）则更看重作为能力的自由，他说："人的自由和依照他自己的意志来行动的自由，是以他具有理性为基础的，理性能教导他了解他用以支配自己行动的法律，并使他知道他对自己的自由意志听从到什么程度。"② 当然，其中基本精神是一致的，即自我决定。自由的理论与自由的实践共同构成了人类追求自由的历史。自由的最大益处就在于，人类通过自由原则使共同生活有序，让人生充满意义，为保持和发展自我提供可能。正如康德所理解的，自由决定人之为人。尊重自由，意味着相信每个人都有能力思考与自身相关的重要问题，并做出最符合自己心愿与意志的决定。

"请注意，今天人们都被说服了，相信他们比以往任何时候都更加自由，然而他们仍然将自己的自由带到了我们跟前，谦卑地把它放在我们的脚下。"③ 这是伯曼说的一段话，他在对现代生活的观察和分析中，指出了一个耐人寻味的话题，即如此显著的现代愚昧——人为何要逃避自由？从历史来说，人们为自由而斗争，倾付了生命的代价；从现代生活的事实来说，要求自由也伴随着逃避自由的矛盾。从力争自由到逃避自由，凸显了现代社会极其矛盾的一面。

人对自由的争取是一个古老的问题，对自由的逃避同样古老。在《理想国》的结尾处，苏格拉底转述死而复生的厄洛斯讲的一个传奇，这是一个关于选择的神话，即人的命运不是被神决定的，而是自我选择的，其实也就是一个自由的神话。必然女神在仪式前开始了这样一番讲话：诸多一日之魂，你们包含死亡的另一轮回的新生即将开始。不是神决定你们的命

---

① ［英］密尔. 论自由. 许宝骙，译. 北京：商务印书馆，1959：14.
② ［英］洛克. 政府论：下. 叶启芳，瞿菊农，译. 北京：商务印书馆，1964：39.
③ ［美］伯曼. 一切坚固的东西都烟消云散了——现代性体验. 徐大建，张辑，译. 北京：商务印书馆，2003：前言9.

运，是你们自己选择命运。谁拈得第一号，谁就第一个挑选自己将来必须度过的生活。美德任人自取，每个人将来有多少美德，全看他对它重视到什么程度。过错由选择者自己负责，与神无涉。① 当时，神提供的生活模式各种各样，第一个选择者挑了一个最大僭主的生活，这个选择被证明是愚蠢和贪婪的，因为其中还包含了吃自己的孩子的可怕命运，于是他捶打自己的胸膛，号啕大哭，他忘了神的警告，不幸是自己的过错。这个故事大有深意，柏拉图以此说明的是，自由无论是天赋神赐的还是自己争取的，它都意味着自我承担、自我负责。这种思想启迪在后来存在主义哲学中得到了极大发展，萨特、加缪等人都认为人的一切由自己的选择造成，个人应该为自己的所有行为负责。尽管柏拉图并没有把责任作为一个伦理学术语详加细述，但是在关于自由的认识中，这是一个重要的思路，可以解释何以会出现逃避自由的种种现象。

柏拉图认为，人在所有可能的生活方式中为自己选择的任何一种生活方式都是混合着善与恶、幸福与痛苦的，不能确定如何更好，所以能够做的就是："考虑了所有这一切之后一个人就能目光注视着自己灵魂的本性，把能使灵魂的本性更不正义的生活名为较恶的生活，把能使灵魂的本性更正义的生活名为较善的生活，因而能在较善的生活和较恶的生活之间作出合乎理性的抉择。"② 柏拉图对自由的美善进行了充分的辩护和论证，同样对自由的局限性也认识深刻，但那些散落在《理想国》中的片段并没有引起后人足够的重视。在《理想国》的最后，柏拉图呼吁自由的人们要永远坚持走向上的路，追求正义和智慧。这一呼吁再次证明，自由作为一个与道德相提并论的课题，其中包含着自由与责任的关系。可以说，在不道德的时代和社会，就会有对自由的逃避。因此，可以断定，一个人人逃避自由的时代和社会，一定是不道德的，因为我们通常认为一个人人不敢和不愿承担责任的社会是不道德的。处于不道德的时代和社会，人们责任意识涣散，自然就会逃避自由；更准确地说，人们逃避的不是自由本身，而是与之相伴随的责任。如果可以只享受自由而不承担责任，那么情形又另当别论。由此可见，自由之所以有局限性，就在于自由是一种关于选择的权利，并且是在选择中得到和实现的权利，在认识和实现这一权利的同时，肯定有不可与不应被忽视的责任和义务。

在对自由与责任的关系的考察中，萨特的学说引人注目，他对自由的

---

① ［古希腊］柏拉图. 理想国. 郭斌和，张竹明，译. 北京：商务印书馆，1986：422.
② 同①423.

界定和描述有强烈的现代色彩。萨特说:"行动的首要条件便是自由。"①他所谓的行动,是指为着某些目的,使用某些手段去改变世界的面貌,所以行动是有意向性的。在这里,自由的重要性得以凸显,因为他指出一切行动的必要和基本的条件是行动者的自由。萨特把自由看成一个不可分的整体,它包括了动机、动力、目的。他说:"我们动作的理由就在我们之中;我们行动,就像我们存在一样,我们的活动有助于造就我们。"② 这样,在被造就的同时,人成了谋划的存在。"谋划"这个概念包含了意志、动机、目的诸因素,所以通过谋划,人是自己的目的所确定的存在者。他的自由表现为,他"是这样一个存在者,他作为意识,必然独立于别的一切存在者,因为别的一切存在者只就它们为他存在而言,才与他有联系,他在他的将来的启示下以传统的形式决定自己的过去,而不是简单地让自己的过去决定自己的现在,他通过异于他的事物让人知道他是什么,也就是说通过他所不是的、从世界的另一边来谋划的目的"③。谋划既体现了自由,又排除了任意和不可预测。自由使存在者独立且异于他物,这种独立本身就意味着对结果的承受和承担,所以自由不是纯粹任性的、无法无天的、无缘无故的、不可理解的。

人类经历为自由而斗争的漫长历史之后,萨特断言人被抛进自由,这一事实本身就带有某些矛盾性,他说:"应该把人设想为是自由,同时也是被规定的。"④ 作为一个存在主义者,人是在处境中自由。人的位置与处境往往是选择和活动的结果,所以,从最抽象和最一般的意义来说,自由就是选择,选择对生命而言是无条件的。萨特把选择界定为荒谬,不是因为它的无理性存在,而是因为它没有不选择的可能性。他说:"自由是选择的自由,而不是不选择的自由。不选择,实际上就是选择了不选择。因此选择是被选择的存在的基础,而不是选择的基础。"⑤ 对于个人生活来说,自由是在欲望之间进行选择。对于社会生活来说,自由是把诸多可能性变成现实性,是做或不做什么的权衡。所以,萨特这样界定拥有自由的人:"(1) 他理智地决定去进行一个活动;(2) 这样的活动是通过进行这个活动的人的本性本身而被完全理解的;(3) 他是偶然的,也就是说他的

---

① [法] 萨特. 存在与虚无. 陈宣良,等译. 北京:生活・读书・新知三联书店,1987:557.
② 同①581.
③ 同①581-582.
④ 同①567.
⑤ 同①617.

存在使得在同样的处境下进行其他活动的其他个体也是可能的。"① 选择过程中的情绪和心理体验，是分析和认识这个主体的最有利的角度，正像萨特分析的那样："对所有目的的选择尽管是完全自由的，但是并不是必然地甚至也不是经常地快乐地进行的。不应当把我们在其中是自我选择的必然性与权力意志相混淆。选择可能是在屈从或不安中进行的，它可以是一种逃避，它可以在自欺中得以实现。我们可以自我选择为逃遁的、不可把握的、犹豫不决的等等；我们甚至能选择不进行自我选择；在这些不同的情况下，目的就在事实的处境之外提出来了，而对这些目的的责任就落到了我们身上：不论我们的存在是什么，它都是选择；把我们选择为'伟大'和'高贵'或'低贱'和'受辱'的人，这是取决于我们自己的。"② 萨特非常明确地认识到，自由意味着可以选择，或者说对于一个行动者而言，自由就是选择，不管这个世界如何呈现，自由都是人们在世界中的自我选择。选择把"此在""现在"的个人与未来联系起来，使个体由选择向未来出发，因此选择和结果是与责任相关联的。

　　选择给予事物一种成为该事物的意义，所以选择的自由不能与获得的自由混为一谈。选择所获得的一切，包括意识，构成个体的存在。可以说，每个人的习惯、偏好、倾向都是揭示性的，经由选择所揭示。选择尽管是在多项中进行的，但本质上它是唯一的、具体的、绝对的，人的习惯、偏好、倾向决定选择的唯一性、具体性、绝对性，从而决定人的处境、历练、生活及生命的全部过程，人对自我、他人、社会的全部认识都凝聚在这一过程中。关于这种自我选择的意识，萨特分析说："这种意识是由对焦虑和责任这双重'体验'表现出来的。事实上，焦虑、孤立无依和责任悄悄地或突然地组成了我们的意识的质，因为我们的意识是单纯的自由。"③ 可以看出，责任在选择时形成，在获得时展现。最后，他得出的结论是，人绝对自由并对自我的处境负有责任。这里的处境是指个人在世间的位置，这一位置与周围的一切构成处境。这样，处境便成为实现，并保证也体现自由的一切。萨特认为，构成人的具体处境并起作用的有三个层次的实在：一是工具，比如火车、火车时刻表、艺术作品、告示等；二是属于个体的意义，比如国籍、血统、性别、年龄、健康状况等；三是作为参照中心的他人。自由与责任的关系成为处境伦理的主要

---

① ［法］萨特. 存在与虚无. 陈宣良，等译. 北京：生活·读书·新知三联书店，1987：600.
② 同①605.
③ 同①595.

内容；也就是说，自由与责任是由人们享受权利和承担义务的处境伦理所赋予的、所决定的。正如弗洛姆所说："人一出生，他的舞台便准备好了。"① 弗洛姆由此出发展开他的自由学说，认为人从降生起就在世界上有一个确定的、不可变更的也毋庸置疑的位置，恪守这个位置的职责就是人生的意义所在，自由因此是一个不必要的累赘，结果是人们会逃避自由。当一般人的兴趣集中在作为权利与利益的自由时，也有不少人意识到对自由的错误理解可能带来冲突或矛盾，弗洛姆讨论的是作为一种负担与危险的自由。

弗洛姆的自由学说之所以值得关注，是因为他不仅探讨了现代人对自由的感受和理解，而且分析了现代人对自由的逃避。弗洛姆这样定义现代人的自由："他摆脱了外在的束缚，可以随心所欲地按自己意志行动思想。如果他知道自己的所欲、所想、所感是什么的话，他是能够按自己的意志自由行动的，但他并不知道，他趋同于匿名权威，拿不是自己的自我当自我。"② 这里所说的自由，更像虚假的自由。本来，个体的思想、感觉、行动应当是依据自己的真实愿望的表达，是不受他人影响和左右、完全体现自我意志的表达，但事实上，人对权威的屈服也会以自由的形式表现出来。弗洛姆动态地理解自由的含义，清楚地认识到自由中所包含的模棱两可的含义导致了人们对自由的复杂决定："一方面，人摆脱外在的权威，日益独立；另一方面，个人日益觉得孤独，觉得自己微不足道、无能为力。"③ 的确，在弗洛姆看来，人从自由中得到的不是力量和信心，而是孤立的处境和个人的微不足道感，现代社会的风险性和不确定性会助长这一倾向。其结果是，人会自动用依附权威来交换不用自我决定的自由，以此免除责任，同时人也会为了摆脱卑微感而逃避或放弃自由。

我们知道，在历史上，直到资产阶级革命爆发，自由才成为被广泛接受的价值和观念。相比人在不自由中所经受的饥饿与压迫来说，人在自由中所体会的孤独与疑虑更令人难以忍受，所以人会选择逃避自由。由此来看，在现代社会，人的更自由也更孤独的处境会导致这样的情况：什么都有可能发生，什么人都会有，社会价值评价更加多元化。尤其是"在'自由'的盛名下，生命丧失了全部结构，它由许许多多的小碎片拼凑而成，各自分离，没有任何整体感。个人像儿童面对一堆积木一样独自面对这些

---

① ［美］弗罗姆. 逃避自由. 刘林海，译. 北京：国际文化出版公司，2000：16.
② 同①172.
③ 同①29.

碎片"①。这种碎片化生存的现状,以及弗洛姆所分析的工业社会人的孤独感、无助感和卑微感,是人情愿牺牲自由的重要原因:"在这类社会中,没有什么东西是固定不变的,每个人都苦心焦虑,生怕地位下降,并拼命向上爬;金钱已成为区分贵贱尊卑的主要标志,还具有一种独特的流动性,它不断地易手,改变着个人的处境,使家庭地位升高或降低,因此几乎无人不拼命地攒钱或赚钱。不惜一切代价发财致富的欲望、对商业的嗜好、对物质利益和享受的追求,便成为最普遍的感情。这种感情轻而易举地散布在所有阶级之中,甚至深入到一向与此无缘的阶级中,如果不加以阻止,它很快便会使整个民族萎靡堕落。"② 面对这种社会的弊端,人茕茕孑立,直面无边无际又危险重重的世界,面对自由带来的不安全、无能为力、怀疑、孤单与焦虑,逃避自由成为顺理成章的结果。从弗洛姆的思路来看,这里的自由不再是一个抽象的概念,而是具体可感知的、可把握的。与此同时产生的微不足道感造成更大的精神危机,比之人的受奴役有过之而无不及,两相比较,人们情愿逃避自由。

  自由虽好,但人却要逃避,弗洛姆以他的双重自由理论对这个问题进行了富有启发性的分析。所谓双重自由,是指免除压迫的自由和自我决定生活的自由。前者属于一种被动的自由,后者则属于一种主动的自由。弗洛姆的双重自由理论也可以被理解为消极的自由和积极的自由,这其中包含人类谋求自由的两个步骤。第一个步骤主要指,人是自然界的一部分,人意识到自由并且要求自由,于是努力让自己的行为摆脱自己的强制本能的控制,就是摆脱束缚去获得自由。第二个步骤主要指,人脱离大自然独立以后,人的发现和自我的发现是以人争取自由、自主、自决为表现形式的。人的理性和批判能力也是在这一过程中得以发展的。弗洛姆说:"人的自由增长过程与个人的成长过程一样具有辩证特征。一方面,它是一个力量不断增强、人日趋完善、对自然的支配越来越得心应手的过程,是理性能力,与他人的联系日益紧密的过程;但另一方面,这个日益加剧的个体化进程又意味着孤独感和不安全感日益增加,也意味着个人对自己在宇宙中的地位、对生命的怀疑增大,个人的无能为力感和微不足道感也日益加深。"③ 历史的发展为思想家的结论提供了可靠的材料。的确,始于文艺复兴的启蒙运动把人从种种束缚中解放出来,使人的力量、情感、心

---

① [美]弗罗姆. 逃避自由. 刘林海,译. 北京:国际文化出版公司,2000:169.
② [法]托克维尔. 旧制度与大革命. 冯棠,译. 北京:商务印书馆,1992:35.
③ 同①27-28.

智、理性都得到成长，就整体而言，人在科学技术、物质财富和精神文化方面取得的成就是前所未有的，这促使人追求积极的自由，即发展的自由、自我决定生活的自由。在实现积极自由的过程中，人的个性得以凸显。人类谋求自由的第一个步骤的出现为人类谋求自由的第二个步骤的实现奠立了基础，但第一个步骤的产生未必导致第二个步骤的跟进，在某些条件下，人出于对突然获得的自由的不适与恐惧，会主动放弃自由的权利而向威权体制寻求避难。

在为自由而斗争的历史中，人要求自主、自决、自治，以自己希望和认可的方式来思维、感受、生活，这意味着人成为一切决定的承受者和承担者。从与这个结果相伴的怀疑、疑惑、卑弱、无力、孤独、绝望等情绪中，不可避免地会产生焦虑。正如上文所分析的，人逃避的不是自由，而是伴随自由、自主、自决而来的责任、焦虑、孤独等。因为有这种种相应的承担，所以对由历史的进步而争取到的自由，并非所有人都额手称庆，有人也常常逃避和放弃。其中的道理正如美国学者霍弗所分析的："自由对失意感的加深作用不亚于舒缓作用。选择的自由让个人得把失败的责任也一肩扛。自由鼓励多种多样的尝试，也无可避免会带来多种多样的失败与失意感。"[1] 他同时相信，一个人如果不善于理性地思考，自由就会成为讨厌的负担，一个人如果软弱无力，要再多的自由也没有用，所以在现代社会常常出现的情况是：不用负责任比不受约束更有吸引力。因此，了解责任的历史发展，是深入理解人何以会逃避自由的一个必要环节。

自由意味着以某种方式行动的权利，也意味着行动的责任承担。提出和回答有关自由的问题，责任的考虑关系重大。人无论享有自由还是承担责任，其中都有一个关于人的规定，即人是理性的。理性使人出于理由来选择、判断和行动，如果人没有理性，那么关于行为的因果解释就可以免责，即把人看作对自己的行为无责任也无须负责任的人。个人的自由、理性、责任之间的关系如下：理性的人拥有了自由，便可以依据自我的意愿做出选择，因此而承担了与选择有关的责任。理性的扩展总是我们能够承担的责任的领域的扩展，自由意味着人们可以选择，一旦选择完成，附着于其中的责任就是不可回避和推卸的。同时，责任作为重要的伦理范畴，在对人的行为进行判断和评价中也是不可缺少的。一般而言，通过言辞和说教来改变一个人的内在道德，作用是非常微弱的，但是通过获得知识和

---

[1] [美]霍弗. 狂热分子——群众运动圣经. 梁永安，译. 桂林：广西师范大学出版社，2011：65-66.

见解来锻炼与培养一个人的理性，使其通过自我的考量和判断，做出正确的选择和决定，在道德上是可能的也是重要的。为选择和决定承担责任，就是理性认识的结果。

对于理性个体而言，所有的行为及其结果都与他的考虑和选择有关，所以责任与自由意志相关。责任会有助于慎思、审慎等美德的形成，在面对可选择之物时，人的选择本身就有慎重的意味。人的生存依赖于与他人的合作，没有人可以离开社会孤立地生活，所以责任是以一种积极的方式与他人建立联系。尽管责任意味着羁绊与约束，但它是在共同生活中备受称赞的品质，这会形成一种有效的价值引导。人有一定的职责和义务，是社会生活的事实，也是个人所属社会关系得以确立的标志。这个前提奠定了人类共同生活的基础，同时有利于人与他人共同生活。人不得不在各种可能之中选择，一种因选择而产生的行为就诞生了关于责任的伦理学或伦理判断。

从责任在伦理学的发展历史来看，古希腊、古罗马时代就已经有相关讨论。马库思·西塞罗（Marcus Cicero，前106—前43）曾经用很长的篇幅讨论过什么是责任，他所形成的"责任"概念是："干什么事情都不应当过分仓促或草率；我们也不应当去做任何自己说不出充足理由的事情。实际上，这两句话就是责任的定义。"① 西塞罗所谓做决定的不仓促和不草率，以及人们做能说出充足理由的事情，不仅用禁止性的语言界定了责任的内容，而且涉及了自由与责任的关系。亚里士多德说得更清楚，他意识到做什么事情是一种行为，行为从选择开始，选择从欲望开始，所以他说："选择是一种经过策划的欲望。"② 亚里士多德又说："所谓自愿就是一个人知道自己所做的事情，他的行为不是无知的，不是既不知道对象是什么，也不知所用的是什么，所为的是什么。"③ 亚里士多德认为，没有人会不做他本人认为是最好的事情，没有人会不选择自己认为是好的事物。假如一个人做一件事情，他做这件事情本身就证明，他认为这是自己应该做的最好的事情，所以从逻辑上来说道德上的过失是不可能的。当然，如果人真的总是做或只做自己认为是最好的事情，那么就没有什么东西需要解释了。在这里存在的问题是：（1）人的判断难免有误，不是每个人都有能力在诸多可能中断定出什么是最好的；（2）人所依据的价值标准

---

① ［古罗马］西塞罗. 论老年 论友谊 论责任. 徐奕春，译. 北京：商务印书馆，1998：137.
② ［古希腊］亚里士多德. 尼各马科伦理学. 苗力田，译. 北京：中国社会科学出版社，1999：123.
③ 同②111.

不同，故而对好或最好的断定不同；（3）人的选择受多种不确定因素干扰，这说明人是理性存在物这一判断并不总是有效，而且在人的灵魂中，确实有其他成分，也一样对人的选择、行为起作用，人的理性没有完整性和一贯性。所以，亚里士多德认为能奖惩的只是自愿行为，就是说自愿行为才有德性和罪恶，这是伦理学中道德与自由的问题，由此引发自由与责任的问题。也就是说，在自愿和自主的前提下，人才需要为自己的行为承担责任。然而，人不能以无知来推卸责任。

责任在康德伦理学思想中也是一个不能回避的重要概念。在康德生活的时代，资产阶级的道德危机和道德的两面性使康德产生了强烈的忧患意识，他想通过伦理学来唤起社会成员的道德责任意识，从而追求道德上完善的人的理想。他提出了关于责任的三个命题，分别是：命题一，只有出于责任的行为才有道德价值；命题二，一个出于责任的行为，其道德价值不取决于它所要实现的意图，而取决于它被规定的准则；命题三，责任就是出于敬重法则而产生的行为必要性。出于责任而行动，人就可以走向诚实、善良、智慧和高尚，从而保持做人的尊严。每一个特殊处境都会形成特殊的目的，自由就是对这种自我创造的固有可能性中所包含的目的的追求，不管世界如何呈现，自由都是理性的人在世界中的自我选择。康德的责任伦理学对人的理性有更详备的说明，在他心中，"人属于感觉世界：人的理性当然有一个无可否定的感性层面的使命，即照顾感性的关切，并且为今生的幸福起见，以及可能的话为来生的幸福起见，制定实践的准则，在这两点而言，他乃是一个有需求的存在者。但是，人毕竟不是那种彻头彻尾的动物，以至于对于理性向自身所说的一切也都漠不关心，而把理性只是用为满足他作为感觉存在者的需要的工具"①。从这一段话来看，康德所理解的责任意识既依赖于人的理性，也与人的感性存在有千丝万缕的关系，诉诸人对自我存在的情感护佑。

人需要自由，恰恰在自由中，人才能履行自己的职责，承担自己的责任，实践自己生而为人的价值。自由与责任的关系正如雅斯贝斯所意识到的："所有的人对自由的关切是必要的。因为这是最有价值之物，自由不会主动落到我们身上，也不会自动地保存。只有使它上升为意识并且承担责任，才能保存它。"②

---

① [德] 康德. 实践理性批判. 韩水法，译. 北京：商务印书馆，1999：66.
② [德] 雅斯贝斯. 历史的起源与目标. 魏楚雄，俞新天，译. 北京：华夏出版社，1989：193.

人性的极致表现就是一种责任伦理，并使责任伦理成为人生的重要内容。韦伯曾告诫人们："真正能让人无限感动的，是一个成熟的人（无论年纪大小），真诚而全心地对后果感到责任，按照责任伦理行事，然后在某一情况来临时说：'我再无旁顾，这就是我的立场。'"① 卓越的人性应当为这样的道德所激发。

---

① ［德］韦伯. 学术与政治. 钱永祥，等译. 桂林：广西师范大学出版社，2010：275.

第二章　乐处境：值得一过的生活

生活因为充满美好而值得期待。这样的生活信念，刘小枫解释为："相信有某种更高的东西每时每刻都把人的生命引向美好。"① 把人引导到积极状态的生活里，人就会爱这个世界，并以责任和判断去爱这个世界。在历史上，人与美好生活理想的关系，通常因理想人格的出现而得以强化。其中有真实的，如孔子，也有想象虚构的，如道家神人、真人，还有传说中的，如佛陀。从古至今，在哲学的思考中，人是最大的谜，神学家奥古斯丁（Augustinus，354—430）从人类学的角度区分了"我是谁"和"我是什么"的问题。第一个问题是人向自己发问，第二个问题是人向上帝发问。在奥古斯丁的理论体系中，"我是谁"这个问题的答案是：一个人。他认为这个问题只有一个答案，即"我"是一个人，无论"一个人"意味着什么。第二个问题只能由创造人的上帝来回答。这两个问题是人类对生存意义的追问，但是它们的逻辑顺序应该有一个颠倒，对"我是什么"的回答确立了人作为人在世界的存在，思考与回答"我是谁"揭示和区分出众生之中的"我"。上帝死了，只有人自己能给出这两个问题的答案。思考与回答"我是什么"，"一个人"这个答案肯定了人是区别于他物的存在。在对"我是谁"这个问题的解答中，还包含对自我的独一无二和不可替代的确认。由于确认了主体的存在，所以哲学家们对生活有了新的认识，德国古典哲学家路德维希·安德列斯·费尔巴哈（Ludwig Andreas Feuerbach，1804—1872）在对人类文明的考察中发现："希腊先有七贤，然后才有自然哲学家。而七贤是只直接研究人生的。"② 仿若夏皮罗所说："生活既是一种欢乐也是一种恐惧。"③ 前一个结论可以从个人的经验中得

---

① 刘小枫. 拯救与逍遥. 上海：华东师范大学出版社，2007：254.
② ［德］费尔巴哈. 基督教的本质. 荣震华，译. 北京：商务印书馆，1984：125.
③ ［美］伯曼. 迈耶·夏皮罗：主体的存在. 世界美术，2007（1）：102.

到验证，后一个结论源于变化着的生活，其原因如雅斯贝斯所发现的："我们不像我们的前人那样单单只想到这个世界。我们思索这个世界应该怎样理解，我们怀疑每一种解释的正确性。在每一个生活与对生活的意识表面一致的地方，背后都隐藏着真实的世界与我们所知的世界之间的区别。所以，我们生活在一种运动、流动和过程之中。变化着的认识造成了生活的变化；反之，变化着的生活也造成了认识者意识的变化。"① 这种变化着的生活是一种潮流，力量巨大，人只能随波逐流；雅斯贝斯也把它视为旋涡，人纠缠着无休止的征服与创造，是与非、得与失被卷入其中。生活固然依其所是的样子被人所接受，但并不止于此，一个最重要的信念是人相信用自己的理性可以有目的地塑造生活。这个信念有西方历史传统的因素在其中，斯宾诺莎把对人类生活有积极意义的概念汇集起来，它们是自由、理性、幸福，他在《伦理学》一书的最后一部分讨论了自由的方法和途径、理性的力量、理性有什么力量可以克服感情，并且指出了什么是心灵的自由或幸福。② 其中，理性是基础性的因素（自由与幸福另辟章节论述），人正是因为有理性才有对自由与幸福的认识，才能追求自由与幸福。更重要的是，人因为理性，有综观生活的能力。所以，叔本华提示世人，人有双重生活，他说："人除了在具体中过着一种生活外，还经常在抽象中度着第二种生活。"③ 人在双重生活中的表现是不同的。在具体生活中，人努力、忍受、幸福、死亡。但是，在抽象生活中，人退回到一个观察者的身份。一切动荡和激烈都平息下来，人安静地享受生而为人的静谧欢乐和从容。这种生活是第一种生活的结晶，是第一种生活的无声反映。叔本华这种双重生活的哲学表述由"实践理性"这个概念所涵括，理性之所以是实践，就在于它可以指导人的行为。叔本华肯定理性是人独有的，是人的一种特殊认识能力。它指导人的具体行为，所以是实践性的。他说："就理性的真正意义说，关于理性对行为的影响，我在这里要说的就不多了。在我们开始考察理性的时候，我们已大致地指出人类的作为是如何不同于动物的作为，并已指出这种区别只能看作是意识中有无抽象概念的后果。"④ 这种抽象认识，使人可以在当下存在之外，还有过去和未来的意识，同时也赋予其生活的意义。康德则认为实践理性是人的一切美

---

① [德] 雅斯贝斯. 时代的精神状况. 王德峰, 译. 上海：上海译文出版社, 2013：导言 2.
② [荷兰] 斯宾诺莎. 伦理学. 贺麟, 译. 北京：商务印书馆, 1983：236.
③ [德] 叔本华. 作为意志和表象的世界. 石冲白, 译. 北京：商务印书馆, 1982：134.
④ 同③133.

德的来源。正是从实践理性出发，尊严、自由、幸福在现代伦理学研究中才是最具实践价值和现实意义的概念，它们涵盖了人的有价值的人生应当包含的内容。

第一节 尊严

按照自然或人的本质来生活，每个人都可以从生活中获得自己关于好生活的认知。即使大部分时候，生活枯燥乏味、不尽如人意，有时甚至充满痛苦和绝望，但它仍然值得一过，因为无论从经历来看还是从经验来看，美好事物、幸福、快乐、欣喜、激动、勇敢、生活本身的意义，都被证明是存在的。海德格尔曾冷峻地审视人的状况，宣告人的生存受到了凌辱，他认为人的生存的完整性和局限性比人本身处于更优先的地位，这其中就涉及人的尊严问题。在当代社会生活中，社会的冲突和矛盾越来越多地因尊严问题而起，社会理想与目标的实现越来越多是为了捍卫人的尊严。这些使尊严问题在当今时代具有一种现实的敏感性。尊严中包含着人的自我期待，没有人愿意因为身上的标签，如医生、教师、律师、先进工作者、模范、有钱人，而被他人认可、欣赏和接纳。人们常常不切实际地希望他人仅仅因为我们自身，即我们所具有的独特性、唯一性、完整性、丰富性、复杂性、不可替代性，而认可、欣赏和接纳我们。被贴上标签的自我湮灭于众，随时可以被替代和遗忘，这会让脆弱的自我受到伤害。人如果不能在世界和他人心目中求得认同和欣赏，就转而会在狭小的范围内疯狂地寻求补偿，恋人偏执地询问对方"你爱我吗？"就是极典型的例证。从伦理学的角度研究尊严的意义在于，理论上殚精竭虑的探究，是为了在现实中追求美好生活，给人们提供观念、思想，并将给人们的社会实践和个体生活提供有益的生活智慧。

一、尊严是什么

"尊严"这个概念有悠久的历史，被赋予各种含义，《辞海》解释它有两层意思：一是指庄重而有威严，使人敬畏，如《荀子·致士》中所说"尊严而惮，可以为师"；二是指独立而不可侵犯的地位或身份。《现代汉语词典》中的说法大致相同：一是指尊贵庄严，二是指可尊敬的身份或地位。尊严是一个重要的伦理学概念，学者甘绍平认为人的尊严是一项权利,即不被侮辱。① 权利通常指公民或法人依法行使的权力和享受的利益,从权利出发理解哲学、伦理学意义上的尊严,"这种尊严为人类共同体中每一位行为主体所平等拥有,不取决于当事人所处的社会关系与社会地位"②。就是说,每个人都有尊严,不论其性别、地位、成就、财富的差异,这种尊严观作为现代文明的成果,越来越赢得人们的普遍认同,具体化为人们追求自由、正义、人道的生存状态的目标。甘绍平在《人权伦理学》一书中将作为一项权利的尊严的含义归结为两条:(1)尊严从积极的意义说,意味着维护自我;从消极的意义讲,意味着避免侮辱。(2)尊严从本质上讲,就是不受侮辱的权利。这种论述是非常精彩的。他把人的尊严归因于人的脆弱性和易受伤害性,这种尊严为个体所平等拥有,与当事人所处的社会关系和社会地位无关。这一思想和研究成果对于人们深刻地思考人的价值和进行自我认识,是极富启发的。

人享有尊严的认识不仅是学术研究的成果,而且作为人类生活的准则在联合国的《世界人权宣言》中得到了肯定:"人人生而自由,在尊严和权利上,一律平等。他们赋有理性和良心,并应以兄弟关系的精神相对待。"③ 从学术研究的结论,具体到个人的生活经验,尊严的确是一项权利,也就是说尊严是人权的内容。所谓尊严,是指个体和共同体的存在所享有的不被侮辱的权利,是不可侵犯的。人都希望维护自己的尊严,人能在多大程度上捍卫自己的尊严,这取决于对尊严的认识和理解。尊严包括尊重和自尊,尊重是敬重他人的情感,自尊是敬重自己的情感。人追求有尊严的生活,一定要尊重他人对尊严的心理需要。如果说要求有尊严是一种权利,那么尊重他人的尊严需要就是一种义务。自尊包含对自我的积极态度,尊重则是对他人的积极态度。如果说一个人不能维护自己生而为人的尊严是可悲的,那么不能履行自己生而为人的义务则是可耻的。马斯洛的研究证明:"除了少数病态的人之外,社会上所有的人都有一种对于他们的稳定的,牢固不变的、通常较高的评价的需要或欲望,有一种对于自尊、自重和来自他人的尊重的需要或欲望。"④ 由此来看,尊严不只是一个抽象的概念,它还与一个人的自我感觉有关。人是由心灵和身体组成的,尊严是心灵的情感、感觉,所以尊严是一种道德情感,具有道德的属

---

① 甘绍平. 作为一项权利的人的尊严. 哲学研究,2008(6):85.
② 甘绍平. 人权伦理学. 北京:中国发展出版社,2009:139.
③ [英]布莱克本. 我们时代的论理学. 梁曼莉,译. 南京:译林出版社,2009:23.
④ [美]马斯洛. 动机与人格. 许金声,程朝翔,译. 北京:华夏出版社,1987:51.

性和伦理的价值。

　　人很早就认识到自己是有尊严的存在物。早在公元前5世纪,古希腊哲学家普罗泰戈拉(Protagoras,约前481—约前411)就说过,人是世间万物的尺度,是一切存在的事物之所以存在、一切非存在的事物之所以非存在的尺度。世间万物中,只有人才能意识到生命犹如昙花一现,存在本身应当受到珍视;同时,也只有人才能期许不虚度韶华,努力用全部心神来追求更美好、更愉快的生活。这样,就以人为尺度,衡量世间他物的价值。"人是世间万物的尺度"这个命题强调了在世界上人是最高的存在,表明了人也是最有尊严的存在。弗洛姆的思想中深刻地留下了这一烙印,他说:"人道主义的立场是,没有任何事物比人的存在更高,没有任何事情比人的存在更具尊严。"① 这种思想强调人的价值判断只与人的存在相关,而且植根于人存在的独特性。

　　1486年,意大利哲学家皮科·米兰多拉(Pico Mirandola,1463—1494)的《论人的尊严》一书完成,这本书被誉为"文艺复兴的宣言",也使得尊严作为一个伦理学术语的重要性得到体现。皮科专注地研究了人的尊严,他认为在一切生灵中人是最有尊严和最值得赞叹的,这种价值由人自己创造。皮科认为一个有尊严的人,他的身上往往汇集了这样的特点:火热的爱心、高深的智慧、沉稳的理性、正义的裁决,同时要积极地生活,接受良好的教育,投入行动的责任中,提升自己的思想和境界,还要洗涤灵魂,不断完善自己。这样的人才能提高自己的境界、智慧,登上皮科所说的"雅各之梯"——天梯,与神最接近。皮科还指出实现尊严的具体路径:摒弃对物质的无尽追求、心中无止境的欲望,从而得到内心的宁静,活出人的尊严。因此,他说人人都"是自己尊贵而自由的形塑者"②。

　　启蒙运动的成就之一就是,把当时的人们从各种桎梏特别是宗教的束缚下解放出来。关于启蒙运动,英国学者罗伯逊认为:"启蒙运动是18世纪欧洲的一场由思想家推动、致力于理解并改善人类现世状况而不问来世祸福的运动,同时也是思想家面向更大范围的向受众传达其观点的运动。"③ 启蒙运动为今天的人们理解尊严提供了重要的思想启迪和精神资

---

① [美]弗洛姆. 为自己的人. 孙依依,译. 北京:生活·读书·新知三联书店,1988:33.
② [意]皮科. 论人的尊严. 顾超一,等译. 北京:北京大学出版社,2010:15.
③ [英]罗伯逊. 启蒙运动的再思考. 华东师范大学学报(哲学社会科学版),2017(3):35.

源。学者邓安庆特别把来自德国启蒙哲学的遗产概括为三个方面的内容：（1）理性自我批判的能力；（2）理性公开运用的勇气；（3）自由而正义的法治秩序。① 这些成果都内在地包含了对尊严进行伦理学思考及研究的内容，有力地为人追求有尊严的存在和人生提供了理论辩护。

人要求尊严是对现世状况的基本吁求，认识这一点，必须回到启蒙运动的杰出代表卢梭和康德，他们不同地回答了人为什么有尊严、人的尊严从何而来等问题，同时分别通过自己的理论体系在尊严问题上对伦理学做出了重大贡献。卢梭所说的尊严是一种无条件的尊严，指一个人生而为人就应该有的权利。他极其赞美自然状态中的人，认为人的尊严在于人的自然存在，就是说人作为人来到世界上就有尊严。康德所说的尊严是一种有条件的尊严，他认为人的内心遵守和具有道德法则，显示了为人的尊严，因而人的尊严来自人的伦理存在。康德把人的尊严的来源归纳为人的自律性、理性和道德性。尽管今天就尊严问题而言，康德之尊严理论的影响更大，但不能忘记的是，康德的尊严理论的源泉正是卢梭的尊严理论，康德说："我骄傲地设想过知识是人类的光荣，因此我对愚昧无知的人们采取蔑视的态度。正是卢梭打开了我的眼界。这种幻想的优越性消失了，我学会了尊重人。"② 这些理论在尊严问题上对后世的影响最为深刻，特别是在生而为人就有尊严这一点上，成为现代文明不可或缺的有机构成。人来到世界上，有自我的感知、需要与希望，具有不可替代性；每个人都具有自身的独一无二性，具有唯一性；个体生命的身体和心灵能体会到的欢乐与痛苦，具有个别性，每个人都与众不同。个体的存在和福祉，本身就有内在价值、固有价值，这与人因天赋美貌而有审美价值、因勤奋努力而有市场价值、因活泼可爱而有欣赏价值、因大权在握而有利用价值不一样，是人生而为人就有的价值，不可被抹杀也不可被剥夺，因而人的存在是作为目的的价值存在，而不是为导向其他目的、目标仅仅作为手段的价值存在。

卢梭呼吁人进行自我认识，他认为人最原始的感情是自我生存，最原始的关切是自我保存，这种认识带来的结果是："人第一次对自己做了一番观察以后，便产生了最初的自尊的感觉。"③ 卢梭的尊严是先天性的观

---

① 邓安庆. 德国启蒙哲学永不过时的三大遗产. 华东师范大学学报（哲学社会科学版），2017（2）：21.

② [法]卢梭. 卢梭文集：论人类不平等的起源和基础. 李常山，译. 北京：红旗出版社，1997：23-24.

③ 同②109.

念,要求和呈现独特性,这样就很自然地确立了自尊成为尊严的核心构成部分。毕达哥拉斯(Pythagoras,前580与前570之间—约前500)曾说:"最要紧的是自尊。"① 毕达哥拉斯学派认为保持自尊要学会自我管理,中庸是一切事物中最好的,提倡清洁简单的生活,对任何事情都有节制,这样才不至于给自己带来苦难。毕达哥拉斯的相关认知虽然是两千多年前的思想,但还是很有现代意义,现代人仍然可以从这些朴素的思想中获得追求尊严的智慧与勇气。正因为人人都有自尊的感觉,所以只要成为人就有尊严。卢梭的结论激发人的善爱之心,使人的生活充满仁爱情感。人有尊严这个结论也让尊严成为个体生活中最重要和最基本的价值,是值得捍卫的权利,也是行为和生活的重要目标。黑格尔说过,尊严是"心灵中可以满足情感和观照的那些重要的高尚的思想和观念"② 之一,它可以感动和唤起人心的力量。

当我们谈论尊严问题时,自尊之所以重要,是因为它是一个人对自己价值的感觉、对自己能力的自信、对自我存在的肯定。从自尊的需要出发,人与人之间还要互相尊敬,尊敬作为友谊纽带将人们联结在一起。可以肯定,拥有较低自尊的人,会产生较低的动机,不会对人生拥有太高的期望,而这会导致较低的成就,所以自尊会带来更有价值的生活。罗尔斯继承了这一思想,在他设计和认可的社会的基本善中,自尊是最重要的内容。他说:"我们的自尊通常依赖别人的尊重。……自尊是互惠的自我支持。"③ 学者甘绍平在《作为一项权利的人的尊严》一文中说,尊严"为每一位具备自尊感的人所拥有;享有尊严就意味着当事人获得作为有自尊感的人所应得的那种尊重"④。人们完全能够设想,一个人如果活得没有自尊,那么就不可能有尊严,对于他来说人生就没有什么值得追求,即使有了值得追求的目标,也会缺乏追求或长久追求的动力。人如果没有尊严,那么就会在人存在的问题上使相关的事物和价值失去基础以及存在的根据。因此,从自尊开始对尊严的希求这一点不容妥协,否则就容易导致建立在这一价值基础上的其他价值的崩溃。

"尊严"这个概念,是康德很早就使用也是他伦理学思想的重要范畴。他认为尊严的逻辑起点有二:一是人的生物本性,二是人的自我意识。这

---

① 周辅成. 西方伦理学名著选辑:上. 北京:商务印书馆,1964:15.
② [德]黑格尔. 美学:第1卷. 朱光潜,译. 北京:商务印书馆,1979:57.
③ [美]罗尔斯. 正义论. 何怀宏,何包钢,廖申白,译. 北京:中国社会科学出版社,1988:171.
④ 甘绍平. 作为一项权利的人的尊严. 哲学研究,2008(6):88.

两点使人被无限地提升到地球上一切其他有生命的存在物之上。① 尊严是康德为个人精神的内部确立的道德价值,有理性的人通过道德成为目的王国的成员。在康德看来,目的王国中的一切,或者有价值,或者有尊严。一个有价值的东西都可以被其他东西代替,这是等价;只有超越一切价值,没有等价值物可代替,才是尊严。为了尊重每个人的尊严和人权,康德提出人是目的的原则。人们评价事物的价值往往依据其自身的品质,如车马可以乘坐、食物可以充饥、衣衫可以御寒,它们因此而有价值。一条猎狗是因它的敏捷而不是项圈,一匹马是因它的速度而不鞍辔,一只鹰是因为它的翅膀而不是铃铛,来赢得人们的称赞和喜爱的。但常常,人的价值显现并不是根据人本身,即人的内在品质和美德,消费社会更是以物的占有为标准衡量。康德认为:"只有道德以及与道德相适应的人性,才是具有尊严的东西。"② 所以,尊严是无价的,它不能与任何东西交换。

探究人的尊严,要回到"人是什么"这个更为本原的问题上。亚里士多德说人是政治的动物,人是理性的动物。罗尔斯的《正义论》中有一个重要的术语"有理性的合理的行动者"。他说:"理性的人们,无论他们还向往别的什么,总是把某种事物视为实现他们的生活计划的必要条件而追求。如其他条件相同,他们愿意选择较多的而不是较少的自由和机会,较大的而不是较小的财富和收入份额。"③ 正是基于人是理性的存在,罗尔斯认为在个人自我价值意义上的自尊和自信是最重要的基本善。我们可以这样理解:人是有理性的,所以选择合群的生活方式。每个人都有自尊,人们相互尊重,才可以合群,很好地生活在一起。人们若能给予他人更大的尊重,那么通常能增加社会合作的有效性。无论是在社会生活中还是在个人生活中,尊重自己和尊重他人都是一致的。所以,尊严的诉求以人的利益最大化为内在前提,符合人的理性选择。

在社会生活中,对尊严的要求具有浓厚的道德色彩。很多学者都研究过这一问题,他们发现人都有关注自身并获得尊重的情感需要。正如前面分析的,人追求有尊严的生活,是启蒙运动的成果,这一成果与工业革命的成就是相关的。所以,人的尊严往往会体现在以下三个方面:(1)物质层面:衣、食、住、行基本需求的满足;(2)情感、心理层面:被爱与

---

① [德]康德. 实用人类学. 邓晓芒,译. 上海:上海世纪出版集团,2012:3.
② [德]康德. 道德形而上学原理. 苗力田,译. 上海:上海世纪出版集团,2005:55.
③ [美]罗尔斯. 正义论. 何怀宏,何包钢,廖申白,译. 北京:中国社会科学出版社,1988:382.

爱；(3) 精神层面：自我实现的可能性。人要活得有尊严，既取决于主观的意愿、愿望，也决定于外在客观环境的机构性保障。这说明，物质条件对保障人的尊严来说是必不可少的。200多年前，亚当·斯密指出："我之所谓必需品，不但是维持生活上所必要不可少的商品，而且是按照一国习俗，少了它，体面人固不待说，就是最低阶级人民，亦觉有伤体面的那一切商品。例如，严格说来，麻衬衫并不算是生活上必要的。据我推想，希腊人、罗马人虽然没有亚麻，他们还是生活得非常舒服。但是，到现在，通欧洲大部分，哪怕一个日佣劳动者，没有穿上麻衬衫，亦是羞于走到人面前去的。没有衬衫，在想象上，是表示他穷到了破脸的程度，并且，一个人没有做极端的坏事，是不会那样穷的。不但衬衫，习俗，又以同样的方法，使皮鞋成为英格兰生活上的必需品。哪怕最穷的体面男人或女人，没穿上皮鞋，他或她是不肯出去献丑的。"① 物质的作用对于维系一个人的尊严的重要性，大大超出我们的想象，英国女作家弗吉尼亚·伍尔夫（Virginia Woolf，1882—1941）特别强调物质对于女性寻求有尊严地存在的意义，她在《一间自己的屋子》一书中谈的就是女性如何追求自我价值的实现，她告诉人们"其实一年五百镑就可以保持一个人在阳光里生活了"②。这是一个人有尊严地活着的基础。人类追求温饱，但人类又不止于温饱，使每个社会成员体面而有尊严地生活应该是现代社会政治共同体的基本价值取向。从这个意义上来说，罗尔斯的正义理论就是关于人的尊严的理论。罗尔斯所理解的正义，从消极的方面看，是纯粹的自我克制，每一个个体都是想为自己获得一切的自我，这种利己主义的倾向因为个体理性地意识到他人是有相同本质的存在者而处于一种自我克制之中，故而人会尊重他人所拥有的权利；从积极的方面看，是同情，同情是在个人与他人本质同一性这一事实中逻辑地发生的。从这两个方面来说，正义天然具有价值，它以维护社会安定为目的，正义原则还使个体中感性的东西向着理性的方向发展。因此，正义不论作为个人美德还是作为社会制度的美德，都是为了人有尊严地存在。

在与人的尊严相关所拥有的权利中，生命、财产、名誉是最为重要的。具体地说就是，我们要尊重自己和他人的生命，尊重自己和他人的财产权，同时也尊重自己和他人的名誉。从心理学的研究来看，尊严受侮，会导致人的心理变化，激烈的后果是破坏行为和暴力，因此我们应该像保

---

① [英]斯密. 国富论：下. 郭大力，王亚南，译. 南京：译林出版社，2011：403.
② [英]伍尔夫. 一间自己的屋子. 王还，译. 上海：上海人民出版社，2008：52.

护自己的尊严一样保护他人的尊严。

二、人的尊严从哪里来

人的尊严来自人的理性和人能够思想，帕斯卡尔强调："思想——人的全部的尊严就在于思想。"① 从自然本性来说，人在自然界里是最脆弱的，帕斯卡尔有一个著名的比喻，说人像一根苇草，但是人因为会思想而成为宇宙中最高贵的存在物，即人的尊严在于人会思想。人是有理性的存在物，人遵循理性来选择生活，这本身就体现了人的尊严，正如德国当代哲学家奥特弗利德·赫费（Otfried Höffe，1943年生）所说："理论思辨不只是人的尊严的媒介，而且是这种尊严本身的表达。"② 就是说，理论思辨不只是自我实现的最高形式，同时也是人的尊严的表达。格奥尔格·西美尔（Georg Simmel，1858—1918）这样分析尊严："尊严完全是一个理性概念：它意味着某人与某事是'相称的'，此事按照一个客观标准是与此人相宜的，无论他是否想要得到它。尊严的印象却完全是由某一种人格造成的，这种人格以它的全部举止和行为，显然只为自己恰如其分地要求按照客观标准来衡量应当属于它的东西，不多可也不少。"③

谈及人的尊严问题，是对人存在的内在价值、人格价值的确定。一个人必须有做人的尊严，是在人的生活中最常见的价值真理，正如人们在生活中对尊严的体会，就是意识到自我存在的价值和意义，人生命活动的意义，人对他人、社会的义务与责任，人与他人、社会的关系等。人们通过思考并解决这类问题来审视自己的人生，使自己的愿望、意图、目的、理想、需要与社会的价值目标保持一致。黑格尔在《法哲学原理》中写道："当我们考察价值的概念时，就应把物本身单单看作符号，即不把物作为它本身，而作为它所值的来看。"④ 可见，价值是人在社会实践中确立事物对人的生活的意义时产生的，黑格尔此处谈论的是经济价值。用价值概念和理论来理解人的尊严，马克斯·舍勒（Max Scheler，1874—1928）的研究成果可资论证。他在最广泛的意义上区分价值，第一组是人格价值与实事价值，第二组是本己价值与异己价值，第三组是行为价值、功能价

---

① [法]帕斯卡尔. 思想录. 何兆武, 译. 北京: 商务印书馆, 1985: 164.
② [德]赫费. 作为现代化之代价的道德. 邓安庆, 朱更生, 译. 上海: 上海世纪出版集团, 2005: 37.
③ [德]西美尔. 叔本华与尼采——一组演讲. 莫光华, 译. 上海: 上海译文出版社, 2006: 209.
④ [德]黑格尔. 法哲学原理. 范扬, 张企泰, 译. 北京: 商务印书馆, 1979: 71.

值、反应价值,第四组是志向价值、行动价值、成效价值,第五组是意向价值与状况价值,第六组是基础价值、形式价值、关系价值,第七组是个体价值与群体价值,第八组是自身价值与后继价值。这些价值通过适意—不适意、有用—无用、美丽—丑陋而得到阐释与评价,其对象涉及人、事、物,舍勒特别指出:"'生命'是一个真正的本质性,而不是一个仅仅把所有地球上生物体的'共同标记'聚合在一起的'经验的属概念'。"[①]所以,他主张把生命价值看成一个完全独立的价值样式,不能归结为适意与有用的价值,也不能归结为精神价值。这种价值样式就会导向人的尊严,之所以在人的价值与尊严上重视理性,是因为判断价值需要理性,实现价值同样需要理性,它在人们把握价值和实现价值的过程中发挥作用。

历史的材料证明,在各民族的生活中,凡是有助于人们获得美好生活、有利于共同体和谐、有益于个人不断完善的东西,都被认为是有价值的。人有尊严地活着,既体现生命存在对社会和他人的价值,也体现生命存在本身的价值。一个人只要感觉到自己存在的价值未被破坏,他就是有尊严的。人的尊严体现在一个人对自己价值的感觉,对他人价值的感觉。可以肯定,没有尊严,人就会觉得没有什么事情值得去做,即使有事情值得去做,也会缺乏追求它们的意志。

人追求有尊严的生活,尊严的生理基础是个体之间形而上的同一性。每个人都是一个以自身为中心的小宇宙。人的尊严表现在每个人都是世间独一无二的事物,每个人自身都有一种具有创造力的独特性,每个人在世上只存在一次,每个人都是各种偶然性结合的必然性。人的生命值得尊重,尊重自己和尊重他人是一致的。对生命的提升与充实帮助人获得尊严,对他人的尊重通常表现在对他人的各种权益的尊重上。尊严赋予特定人的存在和人的品质之存在价值。

尼采把个人的自由、个人对幸福的强调,设置为追求社会目的的手段,所以特定的个人是尼采理解强力意志的重要概念。个体之间有差异,而且这种差异是天然的,但是对尊严的追求是一样的,社会的正义就体现在为差异的个体提供获得生命价值的机会,使他们被同等对待,具有做人的尊严。所以,我们今天观察社会生活,绝不能忽视个人的存在,更不能忽视个人存在的尊严需要。正是基于这种分析,在讨论人的尊严从哪里来时,感性应当受到关注,它是伦理意识和行为的出发点,是主体与对象之

---

① [德]舍勒. 伦理学中的形式主义与质料的价值伦理学. 倪梁康,译. 北京:生活·读书·新知三联书店,2004:130.

间的直接关系，由对象引发或唤起。可以想象，没有具体的人类情感及情感之间的交流，人与人之间的伦理关系就是空洞的，自尊和尊重更无从谈起。无论是自我的尊严感还是尊重他人，首先都是作为一种道德情感，就像人们谈与尊严密切相关的正义、义务、责任等概念时，往往感觉、感情先行，比如正义感、义务感和责任感。关于这一点，亚里士多德在《政治学》中给出的观点是："和其他动物比较起来，人的独特之处就在于，他具有善与恶、公正与不公正以及诸如此类的感觉。"① 另外，同情、爱等情感也有助于对尊严的认识，比如借助同情可以使人对他人的尊严需要有更多的认同和理解。

三、尊严的权利

《尊严的提升》一书的作者罗伯特·福勒（Robert Fuller）说出了人的生活的一个可笑的事实："我们没人愿意给人看成小人物，为了保护我们的尊严，我们习惯于装成大人物的样子。但尽管我们竭尽全力，有朝一日醒来时，发现自己仍然身处小人物王国。"② 这是渴望尊严的人的生活的面貌，为此，福勒提出了一个崇尚尊严的社会愿景。在真实的社会生活中，大人物、小人物的差别严重地背离了平等主义原则，损害了人们自尊的情感，并带来傲慢和自以为是等人性弊端。福勒所说的尊严，是指人们可以获得公平的机会，对社会有适合自己能力的奉献，社会能够对此予以承认并支付报酬，使人有体面的生活，因而保有自己的尊严。他所倡议的崇尚尊严的社会，是不论一个人处境如何，都向其提供认可与尊严的社会。一个人得到自己应得的东西，被普遍认为是正义的。"应得"这个概念自然包括尊严，此外还有一层隐含的意思，即反对蔑视、侮辱。

早在亚里士多德那里，蔑视的问题就被讨论过。他分析社会动乱的原因有三：不公正、恐惧和蔑视。③ 在《政治学》一书中，他列举了当时城邦中的一些现象，来说明这三种情形是怎样导致社会的动荡和社会成员挺身而出的反抗的，这种动荡和反抗都与人们追求尊严有关。亚里士多德使尊严成为伦理学的研究内容。伦理学对尊严问题的关注和研究包含了这样的价值旨趣：考察人的生活所希望的状态以及善恶，确立行为

---

① ［古希腊］亚里士多德. 政治学. 颜一，秦典华，译. 北京：中国人民大学出版社，2003：4.
② ［美］福勒. 尊严的提升. 张关林，译. 上海：上海人民出版社，2008：1.
③ 同①189.

的准则、规范，了解并确定什么东西值得追求、值得为之努力、值得拥有。依据德性来判断人是什么样的人，这是亚里士多德伦理学的主要内容。

延续西方讨论尊严的理论传统，德国当代有影响力的思想家阿克塞尔·霍耐特提出承认理论，更深入、详尽地阐释与蔑视有关的理论。他把"蔑视"理解为"作为对应于承认关系的否定等价物，可能迫使社会行为者认识到他们被拒绝承认"①。他辨别了蔑视的三种模式：虐待、排斥、伤害。第一种模式针对人的肉体存在，摧毁人的基本自信；第二种模式针对人的精神存在，削弱一个人的道德自尊；第三种模式从肉体和精神两个方面破坏人的完整性，既有权利剥夺又有社会排斥。所有这些蔑视都必然会导致尊严的失落。霍耐特用承认理论来构想人的伦理生活，尊严是其中的重要内容，他说："只要个人通过赋予权利而作为共同体成员得到承认，个人就被赋予了尊严。因为，承认的经验对应于实践的自我关系的样式，个人恰恰是在这样的关系中才能确认他的同一性的社会价值——这种系统的断言就暗含在'尊严'一词当中。"② 尊严是人的内在需要，是主体之间的一种权利关系，就是说每个人都有尊严而且每个人都要有尊严。尊严为人所特有，是人的本质属性，为人所追求，所以应当受到保护性的对待。鉴于权利与义务的对等性关系，尊严就顺理成章地作为主体的义务而得到履行，也就是说，每个人都应该捍卫自己的尊严也尊重他人对尊严的内在要求，把保卫自我和他人的尊严作为一项绝对义务。强调权利与义务的统一，维护了尊严的完整性，既肯定了人作为自然人的存在，也承认了人作为社会人的存在。

权利与义务不可分离，是道德生活的两个方面。对尊严的讨论中谈到义务，主要是考察尊严作为一项义务，是尊严理论的实践应用部分。涂尔干把义务看作从善这个概念推导出来的，他说："义务就是道德，因为它能够发号施令。"③ 义务是一个重要的道德概念，涂尔干强调了义务的强制性和必要性，人会因为对义务的尊重和对善的渴望而行动。因此，人能否履行义务，是考察其道德或曰伦理存在的重要维度，也是人之尊严的重要评判。德国伦理学家弗里德里希·包尔生视义务为一种具有特殊强制性的感情。他是这样定义义务的："是对一个较高的限制爱好的意志负有责

---

① [德] 霍耐特. 为承认而斗争. 胡继华，译. 上海：上海世纪出版集团，2005：101.
② 同①85.
③ [法] 涂尔干. 道德教育. 陈光金，等译. 上海：上海人民出版社，2006：73.

任的感情。"① 包尔生考察什么是义务时，合理地引出了责任这个概念。确实，在很多时候，责任和义务可以相提并论，甚至可以互换。康德对责任的详细阐述，可以为我们理解尊严是一项义务提供理论说明。他说："什么是职责，每个人都不言而喻；但什么东西会带来真正经久的利益，并且尤其是它应该使人一生受用不尽，人们在此时就如堕五里雾中莫明其妙了，他们需要相当的精明，把与此相配合的规则适度损益，以适应人生目的。"② 正是这种相当的精明使康德意识到，"责任的诫命越是严厉，内在尊严越是崇高"③。康德认为，即使智力最平常的人也容易看到这是道德律令要求他做的。人的义务是可以被直接和完全清楚地看到的，所以每个人都应自觉履行自己的道德义务，尽义务是一种善，也是一种德性。我们可以这样来理解把尊严看作一项义务或责任的观点：人是理性存在物，人会为履行责任而行动，一个有责任感的人是道德的，他有人的尊严。

康德严格、细致地区分了责任，把责任分为合乎责任和出于责任。保全生命、商业行为中的童叟无欺，是合乎责任；不爱生命而保全生命、促进自己和他人的幸福，则是出于责任。康德认为出于责任的行为才是有道德价值的。人的尊严作为义务可以从康德对责任的四类划分中来把握。在康德对责任的四类划分中，对自己的完全责任和对他人的不完全责任涉及对生命的理解，对他人的完全责任和对自己的不完全责任涉及对生活与生命价值的理解，这种划分为我们考察尊严作为义务和责任提供了理论依据与分析思路。对于尊严作为责任，本节将以人对自己的完全责任为例进行说明，就是人对待生命的态度以及怎样理解生命的价值。

在世界上所有的文化和传统中，保全生命这一准则都是得到认可的，剥夺或伤害他人生命的行为在任何社会都会受到严厉惩处，现代国家更是以法律的力量来保证这条道德命令的权威。但是，人如何处置或对待自己的生命，在道德领域却是个灰色地带。一般情况下，人们认为道德只发生在人与人的关系中，对于个人的事情无力约束。人对自己生命的处置，如自杀，虽然也有伦理学家意识到可以讨论，但没有很有说服力的结论。对于一般人来说，结束自己的生命既可怕又不合理，在道德生活中是一个比

---

① [德] 包尔生. 伦理学体系. 何怀宏，廖申白，译. 北京：中国社会科学出版社，1988：295.
② [德] 康德. 实践理性批判. 韩水法，译. 北京：商务印书馆，1999：39.
③ [德] 康德. 道德形而上学原理. 苗力田，译. 上海：上海世纪出版集团，2005：44.

较忌讳的话题。

在伦理学发展的历史上，斯多葛派最早对自杀进行道德辩护。伊壁鸠鲁认为，人生的目的就是追求快乐，快乐是幸福生活的开始也是幸福生活的结束，真正的幸福则是避免一切痛苦、烦恼和忧虑，是肉体的健康和灵魂的平静，当生命没有存在的价值时，人有自由摈弃生命，捐生自尽。托马斯·莫尔（Thomas More，1478—1535）在《乌托邦》中已经开始探讨这个话题，对于那些因患不治之症而备受痛苦折磨的人，乌托邦人会"给以安慰，促膝交谈，力图减轻其痛苦。如果某一病症不但无从治好，而且痛苦缠绵，那么，教士和官长都来劝告病人，他现在既已不能履行人生的任何义务，拖累自己，烦扰别人，是早就应该死去而活过了期限的，所以他应决心不让这种瘟病拖下去，不要在死亡面前犹豫，生命对他只是折磨，而应该怀着热切的希望，从苦难的今生求得解脱"①。在生死问题上，乌托邦人所表现的达观确实具有进步性。

毫无疑问，人有关于自我生命处置的自由。但是，关于自杀却有很大的争议，特别是在自杀是否符合正义这个问题上。有人主张，如果一个人活着所承受的痛苦远远大于活着所感受的快乐，并且他结束生命不会伤害任何人，那么他就有权把自己从痛苦中解救出来。刘小枫断言，在与世界的赌博中，人能骄傲地证明：如果活没有意义，死总有意义。② 很显然，这些理论为人们认识自我生命提供了自我决定的依据。从权利论来看，权利的一个根本特征是当权利拥有者选择放弃时，他是有权利放弃的。辛格的生命伦理学说认为："通常情况下，持续存在是热切的愿望；可是，当预见到持续存在是极其可怕的而不是自己所希望的状态时，死的愿望就代替了通常情况下生的愿望，于是，就颠倒了基于生存愿望而反对杀生的理由。"③ 辛格认为当事人有权决定自己是否继续活着，主动结束自己生命的自杀此时被理解为一个活不下去的人在绝望时采取的行动。这段话为饱受疾病痛苦折磨的人提供道德上的辩护。有人主张自杀是不正义的，因为这一行为挑战了生命神圣的基本价值。

自杀受到广泛的质疑，从中西方的文化传统来看，伦理学、哲学和所有宗教都是激烈反对自杀的。一般的观点认为，应当承认并接受人生是充满痛苦的，以死亡去结束肉体或精神上的痛苦是软弱的表现。前面已经讨

---

① [英]莫尔. 乌托邦. 戴镏龄，译. 北京：商务印书馆，1959：87.
② 刘小枫. 拯救与逍遥. 上海：华东师范大学出版社，2007：44.
③ [美]辛格. 实践伦理学. 刘莘，译. 北京：东方出版社，2005：191.

论过，摧残、戕害、毁灭他人的行为，在任何社会都被严厉谴责并受到制裁，对于自我的这类行为同样应该受到道德上的谴责，自杀是这类行为的极端形式，更应该受到反对。即使自杀者本人出于难以承受的痛苦、绝望而行动，这一行为本身也会不可避免地伤害到他人。自杀者是从痛苦和不堪忍受的命运中解脱了，但是痛苦却被转嫁到了那些与自杀者关系密切的人身上。

在人类的共同生活中，一条重要的准则是人与人互不伤害。每个人都是社会生活中的一个成员，也是世界这个普遍联系之网中的一个环节，个人从来都不只是为我的存在，生和死这样的大事如果仅被置于自我的考虑之上，那么是不能得到道德辩护的。无论在过去还是在现在，自杀都会遭到普遍反对，如在古希腊时代，自杀使死者被剥夺了一切荣誉，自杀行为被看作对敬神意识的亵渎；在中世纪，自杀者被宗教排斥，不准许被安葬在圣地。涂尔干认为："随着历史的进步，对自杀的禁令只会变得更加彻底，而不是放松。"① 他有一部开创性的著作《自杀论》，是从社会学角度研究自杀现象的，他认为，在资本主义制度下这种情况必然增多，这是由资本主义经济的发展、科学技术的进步、社会分工的进一步深化所造成的社会病态引起的。从媒体报道的社会新闻和现象来看，涂尔干的这一结论是可以成立的。这是资本主义社会对人的尊严发起的新的挑战，也说明从权利与义务的对等性视角研究尊严具有现实性。

人的理性以及科学技术带来的进步为人所共见，与此同时人生活于其中的世界也在变得荒唐、堕落、腐朽、混乱，让人困惑不安。在对世界绝望的情绪中，总有人选择用退场的方式来终结自身的困境。居高不下的自杀率不再只是一个哲学问题，而成为社会学领域中的重要研究课题。涂尔干把自杀归结为基本类型的自杀和混合类型的自杀。基本类型的自杀包括三种形式：第一种是情感冷漠的利己主义自杀；第二种是有强烈激情或坚强意志的利他主义自杀；第三种是反常的自杀，人因为恼怒或厌恶而不愿意再活下去。混合类型的自杀也有三种形式，分别是反常的利己主义自杀、反常的利他主义自杀和利己—利他主义自杀。

我们如果承认生命是神圣不可侵犯的，承认社会生活中的不伤害原则，那么就必须承认任何人身伤害都应被禁止，个体生命不得被任何人侵害，包括生命的拥有者本人。因为人的生命不仅有个体价值，而且有社会价值，它不只属于个人，而且属于一定的共同体，并与他人发生千丝万缕

---

① ［法］迪尔凯姆. 自杀论. 冯韵文，译. 北京：商务印书馆，1996：360.

的联系。对生命的理解，就像毕达哥拉斯曾告诫世人的：若没有我们的指挥官即上帝的命令，切不可撤离生命的堡垒和前哨。涂尔干将这种生命神圣的观念表述为："自从人身被看成而且应该被看成一种神圣的东西、个人和群体都不能任意处置之时起，任何对人身的伤害都应该被禁止。"①他认为人身自从被神圣化，就不能被任意处置和对待，更不能被伤害，即使伤害者和受害人是同一人。所以，面对现代社会越来越多的自杀现象，他提出了防止自杀的实际措施：（1）惩罚，比如剥夺公民权利、政治权利，没收家庭财产；（2）帮助悲观主义者，使其精神恢复正常；（3）通过教育，增强人们内心的道德力量，培养坚强性格和品质；（4）加强家庭在克服危机和困难中的作用；（5）使个人的命运与集体、组织联系起来，克服个人的孤独感。无疑，这些措施都将把个体从对自我生命的漠视和无望中解救出来，从而使人认识到保护尊严的前提是尊重生命。

涂尔干关于自杀的实证主义研究和康德的理论方向是一致的，康德之所以把不能自杀归于人对自己的完全责任，就在于它是遵守绝对命令的结果。一个人在经历了一系列无可逃脱的邪恶事件，感到心灰意冷、厌倦生活，相信生命期限的延长只会带来更多痛苦而不是更多满足时，就把缩短生命期限当作对自己最有利的准则。这看似无可厚非，至少可以得到功利主义原则的支持，但是康德提出了问题："这条自利原则，是否可能成为普遍的自然规律呢？"② 答案是否定的，从人对自己的完全责任来说，自杀是不被允许的。照此类推，我们履行尊严义务的具体要求可以从康德的责任命题中得出如下结论：不能自杀、不能浪费自己的才能、不能撒谎、不能对他人的困苦视而不见。卢梭曾提出一条最为重要的行动准则：绝不损害他人。③ 我们把尊严作为一项道德义务也是适用这一原则的，并且要把范围扩大到同样有权受惠这一原则的对象——自己。与此同时，我们应当拯救生命，减轻他人的痛苦，阻止不道德的行径，用一种主动的姿态去帮助他人。这些都体现了人是有尊严的存在物，今天，人的道德理想和道德境界会因为人对尊严的渴望而提升。关于尊严的思考，正如亨利·戴维·梭罗（Henry David Thoreau, 1817—1862）在瓦尔登湖畔沉思的岁月中所想到的，"努力做值得生活在世界上的一个人"④。

---

① ［法］迪尔凯姆. 自杀论. 冯韵文，译. 北京：商务印书馆，1996：366.
② ［德］康德. 道德形而上学原理. 苗力田，译. 上海：上海世纪出版集团，2005：40.
③ ［法］卢梭. 爱弥儿：上. 李平沤，译. 北京：商务印书馆，1978：115.
④ ［美］梭罗. 瓦尔登湖. 徐迟，译. 上海：上海译文出版社，2006：67.

第二节 自由

在古希腊时期，人们曾热烈探讨"我们应过一种怎样的生活"的问题。思考和回答这个问题建构了伦理学，也奠定了道德哲学发展的基础。每个时代，人们为这个问题寻找答案都不失其价值，今天，对这个问题的追问仍然富有理论和实践的双重意义。从理论上说，伦理学应当为应然生活提供智慧和合理内容；从实践上说，人们普遍认同美好生活也是应然生活。应然生活和美好生活值得追求，这一点毫无疑问，不同文化中的人们都可以对此达成共识，正是这一共识，为全球化时代人类的相互理解和尊重奠定了基础。问题是：美好生活的内容和维度何以确立？可以说，自由是我们思考生活的一个重要维度。正如麦金太尔所说："自由是德性的运用和善的获取的先决条件。"[①]

一个精神上伟大的人，他的作品对于人类往往有着深入而直指人心的作用，《理想国》就是这样一部伟大的作品，在这部书里，柏拉图设想了最好的生活方式、最理想的社会建构，自由是其中的重要内容。在关于自由的谈话中，他虽然没有精准严密地界定自由到底是什么，但却从生活经验的层面讲得非常清楚。首先，自由是行动自由和言论自由，每个人被准许想做什么就做什么。其次，每个人都有自己的一套过日子的计划，爱怎么过就怎么过。这样，奉行自由理想的社会，其结果是：会有最为多样的人物性格，这些各种各样的人物性格，如锦绣衣裳，五彩缤纷，看上去确实很美。同时，有自由的地方也是寻找一种好制度的最合适的地方，人们可以有各种各样的尝试，人们选择自己喜欢的东西作为模式，以确定自己的制度，这是自由之好。自由当然不是尽善尽美的，在一个国度中，正像柏拉图所分析的：如果什么东西都充满了自由精神，那么人就会非常敏感，不能接受任何约束，不要任何管教，结果是："无论在个人方面还是在国家方面，极端的自由其结果不可能变为别的什么，只能变成极端的奴役。"[②] 也就是说，自由是好的，但是从极端的自由中却会合乎逻辑地产生极端可怕的奴役。这样，关于有自由之好和滥用自由之坏是什么，柏拉

[①] [美]麦金太尔. 德性之后. 龚群，戴扬毅，译. 北京：中国社会科学出版社，1995：200.

[②] [古希腊]柏拉图. 理想国. 郭斌和，张竹明，译. 北京：商务印书馆，1986：342.

图就表述得非常清晰，就是说在一个理想的国度里既不能缺少自由，也不能滥用自由。通常，借助于理性的思考和判断，人们会选择自由的生活。但是，历史提供的材料以及真实生活的复杂性往往会证明事情没有这么简单。在尼采的哲学神话中，当查拉图斯特拉漫游在"创造者的道路"时，他被质疑："摆脱掉什么而获得自由？这对查拉图斯特拉有什么重要？可是你的眼睛应当明白地告诉我：你要自由干什么？"① 尼采以查拉图斯特拉摆脱枷锁来意味自由，这是对历史中人类追求自由的一个具象描述，与此同时产生的问题是（正如查拉图斯特拉所表达出来的困惑）：我们要自由干什么？这个问题可以说是人们自由观中最重要的一个内容。

在尼采看来，如果一个人不是自我意志的拥有者和决定者、是非善恶的判定者、自我良心和行为的裁定者，那么他是绝对称不上自由的。这里隐含了两点：（1）获得自由的能力是讨论自由问题的前提；（2）人们为了什么目的而期待自由，人们期待何种自由？当人获得自由而成为自由的人，尼采称之为自定的法律的法官和惩罚者、自我命运的承担者；要注意的是，自由的人也将因此而深陷孤独和虚无。于是，对于自由，有人逃避，有人趋附。为什么人会在自由问题上如此矛盾，这两种情形要如何分析和面对，这显然取决于查拉图斯特拉提到的那个问题：我们要自由干什么？

一、为自由斗争的历史回顾

人成为有自由、有尊严、有平等权利的个体，这是人自我认识的核心内容，也是人所应有的价值追求，这一目标的实现往往是从探讨人的自由开始的。自由是表达人类基本价值最常用、内容最丰富的词语，也是和人类思想、人类历史关系最密切的观念，正像学者甘绍平的研究所发现的："在人类观念形态发展的漫长历史上，有一些概念或主题总也摆脱不了为不同时代的人们所反复探究与研讨这样一种殊荣。比如，'自由'、'正义'及'民主'等。"② 他认为，自由在人形成自我理解的过程中，是一个基础性的概念，与理性、个体独特性等同属人的最根本的特征，显示了人何以能够超拔于自然界而成为拥有精神性禀赋的文化存在。所谓自由，就是免除限制和自我决定的权利。因此，可以肯定，人的个性越完备，理性越

---

① [德]尼采. 查拉图斯特拉如是说. 钱春绮, 译. 北京：生活·读书·新知三联书店，2007：67.
② 甘绍平. 伦理学的当代建构. 北京：中国发展出版社，2015：241.

发达，人对自由的理解越深刻，对自由的渴望越强烈。

自由不会自动来临，也不会自动保存，它是人们为之奋斗的理由和为之斗争的结果，这个历史过程鼓舞人心。雅斯贝斯提醒人们："对自由的冷漠以及认为拥有自由是当然之事，就是丧失自由的开端。"① 追求自由的过程与自由本身一样重要。人类思想研究的历史表明，对自由的探索，一直是其主导性动机，近代以来甚至构成了西方思想发展史中的一个核心议题，也是哲学、伦理学、政治学中奠基性的、关键性的概念。对自由作为概念的理解和作为观念的接受，决定了人以何种姿态进入现实世界，如何理解自我及其存在、价值和意义。在当代，后物质主义价值观的兴起，使人们更加重视精神价值。英格尔哈特的研究证实，生理性需求的满足会导致对非生理性需求（或后物质主义目标）的日益强调。② 自由就是后物质主义价值观的重要内容之一，也是人们进行自我评价的核心要素。在后物质主义价值观的引导下，人不会过分追求物质目标，而是愿意让自己的心灵更自由地追求生活中的高尚目标。可以说，对自由作为观念、思想与价值的历史研究，是对这个时代人类的精神性需求进一步深化这一现实的回应。

关于自由观念的最早认识要追溯到古希腊时代。希腊神话中，有个叫代达洛斯（Dedalus）的工匠用蜡和羽毛为他儿子伊卡洛斯（Icarus）做了一对翅膀，伊卡洛斯因此飞上了天，最后因为太接近太阳而坠地。这个故事表明了古希腊人对自由的崇尚，他们天性渴望自由自在地飞翔，他们很早就认识到自由就如同世间其他有价值的品德或事物一样，是尽善尽美的人生所应有的，是值得追求的。

古希腊人所创造的文明和艺术，迄今仍然极富魅力。古希腊人渴求美、崇拜新、欢庆节日、歌咏快乐，是因为他们认识并理解了出于生命本身的欠缺、匮乏、忧郁和痛苦，所以要用快乐、力量、充实、健康的种种生命状态去予以克服，在这种自我建设中，有自由是最重要的。希腊神话中，象征自由的是雅典娜（Athena）女神，她天生拥有智慧、勇气和力量，对于进步、文明及人类的和平劳作充满强烈的爱，她殚精竭虑地想让人类拥有更美好的生活——自由自在。可是，她的父王宙斯（Zeus）却告

---

① [德] 雅斯贝斯. 历史的起源与目标. 魏楚雄，俞新天，译. 北京：华夏出版社，1989：218.

② [美] 英格尔哈特. 发达工业社会的文化转型. 张秀琴，译. 北京：社会科学文献出版社，2013：140.

诉她：就连众神也不都是自由自在的。提坦（Titan）巨神被囚禁在塔耳塔罗斯（Tartarus），普罗米修斯（Prometheus）被用锁链锁在高加索的一座山上……雅典娜绞尽脑汁地寻求解决办法，最后想到了三个伟大的观念：艺术、写作和科学。自此，优雅、和谐、对于所有美好事物的爱来到世间。① 这是对自由的神话解释，即自由是神祝福人类更好生活的礼物，是神的恩赐。和古希腊人一样，古罗马将军和执政官列古鲁斯（Regulus）秉持着"一天，一小时的高尚的自由生活，抵得过在枷锁下的永生"② 的信念重返迦太基（Carthage），后受酷刑而死，高尚的道德为自由鸣锣开道。这些说明古希腊、古罗马时期，人们对个人自由已经有非常深刻的认识和体会。当人们开始探索理想的个人生活和社会生活时，自由就被确立为核心价值之一。

从古希腊丰厚的精神沃土中诞生的希腊哲学对自由的思考和认识在柏拉图的《理想国》中详尽备至。柏拉图的阐述回答了与自由最为相关的这些问题，如自由是什么、人为什么要自由、自由的利与弊等，不一而足。柏拉图还注意到讨论自由问题一定是与人的欲望、需要、激情相关的，他也看到人的心灵充满大量奴役和不自由，而受奴役的人是最不能做自己真正想做的事的。不过，他也坚信只要我们的选择是明智的，生活是努力的，我们就有机会过上让自己满意的生活，这正是自由的魅力所在。

由苏格拉底开启的对自由的哲学解释以及对明智有助于人获自由的推崇，在伊壁鸠鲁学派的学术体系中得到了进一步发展。伊壁鸠鲁的学生卢克莱修（Lucretius，前99—前55）在《物性论》中探讨了自由意志之作用的问题。他猜想世界上发生的事情或许并不仅仅是因果链作用的结果，人的自由意志也有参与其中。他认为婴儿之所以大声哭着来到世间，是因为他把自己没有能力运用自己的四肢看作一种强制，哭声就是人对自由的最早宣告。康德把这种情况表述为："才脱离母体的婴儿，他与其他一切动物的区别似乎也只在于，他是带着大声哭叫来到这个世界上的，因为他把自己没有能力运用自己的四肢看作是一种强制，于是立即宣告了他对自由的要求。"③ 历史上，有些游牧民族和单纯狩猎的民族，即使历经艰难

---

① ［希腊］斯蒂芬尼德斯. 希腊神话故事. 陈中梅，总校译. 北京：中国出版集团公司，2012：97.
② ［英］葛德文. 政治正义论：下. 何慕李，译. 北京：商务印书馆，1980：771.
③ ［德］康德. 实用人类学. 邓晓芒，译. 上海：上海世纪出版集团，2012：145.

困苦，也不放弃无拘无束的、自由的生活方式，并由衷地在这种自由的感性表象中得到精神的慰藉，同时坚定不移地坚持和扩展这种自由的意向。

自由意志从何而来？古希腊时期的哲人没有解释清楚，但是他们了解到，人凭着自由意志向欲望所招引的方向前进，去向心灵所催促的地方。和苏格拉底一样，人的欲望和需求是伊壁鸠鲁解释自由的根源，他推崇明智作为最大的善，认为其他的美德都出自其中，他说："一个人除非明智地、正大光明地、正当地活着，就不可能愉快地活着；没有人会明智地、正大光明地、正当地活着而不愉快地活着。因为各种美德都与愉快的生活共存，愉快的生活是不能与各种美德分开的。"① 人对自由的选择和期待，毫无疑问，是出自明智的态度。虽然在伊壁鸠鲁时代，就普遍的情况来说，人对自由的认识还很模糊，但是他已经意识到："灵魂的最完满的幸福，有赖于我们思考到那些使人心发生最大的惊惧的东西，以及与它们同类的东西。"② 所以，他认为一个人思虑到自由、幸福等事物是应该的，自由是与人的幸福相关的事物。

伊壁鸠鲁相信人有自由，他所言的自由是行动的自由，这种自由使人们有了承受褒贬的责任。在伊壁鸠鲁时代，他能够而且已经看到，命运、机遇、自主三种因素共同作用于人的生活，其中，命运是不承担责任的，机遇不常有，所以人的自由决定人的生活面貌和状态。在人们普遍信奉必然性支配人间一切的情况下，伊壁鸠鲁的自由思想塑造了人的形象，人们获得了评定人生意义的新尺度。更重要的是，伊壁鸠鲁对自由的哲学解释影响了近代的自由观。

到基督教盛行的时代，自由的思想已被确定为一种毋庸置疑的信念。这一时期之所以强调人的尊严与意志自由，是因为这样将有助于人的得救。基督教教义告诉人们，世间的一切都是上帝的作品，人是最理想的存在，因为人是主体，与他物判然有别，拥有意志自由，能够基于自我决断而行事。人所拥有的自由是上帝所赐，主要是行善或作恶的自由，所以皈依上帝、信从上帝是正确的决定。在《圣经》中，第一次进行自由选择的人（亚当），由于作恶，违背上帝的意旨，被逐出了伊甸园。人的第一次自由行动造成的结果虽然是与自然分离，但也使人变成一个可以自行决策和自我安排的人。基督教的自由观隐含的一个基本前

---

① 周辅成. 西方伦理学名著选辑：上. 北京：商务印书馆，1964：105.
② 同①94.

第二章 乐处境：值得一过的生活

提是，人在社会中存在，因此尽管人生而自由，但这种自由一定要受制于与他人的联系或关系，即自由受制于道德。自由与道德的这一层关系，在后来的哲学思考和研究中受到重视。意大利哲学家贝内德托·克罗齐就指出："自由不是一件偶发的事实，而是一种观念，若真正深入探讨，自由只是道德意识本身，同自由一样，道德意识只在于激励生活不断发展，因此在于从自身和他人那里发现必须尊重并必须在丰富多彩的创造力中促进的人和人的力量。由此可见，探寻自由的绝对开端，等于探寻道德性的类似开端。"[①] 我们如果像柏拉图在《理想国》中所建议的，拿着一面镜子到处照的话，那么很快就会发现，正如伦理学家所描绘的"伦理学中人的镜像"："人是具有精神性的动物，人的本质在于其精神性，人因其作为精神性存在而有别于其他动物。而精神性又体现为两个层面。一方面，人是能够自由选择的主体（第一层级）。另一方面，人又是能够道德行动的主体（第二层级）。自由与道德所体现的人的这种精神性，使人赢得了超越于其他动物的独特的尊严。"[②] 正是在这个意义上，可以把人的本质归结为自由和道德。自由是人与生俱来的权利，有道德的生活是人在文明形成和发展中达成的共识，建设有道德的社会一定不能忽视人的自由权利这个前提。当然，宗教的解释系统还可以在一定程度上说明，由上帝创造的完美世界何以会充满罪恶，因为自由也包括人作恶的自由。关于这一点，尼采曾经表述为："自由人既能为善，也能为恶；而不自由的人乃是自然的耻辱，既无天国的安慰，也无尘世的安慰；最后，每个向往自由的人必须依靠自己实现自由，自由不会像一种奇异的礼物掉在任何人怀里。"[③] 尼采这段话包含非常丰富的内容，既论及自由选择问题、关于自由的善恶问题，也论及为自由斗争的问题。

哲学家和思想家比其他人更关注自由，整个西方哲学的发展一直没有中断对自由的研究。到18世纪，卢梭提出"人是生而自由"的口号，自由在更广泛的领域成为哲学、历史、人类学等共同研究的对象。卢梭在《论人类不平等的起源和基础》中认为，从人类情感的发展来说，夫妇的爱和父母的爱是人类所有情感中最温柔的，这种爱把家庭变成了一个结合

---

① [意]克罗齐.作为思想和行动的历史.田时纲,译.北京：商务印书馆，2012：202-203.
② 甘绍平.伦理学的当代建构.北京：中国发展出版社，2015：5.
③ [德]尼采.悲剧的诞生——尼采美学文选.周国平,译.北京：生活·读书·新知三联书店，1986：171.

得很好的小社会,"相互依恋和自由是联系这一小社会的唯一的纽带"①。可见,卢梭也认为自由是自然产生的,是一种天赋权利,卢梭的这一基本立场在于肯定,这样的权利是不能被任意剥夺的。正因如此,在人与人的关系中,最大的不幸就是一个人受另一个人的任意支配,人不能成为自我意愿的主人。卢梭分析以往的历史、认识当时的社会,得出了以下结论:这种与生俱来的自由随着不平等的出现而消失了。从人的生活的发展来说,人们在满足于最简单的物质生活时,大家过着本性所许可的自由、健康、善良和幸福的生活,并且享受着无拘无束地自由交往的快乐。关于人从自由过渡到不自由,卢梭是这样描绘的:"从前本是自由、自主的人,如今由于无数新的需要,可以说已不得不受整个自然界的支配,特别是不得不受他的同类的支配。纵使他变成了他的同类的主人,在某种意义上说,却同时也变成了他的同类的奴隶;富有,他就需要他们的服侍,贫穷,他就需要他们的援助;不穷不富也决不能不需要他们。"② 自由既然是人的能力中最崇高的、最宝贵的,那么人放弃(不管是因被剥夺而被动放弃的还是主动放弃的)自己的自由就是贬低自己的存在,就是放弃人的资格、人的权利和人的义务,这样也就失去了做人的资格,所以卢梭认为求自由是不可以调和的。梳理卢梭的自由观念,它包括这样几个方面的内容:(1)实现自己的意志;(2)不屈服于他人的意志;(3)不使他人的意志屈服于自己的意志。在卢梭的自由信念里,人宁愿在风暴中享自由,也不愿在安宁中受奴役。

卢梭关于自由的解释最令后世受其深远影响的是,他指出了人的生活中一个触目惊心的事实:人生而自由,但却总在枷锁之中。自此以后,自由被赋予更多的现实考量,成为人们同来自政治生活、社会生活和个人生活的束缚进行斗争的有力武器。康德在此基础上进一步指出:"如果人能够自由的话,谁愿意把自己束缚于锁链之中呢?"③ 他也认为对自由的要求是与生俱来的。康德断言,一个人如果只能按他人的选择才能幸福,那么他是不幸的,因为他没有自主性。康德酷爱自由,他认为没有任何事情会比人的行为要服从他人的意志更可怕,是自由的授予才使人跻身理智秩序之列。康德的自由学说主要包含在《实践理性批判》和《道

---

① [法]卢梭. 卢梭文集:论人类不平等的起源和基础. 李常山,译. 北京:红旗出版社,1997:111.
② 同①119.
③ [德]康德. 实用人类学. 邓晓芒,译. 上海:上海世纪出版集团,2012:129.

德形而上学原理》中。即使对康德哲学持严厉批评态度的叔本华也承认，这一学说是康德对道德科学做出的卓越贡献，他说："这种自由与必然性共存的学说，我认为是人类智慧最伟大的成就。它与先验感性论一起，构成了康德的荣誉花冠上两颗巨大明珠，永在人间闪烁。"① 必然与自由的关系，是康德自由学说的出发点，康德称之为二律背反。具体而言，是指世界上一切事物既按照自然的规律产生，又具有自由。这里的必然是指客观事物的规律，亦即事物内在本质所规定的联系或趋势。必然表现为自然规律和社会规律都是不依赖于人的意志而存在的客观趋势，人在未认识它时，处于盲目受支配的地位，没有真正的自由。必然在人性中的体现，就像康德所指出的，会导致自爱的利己主义和自负的利己主义这两种人性的弊端。自爱表现为对自己过度钟爱，也可以叫自私。自负是对自己惬意的利己主义。这两种倾向使人囿于偏见、狭隘、傲慢以及心灵的怯弱。从这种必然性中，康德认识到自由的可贵，他说："人的内在完善性就在于：他在他的权力范围内使用他的一切能力，使这些能力服从于他的自由的任意。"② 所以，康德也从人与人的关系来考察人的自由，认为人的思想不可能是封闭的，人的趣味不可能孤芳自赏，人的欲望只有在相互交往中才能得到满足；这将合理地发展出前面讨论过的一个议题，即自由与道德的关系。康德的伦理学深化了对这一议题的研究，他的伦理学就是关于自由规律的学说，他认为自由就是指人对必然的认识，因此"自由"概念是康德哲学体系的拱顶石。他把个体的自主和自由作为自己哲学体系的核心观点，深信人的自由，也赋予自由巨大的丰衍性。他说："自由，就通过它而可能的、作为感觉世界中的现象的那些行为而言，被认为是一种因果性，但它并不委质于经验的决定根据，因而它关涉到这些行为在自然之中的可能性的范畴。"③ 必然性或者说因果性决定了一个人的本质，即一个人之所是；自由和行动则是一个人之所为，显示了可以成为不同的某种人的可能性。人获得自由的过程就是自我抉择的过程，因为自由本身意味着听从自我而不随意屈从于他人。康德说："现象界中没有什么东西是可以用自由的概念来加以说明的，在那个范围内，必须始终由自然力学来构成主线。"显然，康德认识到人与其他自然存在物的最大不同是：人是以

---

① [德]叔本华. 伦理学的两个基本问题. 任立，孟庆时，译. 北京：商务印书馆，1996：199-200.
② [德]康德. 实用人类学. 邓晓芒，译. 上海：上海世纪出版集团，2012：20.
③ [德]康德. 实践理性批判. 韩水法，译. 北京：商务印书馆，1999：72.

"自由"概念来加以说明的,即自由是人的本质。自由区分出人与他物的存在,如康德所说:"在自然界中每一物件都是按照规律起作用。唯独有理性的东西有能力按照对规律的观念,也就是按照原则而行动,或者说,具有意志。"[①] 从这里可以看到自由的特性属于人类的意志,自由与意志不可分,是一体的。这个概念的实践应用,就是让人们领会到不得不以理性的方式、道德的方式行事,也就是说理性决定意志。康德从自由与道德的关系来思考自由、界定自由,在他生活的时代,自由的观念这样鼓舞人心,使人们深信可以"让每个人随心所欲地在城里街道上来回驰骋吧,只要他不强迫你搭在后头"[②]。康德的自由学说吸引了后世的很多研究者,麦金太尔就是其中的一位,他说:"为什么知识使我们获得自由?因为,我们知道得越多,我们就越能认识到,我们所欲、所爱、所恨、得到快乐或者感到痛苦,都是际遇以及偶然的联系和条件造成的。认识到这一点也就必然打破这种随意的联系。我们认识到,我们是自我运动、自我保存的存在物,快乐和痛苦是从我们自己的'力量和完美'中产生的。我们不责怪他人,也不责怪自己。因此,嫉妒、仇恨和内疚都消失了。"[③] 麦金太尔所认识到的正是:人有自由与人不能做很多事情是相容的。

后来的思想家以康德的自由学说为基础,探索了一条走向自由的新路,即肯定有尊严的伦理生活使人获得自由。在这些思想资源的基础上,托克维尔精确地定义了自由,他说:"按照现代概念,即民主概念,而且我敢说按照自由的准确概念,每一个人既然被认为从自然那里得到了处世为人的必备知识,那么他生来就有平等而不可剥夺的权利,在仅仅涉及他本人的一切事务上,独立于他人,并像听从自己的命运那样支配自己的命运。"[④] 自由在人类社会早期是一种特殊的权利,为某些人所拥有,是使人免于外在伤害、压迫的权利;在现代社会,文明的共识在于自由已成为一种普遍权利,为每一个人平等享有,这将成为人际关系共处的基本准则。

二、自由的种种之好

可以这样说,去一个自己可以爱自己选择的任何东西的地方就是自

---

① [德]康德. 道德形而上学原理. 苗力田,译. 上海:上海世纪出版集团,2005:30.
② [德]康德. 实用人类学. 邓晓芒,译. 上海:上海世纪出版集团,2012:79.
③ [美]麦金太尔. 伦理学简史. 龚群,译. 北京:商务印书馆,2003:198.
④ [法]阿隆. 论自由. 姜志辉,译. 上海:上海世纪出版集团,2007:4.

由。在法国大革命时期，有一个震撼人心的口号：不自由，毋宁死。它就像一面旗帜，汇聚了为求自由而置生死于度外的人们。这一口号也凝聚了反抗的精神和追求自由的精神，昭示其不可消弭。人们为什么会这么做，可以将原因归结为如下：

1. 自由为有序的社会生活提供原则

我们知道，就人的共同生活而言，人应当遵循原则而生活。康德认为，人的心智能力有限，常常只顾及眼前利益，而不能看到长远利益。然而，从人类的可持续发展来说，只有不受限于眼前利益，服从普遍性原则，人类才能得到更好的发展。康德曾提出有理性者在思考中应当遵循的三条原则是：（1）自己思考；（2）站在每个他人的地位上思考；（3）永远和自己一致地思考。由此可见，康德确立人的生活的指导原则是，建立对人的理性、道德和自由的信念。从经验出发也可以看到，人与人之间常常充满冲突，这造成了人的生活的道德困境。制定各种原则，就可以用之来调和各种冲突、矛盾，并指导行为，因为原则通常提供一个人应当怎么样行动的依据。

把自由作为有序的共同生活的指导原则，这一点在卢梭的著作中论述得很完备。卢梭认识到自由的极大好处，认为可以将自由作为人生最重要和最基本的原则，这一原则既有信服力又有指导性，还有鼓舞人心的作用，因为"在所有一切的财富中最为可贵的不是权威而是自由。真正自由的人，只想他能够得到的东西，只做他喜欢做的事情"①。卢梭定义的自由是，人永远不做自己不愿意做的事。卢梭因此而论及自由与幸福感的关系、自由与快乐的关系、自由与人生意义的关系，认为人只有在自由中才能顺遂自己的心愿去感受和体会生活。卢梭深信："力量和自由是专门造就杰出人才的。"② 在他看来，评判生命的标准，就是怎样去感受生活本身。这一立论的逻辑是：人能够自我决定、自我做主的表现就是，以自己接受和认可的方法去思维、感受、生活，人失去这样的自由是可悲的。

卢梭分析人之所以会失去自由，是因为隶属。一般而言，人的隶属有两种：一种是物的隶属，这是自然的，不含有善恶的因素，也不损害自由，不产生罪恶，如人饿了要吃，渴了要喝，这并不涉及道德评价；一种是人的隶属，这是属于社会的，它会产生奴役、强制、威逼，以至于罪恶

---

① ［法］卢梭. 爱弥儿：上. 李平沤, 译. 北京：商务印书馆, 1978：80.
② ［法］卢梭. 一个孤独的散步者的遐想. 张驰, 译. 长沙：湖南人民出版社, 1985：107.

丛生。卢梭为保障自由提出的设想是:"如果说有什么方法可以医治社会中的这个弊病的话,那就是要用法律来代替人,要用那高于任何个别意志行动的真正力量来武装公意。如果国家的法律也像自然的规律那样不稍变易,不为任何人的力量所左右,则人的隶属又可以变成物的隶属;我们在国家中就可以把所有自然状态和社会状态的好处统一起来,就可以把使人免于罪恶的自由和培养节操的道德互相结合。"① 我们看到,在自由与道德的关系之外,卢梭提出了自由与法治的关系问题,即在人类共同的社会生活中,要用法律来保护人的自由的权利,也要用法律来限制权力对自由的损害,一切个人和团体都要服从法律,以此消除奴役、强制和各种罪恶。

将追求自由作为基本价值的社会一定要走向法治,这一思想是卢梭留给后世的宝贵遗产。关于法治对自由的保障,冯·哈耶克(von Hayek,1899—1992)说得更清楚,他指出:"在已知的竞赛规则之内,个人可以自由地追求他私人的目的和愿望,肯定不会有人有意识地利用政府权力来阻挠他的行动。"② 生活在现代社会的哈耶克作为 20 世纪新自由主义思潮的代表人物,对自由学说在现代社会的发展贡献颇丰。作为自由主义思想的中坚人物,哈耶克主要从以下几个方面犁耕其自由学说:什么是自由?人们如何能寻觅到它?自由如何存在?如何长久?具体说来,哈耶克把自由理解为免于干涉,免于限制,前者是指免于他人或政府的干涉,后者是指免于行动和思想的限制。哈耶克还把自由解释为没有强制,他说:"社会中他人的强制被尽可能地减到最小限度。这种状态我们称之为自由。"③这一定义表明,他将自由理解为一种状态,这种状态我们依据个体能否自行其是、自我选择和自我实现的程度来确定,生活在社会中的个人只能逐渐接近这种状态,而不能完全达到它。这样看来,判定一个人是否自由,不是看他选择范围的大小,而是看他能否根据自己的意愿行事。他还把自由分为积极自由和消极自由,积极自由是实现,消极自由是摆脱。

哈耶克全力论证自由的内涵和价值,试图通过对以往信奉自由主义的思想大师们著述的阐释,找到在今天仍然适用的伦理原则,使我们时代许多亟待解决的社会问题得到重视和解决。从这一意义来说,哈耶克的自由观与卢梭的某些理念保持了最大的一致性,同时他对卢梭也有批评,认为

---

① [法]卢梭. 爱弥儿:上. 李平沤,译. 北京:商务印书馆,1978:82-83.
② [英]哈耶克. 通往奴役之路. 王明毅,等译. 北京:中国社会科学出版社,1997:74.
③ [英]哈耶克. 自由宪章. 杨玉生,等译. 北京:中国社会科学出版社,1999:27.

"人是生而自由"的口号只是漂亮的、鼓舞人心的说辞，它可以成为人们行动或斗争的信念，但却从来不是一个事实的存在。他在卢梭所认识到的法治与自由的关系上提出了更缜密的结论，即自由的权利和保障并不是自然产生的，而是来自法律体系和制度的有效。公民的权利是社会正常运作的基础，如果有背离其权利的做法，那么必须有特殊的理由为其辩解，法律的重要意义之一就是保护个人的自由不受任何侵犯，所以法治是人类观念进步的成果。

当然，人所获得的自由的多少，取决于自己对自由的领悟和为自由而进行的斗争。也就是说，自由通过人而存在。为了保障尽可能多的自由，哈耶克提出了让所有人服从共同的抽象规则的设想，譬如秩序，秩序并不会使自由受到限制，而是带给个人更多的自由，这就像红绿灯的限制带给行驶者更多的自由一样。人们积极投身社会生活，并成为文明社会中的成员，比离群索居的个人，能更好地实现自己的目标。人若只有禁闭的私人生活，那么因为彼此孤立，一切共同的感情、一切相互的需求、一切和睦相处的必要、一切共同行动的机会就都没有了。没有共同的命运、共同的生活、共同的喜怒哀乐，人们怎么可能彼此理解和相互成全？所以，自由往往是在集体或曰共同体中实现的。哈耶克推崇的个人自由也只在共同体中才能实现。这种自由实现的方式和这样的思考很重要，这将使人们了解到，一个人自身是否自由固然重要，但更为重要的是给予他人同样的自由，这是自由的实现和存在中的一个引人注目的问题。卢梭有过相关论述，他说："如果说自由的意义是在于一个人想做什么就做什么，那么，任何人都不会得到自由。"[①] 这里提出了关于自由的悖论，即自由当中的限制和责任。由此，自由的两面性表现为：一方面，每个人应当最大限度地拥有自由；另一方面，自由是有限度的，我们不能为所欲为（这就是对他人自由的尊重）。卢梭的这句话在自由作为一个范畴和理论最可能被攻击的地方加强了防御。哈耶克也注意到这一点，他意识到各种自由不受限制时，它们往往相互抵触。譬如言论自由，如果没有自律或自制，不遵循某些秩序的规则，不接受探究和争论的合理程序，那么就不可能展开明智和有益的讨论。哈耶克的研究似乎表明：人们越是追求自由，自我受到的束缚就越多。由此看来，自由与不准做某些事是相容的。哈耶克提出的自由、追求的自由和保护的自由，是有法治作为前提的，就是说信奉自由原则的人会信奉法治原则。哈耶克讲了一个故事来说明 18 世纪在欧洲就盛

---

① [法]卢梭. 爱弥儿：上. 李平沤，译. 北京：商务印书馆，1978：784-785.

行这样的观念。据说,弗里德里希二世（Friedrick II, 1194—1250）的"莫愁宫"旁边有一座磨坊,挡住了他的视线,他对此感到不快,多次试图从磨坊主手中把它买下来,但都未能成功,于是就扬言要没收它。对此,据说磨坊主人是这样回答的:咱们普鲁士还是有法院的嘛。① 这个故事说明,即使国王的权利也是受到限制的,没有人可以随心所欲。哈耶克在自由的形成和获得的思考上,从大量的历史材料考察、分析和推论中,得出了与启蒙思想家不同的结论,他没有把自由笼统地归属于"天赋权利""自然权利",而是把它视为"社会权利",是社会生活的结果。他的自由学说的理论贡献是,在自由与道德之关系的基础上重点阐述自由与法治的关系,这更进一步夯实了自由作为社会生活的基本原则的基础。

2. 自由为有意义的人生提供可能

自由意味着人生充满种种可能,它使人的生命感受更充实、更丰富,让人体会到自我存在的价值。持这一观点的最有代表性的人物是密尔。密尔的学说尤其值得我们重视,他的被称为"伟大的小书"的《论自由》奠定了现代自由主义的基础。密尔把自由看成个人意志的自主性,认为自由是社会和个人进步之可靠而永久的源泉。密尔考察人类过去为自由而斗争的历史,指出这一语境下的自由通常是指对"政治统治者的暴虐的防御"②。这种自由是密尔所说的公民自由或者社会自由,是在与权威的斗争中产生的,也是密尔在《论自由》一书中讨论的自由,即社会能合法地施用于个人的权力的性质和限度。密尔不仅对政治统治者的暴虐甚为警惕,而且注意到政治生活中"多数的暴虐"可能给自由带来的妨害。这种多数的暴虐也被称为社会暴虐,它能够借助得势舆论和得势感想而渗入生活细节,奴役人的灵魂。如果将这种"自由"当作准则施于持异见者,那么可以肯定,这样的社会不仅无益于个性的培养和发展,而且有害于个人作为人的生活。

密尔的自由学说既论及公共政治生活领域,也谈论私人生活领域,更引起后世共鸣的是后一部分。密尔对个人自由有清醒的认识并坚决予以维护,他特别强调应该存在神圣不可侵犯的自由,即最低限度的个人自由,它不能被干涉、被限制、被践踏。具体而言,他认为个人有为自己做出决定的自由,他想捍卫人们自主选择生活方式的权利。同时,他认为每个人

---

① [英]哈耶克. 自由宪章. 杨玉生,等译. 北京:中国社会科学出版社,1999:306 注释 1.
② [英]密尔. 论自由. 许宝骙,译. 北京:商务印书馆,1959:1.

都有权运用自己的各种能力，自己选定生活方案，包括对好生活的判定，同时也应当尊重他人的选择，不要把自己的意愿强加给他人。密尔已经认识到，只有个人才被认为是自由的或不自由的，因为自由以思考能力和决定能力为前提，个人通过体验自由感来确定自己是自由的。从结果来看，合理的个人主义将成为追求自由的必然结果。这一点可以从生活经验层面得到证实：自由是人的弥足珍贵的权利，更多是就个体的存在和内心需要而言的，而且，自由必定对于个人而言才不流于空洞，诚如密尔在他的《论自由》一书中所说，"任何人的行为，只有涉及他人的那部分才须对社会负责。在仅只涉及本人的那部分，他的独立性在权利上则是绝对的。对于本人自己，对于他自己的身和心，个人乃是最高主权者"[①]。密尔从自主性来理解自由，他对自主性坚持得很彻底，他说："人类若彼此容忍各照自己所认为好的样子去生活，比强迫每人都照其余的人们所认为好的样子去生活，所获是要较多的。"[②] 在这里，没有强迫与尊重自主是一致的，而且密尔的表述中隐含了功利主义的评判标准，这也是他所持观点的理论基础。之所以肯定在私人生活领域个人有为自己做出决定的自由，显然是因为他注意到人性中的一个普遍倾向，即人们喜欢把自己的意见和意向当作行为准则而强加于他人，特别是在以"我是为你好"为出发点时，往往带有自以为是的道德的正当性和不容置疑性。这种对自由的粗暴干涉，在各种领域和场合都时有发生，而且不易被察觉，很多人对此习以为常。只要我们相信人是自我利益的最大爱好者和关注者，我们就有理由相信并支持密尔的如下观点："生活应当有多种不同的试验；对于各式各样的性格，只要对他人没有损害（就）应当给以自由发展的余地；不同生活方式的价值应当予以实践的证明，只要有人认为宜于一试。总之，在并非主要涉及他人的事情上，个性应当维持自己的权利，这是可取的。"[③] 密尔在他那个时代，难能可贵地理解到了这一点，并形成了关于个人自由的观点。

综上所述，我们可以将密尔的自由学说概括为：人有生存和自由的权利，每个人在与自己相关事物的选择和决定上，自主性应得到尊重，尊重人们对个人所认为是好的生活的理解，自由是将这种理解付诸实现的权利。

密尔支持的自由，被罗尔斯视为基本善之一。罗尔斯认为自由来自相

---

① [英] 密尔. 论自由. 许宝骙，译. 北京：商务印书馆，1959：11.
② 同①14.
③ 同①66.

互处在公平状态中的人们一致同意的原则,这是自由的坚固基础。罗尔斯对于自由学说的贡献在于他提出了自由的优先性问题,即自由的主张应当优先得到满足,自由只有为了自由本身才能被限制。我们今天考察自由,有两个层面的问题:首先是有无的问题,其次是多少的问题。对于第一个问题,几乎所有的人都会给予肯定的回答,所以重点应当放在第二个问题。在《正义论》中,罗尔斯从数量和范围两个方面来衡量自由,他把健康和精力、理智和想象力看成自然赋予的基本善,自由和机会、收入和财富、自尊则是由社会掌握的基本善。因此,一个人是否自由,是由社会主要制度确立的权利和义务决定的。他强调,一个人对自由的完整理解应包括三个方面的知识:自由的行动者、自由行动者所摆脱的种种限制和束缚、自由行动者自由决定去做或不做的事情。罗尔斯理解的自由,内容非常丰富,大体说来,一个人的自由(属于社会基本善)包括:(1)意志自由,这是最基本、最原始的自由,包括对合理欲望和合理计划的自行判定;(2)理性自由,指人在理性指导下获得的自由,对规律认识的加深,对合理生活计划的自我决定;(3)政治自由,实现自由的权利不能伤害他人,这种限定来自制度,人们通过制度限定来获得更普遍的自由,包括选举和被选举担任公职的权利、言论和集会的权利;(4)人格自由,肯定人是一个自主的存在,包括良心自由和思想自由,其中良心自由是指个人可以自由地追求道德、哲学、宗教方面的各种兴趣和利益,思想自由是指消除了一切思想上的束缚,个人的一切意见都应该允许被表达或发表;(5)实践自由,这是最高的自由,个人可以安排自己的人生,按照自我的愿望和理解来生活,个人的财产得到保障,个人依法不受任意逮捕和不被剥夺财产等。罗尔斯之所以对自由进行这种区分,是因为他力图说明什么是真正的自由,他说:"自由是制度确定的多种权利和义务的复杂集合。各种各样的自由指定了如果我们想做就可以决定去做的事情。"① 罗尔斯对自由的完整理解可以用一句话来表述:个体有权自由地免除限制,决定这样做或相反。当个人做或不做某事的自由被允许,政府和他人负有不干涉的法律义务。不过,主体是否拥有自由的权利,在罗尔斯的定义中,还受到各种限制因素的影响,它们或者是法律规定的义务、禁令,或者是道德的舆论、压力。这些限制确保自由的权利可以被合理利用,因为自由作为权利对个体是多样且具体的。遵循这一思路,罗尔斯提出

---

① [美]罗尔斯. 正义论. 何怀宏,何包钢,廖申白,译. 北京:中国社会科学出版社,1988:229.

了现代意义上的自由，与密尔、卢梭论述的自由不同的是，罗尔斯特别强调从法治的角度来理解自由。诚然，如果说密尔、卢梭是从道德角度来理解对自由的限制的，那么罗尔斯则是从法律对人类共同生活的保护与制约作用来理解自由的。

当然，密尔坚持的自由是对每一个人能自我做主的私人领域的保证，肯定了自由作为基本人权不容干涉和侵犯。所谓基本人权，是指一个人天生被赋予的权利，譬如表达自由，只要是一个人，就有表达自己思想、情感的权利，这种权利与这个人是好人还是坏人没有关系，与表达出来的东西是真理还是谬误毫不相干。只要是一个人，就有权利说出自己的想法。这种权利如果得到保护，就会保证这个世界永远有不同的声音。不同的声音意味着个性，个性的形成和发展将使每个人变得对自己更有价值、对他人更有价值、对社会也更有价值，人们会因此而在自我存在上体会到生命的充实与美好。这将为社会进步提供不竭的源泉，也为个体的存在提供最难以否认的意义之源。

另外，对人的本质和人性的认识，也可以帮助我们看清人何以需要自由，从而促进自我观念的形成和个人独特性的塑造。叔本华是这么认识人的，他说："人，这复杂的、多方面的、有可塑性的、需求最多的、难免不受到无数伤害的生物，为了能够生存，就必须由双重认识来照明，等于是直观认识之上加上比直观认识更高级次的能力，加上反映直观认识的思维，亦即加上具有抽象概念能力的理性。与理性俱来的是思考，囊括着过去和未来的全景，从而便有考虑、忧虑，有事先筹划的能力，有不以当前为转移的行为，最后还有对于自己如此这般的意志决断完全明晰的意识。"① 很显然，叔本华认为，只有这种抽象思考的能力才能为人打开受困于必然性的枷锁，以躲避劳役，为自己赢得自由，从而在欲求的一切目的之外，纯粹自在地存在。但是，叔本华是对生命和生存本身持悲剧性看法的人，他又说："通过经验，后验地，他又惊异地发现自己并不自由，而是服从必然性的，发现他自己尽管有许多预定计划和反复的思考，可是他的行径并没改变，他必须从有生之初到生命的末日始终扮演他自己不愿担任的角色，同样的也必须把自己负责的（那部分）剧情演出直到剧终。"② 所以，他虽然承认意志自由，但却认为行为是不自由的，因为从动机对于性格的作用中产生出来的每一个行动都是受必然性支配的。

---

① ［德］叔本华. 作为意志和表象的世界. 石冲白，译. 北京：商务印书馆，1982：219.
② 同①169.

叔本华把时间和空间叫作个体化原理，人唯有在时间和空间中才能拥有各种可能性，这种个体化原理就是必然性的表现，它完全无待于客体。这样说来，人并不自由，叔本华只认同意志自由，承认它有塑造个性的力量和作用。他之所以赞同个性独特的价值，是因为他认为对于人类而言，个性的势力极为显著。正因为每人都有自己独特的性格，所以同一动机才不能对一切人发生同等的力量。

在对人生、自由与必然的理解方面，尼采的基本认识与叔本华有一致的地方，但是他有着更为乐观的表述，他说："我们应当认识到，存在的一切必须准备着异常痛苦的死亡，我们被迫正视个体生存的恐怖——但是终究用不着吓瘫，一种形而上的慰藉使我们暂时逃脱世态变迁的纷扰。我们在短促的瞬间真的成为原始生灵本身，感觉到它的不可遏止的生存欲望和生存快乐。现在我们觉得，既然无数竞相生存的生命形态如此过剩，世界意志如此过分多产，斗争、痛苦、现象的毁灭就是不可避免的。"① 他承认人在生活中追求自由和独特性的形成时总会被痛苦的利刺刺中，现代人还要承受纷扰生活所带来的焦虑，但他认为求生的意志可以为人生找到三条出路：一是苏格拉底似的求知欲，用知识治愈生存的永恒创伤（以此而论，苏格拉底是最早的人类幸福生活的导师）；二是艺术之美的保护和治疗；三是形而上的慰藉，相信永生，相信沉默地忍受是最动人的力量。尼采认为所有的文化都由三种成分构成：科学、艺术、智慧。很显然，这一点与前面提到的古希腊神话不谋而合，这是人追求自由自在的人生的三大法宝。如果说关于自由对个性形成的作用，叔本华更多的是发现问题和分析问题，那么尼采的贡献就在于他尝试性地提出解决方案，在这一点上他既继承了古希腊的传统又深刻地影响了后来西方文化的发展。

在西方文化史中，献身于具备更高的知识和认识能力的人生被视为理想状态，所以苏格拉底总是被看作理想人格的典范，他说"知识即美德"，认为知识包治百病。这种理想人格的继承者是歌德笔下的浮士德，他皓首穷经，以科学为最高目标，想穷尽人类的一切知识，甚至为求知而欲献身魔鬼。但是我们知道，后来浮士德对此深为厌倦，与魔鬼打赌要尽可能地体验人生而放弃了这一信念。这条走不通的路，使叔本华更信仰艺术的力量，他相信文艺的宗旨就是揭示理念，任何理念都可以由文艺而被揭示出，自由当然不会例外。艺术揭示出，是自由使人有别于其他一切生物。

---

① ［德］尼采. 悲剧的诞生——尼采美学文选. 周国平，译. 北京：生活·读书·新知三联书店，1986：71.

尼采对艺术的设想是悲剧的诞生，他认为信仰酒神的生活才能得救。尼采还在自己的书中呼吁智慧，认为无论如何，要立即找到自由之路，放进纯净的空气和阳光。在这一过程中，人被振奋、鼓舞起来，获得奋发有为、思想自由、独立思考的形象。他这样看待价值问题："一个民族（以及一个人）的价值，仅仅取决于它能在多大程度上给自己的经历打上永恒的印记，因为借此它才仿佛超凡脱俗，显示了它对时间的相对性，对生命的真正意义即形而上意义的无意识的内在信念。"① 价值的实现，有赖于人们透过科学、艺术和智慧，不断丰富自己并使自身的精神性不断成长，与此同时，心灵只有遵循自由原则，才能有更大的创造性，也才能在战胜痛苦的过程中使人生得到更大发展。有自由的社会对个性的完善和人生的丰富是必要的，但是自由要靠我们去争取，"并无一个黄金时代和万里晴空许给这一代"②。自由作为奇异的礼物不会从天而降，人得到自由既是天赋的权利更是努力的结果。作为一个超人理想的推崇者，尼采相信人必须靠自己的努力来实现自由，更重要的是有自由的社会不一定美好，但是没有自由的社会却会助长种种弊端。尼采的话还表明，与此同时，没有最终的理想的社会秩序许诺于人。当然，如果一个人不是自我意志的拥有者和决定者、是非善恶的判定者、自我良心和行为的裁定者，那么他是绝对称不上自由的。

关于对自由带来个性丰富这种好处的思索，哈耶克的理论同样引人注目，他思考自由的好处，认为自由之所以是一种共同善也是一种个体善，是因为人们都可以从自己的自由中获利，自由产生勤奋和勇气，带来社会的繁荣和个人的成长，并使这一目标保持连续性、长久性。更重要的是，这一目标的确定尊重了个体的愿望和意志，正如他所说："人至少能尝试去创造自己的生活，有机会了解和选择不同的生活方式。"③ 显然，哈耶克关于自由的这番表述强调了自我的感觉、思考和行动，就是说个人可以依据自己的知识和才能去追求自己的目标，他也相信社会由个人的自由意志塑造而成，自由保障人们追求并享受生活中美好的东西。

3. 自由为人保持自己最一般的天性、保证性格的完整性提供可能

要求自由的权利，是人类文化发展的巨大成果，它意味着人作为个体

---

① ［德］尼采. 悲剧的诞生——尼采美学文选. 周国平，译. 北京：生活·读书·新知三联书店，1986：102.
② 同①170.
③ ［英］哈耶克. 通往奴役之路. 王明毅，等译. 北京：中国社会科学出版社，1997：22.

心智与情感的发展。自由之所以能够得到最大普遍性的认同，不是因为它帮助人发现正确的成长方式，而是因为它允许人以各不相同的方式成长，这包含着对人的自然禀性的认可与尊重，由此而形成的生活价值是无法比较也无法取代的。关于人的天性对自我成长的重要性和必要性，叔本华有很详尽的分析，他强调对于一个人来说，"仅有欲求和才能本身还是不够的，一个人还必须知道他要的是什么，必须知道他能做的是什么。只有这样，他才显出性格，他才能干出一些正经事儿"。这里说到的"要的是什么"和"能做的是什么"无疑都与人的天性一致，也与自己相称，他进一步分析说："和鱼只有在水中，鸟只有在天空，鼹鼠只有在地下才感到舒适一样，人也只能在和他相适应的气氛里才感到舒适，例如宫廷里的那种空气就不是每一个人都能呼吸的。"① 遵循天性意味着给予人自由选择的权利，人的存在的个别性和多样性将得到最大限度的保证。可以肯定，对于个人来说，如果不从自己的天性出发进行自我塑造和培养，那么一定会不断品尝失败的艰辛，即使辛勤劳作有所成就，个人从所得中体会的快乐也非常有限，所得的享受就更加有限。经过艰苦磨炼，天赋的灵性和才能可以变成幸福、利益，而且心灵的漫游追求它所向往的对象。通常，心灵所关切、所渴慕的，不仅常常合乎人性，并且是社会性的端倪和萌芽。

通过以上分析可以看出，自由的最大益处就在于，正如康德所理解的，自由决定人之为人。尊重自由意味着相信每个人都有能力思考与自身相关的重要问题，并做出最符合自己心愿与意志的决定。历史学家克罗齐曾经这样描绘自由的魅力："任何东西都不能同自由理想相比，任何东西都不能像它那样撞击人（真正作为人）心、比它更符合生活本身的规律，因为生活即历史，因此一种理想应符合历史，在此理想中历史性被接受，受到尊重并成为产生越来越伟大事业的条件。"② 成为人并能够做自己，是一个人生而为人的最可宝贵价值之所在。

三、通往自由的道路

总体说来，不同的学术传统、不同的学科对自由的讨论和阐释包含了三种不同的关系：第一种关系是人与自我的关系，涉及的自由是意志自由和思想自由；第二种关系是人与他人、人与社会的关系，涉及自由选择；第三种关系是人与自然的关系，涉及自由行动。鉴于人是这个世界上最复

---

① ［德］叔本华. 作为意志和表象的世界. 石冲白，译. 北京：商务印书馆，1982：417.
② ［意］克罗齐. 作为思想和行动的历史. 田时纲，译. 北京：商务印书馆，2012：41.

杂的存在，所以三种关系都是错综复杂的，但自由的形式却都可能包含这样的过程和阶段：自由意志—自由选择—自由行动。反思个体与自我的关系强调的是自由意志，考察个体与他人、与社会的关系强调的是自由选择，审视个体与自然的关系强调的是自由行动。

从意志自由来说，意志是指人的精神的力量，意志自由是指人能为自己做决定。从这个意义上说，叔本华对意志自由的阐述值得重视。叔本华把健康、青春和自由视为人生三大幸事，他对自由的论述集中体现在《伦理学的两个基本问题》中，在此他把自由分为自然的、智力的和道德的三种，其中道德的自由被意志决定，即自由意味着"按照自身的意志"[①] 行动。在关于自由意志的论述中，叔本华指出了其中"由自己"的成分，即自由是指按照意志，能做自己想做的。人有意志自由就是有自由性，就是为自己做主，这是个体在走向成熟中自然会追求的目标。一个人没有自主性，不仅可怕而且可悲。个体能够为自己做决定，形成自己的生活目标，并从自我肯定和实现以及自身需要中获得行动的力量，就步入了自由的第二个阶段，即选择自由。世界在选择中对我们显现。每个人在实现自己生活目标的过程中都会不断面临选择，选择目标，选择实现目标的方式、方法和行动，这个事实使选择承担了责任，就是说选择塑造了我们在世间的形象、我们与他人相处的形式，我们自己在这个过程中负有义务。从有人类开始，我们可以想象伊甸园中的情景，在亚当吃苹果时，他不吃苹果是完全可能的；在西方文明发展伊始，我们可想象，亚里士多德决定到雅典去学哲学时，他不去雅典和不学哲学是完全可能的。这种想象是人类和人类文明另一种发展的可能，这种可能确定了自由的人是这样的人：（1）他决定去行动；（2）这样的行动是完全可以理解的；（3）他这样行动是偶然的。这三个结论由选择自由决定，所以选择意味着可能性，同时意味着现实性。萨特大概也是在这层意思上提出：人是自由的，人就是自由。你是自由的，所以你选择吧。他的存在主义就是一种使人生成为可能的学说。他指出："对所有目的的选择尽管是完全自由的，但是并不是必然地甚至也不是经常地快乐地进行的。不应当把我们在其中是自我选择的必然性与权力意志相混淆。选择可能是在屈从或不安中进行的，它可以是一种逃避，它可以在自欺中得以实现。我们可以自我选择为逃遁的、不可把握的、犹豫不决的等等；我们甚至能选择不进行自我选择。"[②] 在中国古代，

---

① [德] 叔本华. 伦理学的两个基本问题. 任立, 孟庆时, 译. 北京: 商务印书馆, 1996: 37.
② [法] 萨特. 存在与虚无. 陈宣良, 等译. 北京: 生活·读书·新知三联书店, 1987: 605.

也有与此相映成趣的两个实例：一是公元前 5 世纪的墨子（约前 468—前 376），《吕氏春秋》中记载："墨子见歧道而哭之"；另一个是三国时"竹林七贤"之一的阮籍（210—263），《晋书》中记载："时率意独驾，不由径路，车迹所穷，辄恸哭而返"。跟随在选择之后的行动塑造生活本身，在这个意义上说，墨子和阮籍的举动充满了象征意义：就是对千万种可能性放弃的犹豫不决。

　　人选择了目的，就选择了行动，选择了与其他存在者的关系，选择了生活，也选择了作为个体之所是。如果说在意志自由阶段，个体决定了自我的全部可能，那么在选择自由阶段，个体则通过偶然性使可能性成为必然性。这样，人就进入了自由的第三个阶段：行动自由。自由最终是通过自由的行动在行动中实现的。这里面显然存在自由的目的和自由的行动之间的冲突，正如费希特所说："我为了成为自由的，我应该自由地行动。"① 他所说的"我应该自由地行动"，是指我作为设定的自我，作为理智力量，应该规定我自己，就是说我的行动应该出自我的意愿。他的名言是：行动，行动，这就是我们生存的目的。经过深思熟虑之后有计划、有目的地进行，体现了人作为理性存在物的特点。费希特理解的是，人的任何行动都不是盲目冲动，而是伦理冲动。伦理冲动从自然冲动获得它所指向的内容，自己给自己制定目的，它的要求是为自由而自由。前一个自由是被创造出来的客观状态，也就是终极目的，是对人之外的一切事物的完全独立性，后一个自由是行动本身。萨特的存在主义也具有用行动说明人的性质的特点，正像他在《存在主义是一种人道主义》中所说："是懦夫把自己变成懦夫，是英雄把自己变成英雄。"② 一个人成为懦夫也罢，成为英雄也好，都是根据他的行动和行为来判定的。

　　应该说，真正的自由是三个阶段的融合。理解了真正的自由是什么，人才会珍惜它的价值并把它视为文明生活的基石。历史提供的资料也能证明，一个社会与人的生活相关的经济、政治、道德和艺术都因自由而获得进步，一个人与美好生活相关的体验也因自由而得到实现。

　　个体总是向往自由，所以愿意捍卫它作为生活主要目标的价值；人类

---

① ［德］费希特. 伦理学体系. 梁志学，李理，译. 北京：中国社会科学出版社，1995：151.
② ［法］萨特. 存在主义是一种人道主义. 周煦良，汤永宽，译. 上海：上海译文出版社，2005：20.

追求自由，所以渴望实现它作为主要价值目标的生活。自由作为价值和目标的实现，对于大多数人所欲求的生活来说，是必不可少的条件。但是，在现实生活中，人们并不享有现成的自由，通往自由的道路在哪里？如何走向自由？历史上，人类总是通过斗争，通过克服阶级、民族的羁绊和自我存在的种种限制去争得自由。总的说来，有三种方案卓有成效，其中，马克思的方案是通过社会运动或革命来实现人的自由，席勒的方案是通过美来实现人的自由，而康德的方案则是通过道德走向自由。

在《共产党宣言》中，马克思指出自由、正义都是一切社会状态所共有的永恒真理，他追求真理，一如渴望自由。马克思喜欢这样一句格言：真理会使你获得自由。这句格言表现了马克思理解的自由观，自由为人所向往，人通过改变不合理的社会现实、通过追寻真理而获得自由。马克思认为，"自由这项人权并不是建立在人与人结合起来的基础上，而是建立在人与人分离的基础上。这项权利就是这种分离的**权利**，是**狭隘的**、封闭在自身的个人的权利"①。在这种状态中，每个人不是把他人看作自己自由的实现，而是看作自己自由的限制。

"人以一种全面的方式，就是说，作为一个总体的人，占有自己的全面的本质。人对世界的任何一种**人的**关系——视觉、听觉、嗅觉、味觉、触觉、思维、直观、情感、愿望、活动、爱，——总之，他的个体的一切器官，正像在形式上直接是社会的器官的那些器官一样，是通过自己的**对象性**关系，即通过自己**同对象的关系**而对对象的占有，对**人的现实**的占有。"② 马克思的这一思想，来源于他对以往人类社会历史的考察、对自己所处的资本主义社会的观察。在现实的社会，人被自己意识之外的强力宰制，所以是不自由的。具体说来，不自由表现在：（1）隶属：譬如说奴隶在人身上依附于奴隶主，农民依附于地主，工人依附于资本家；（2）经济奴役：人不仅为基本生存出卖劳动力，而且为更大的欲望和更多的物质利益出卖灵魂，也出卖自我；（3）异化：人与一切异化，异化摧毁一切人的价值。

马克思着重批判了第三种不自由——异化，它不仅造成人的贫穷，而且产生精神和道德上的贫乏。马克思认为自由的目标就是把人从异化所致的精神和道德贫困的桎梏下解放出来，他认为资本主义加深了人的不自由。特别严重的是，资本主义这种在历史上前所未见的社会关系，导致了

---

① 马克思恩格斯全集：第1卷. 北京：人民出版社，1956：438.
② 马克思. 1844年经济学哲学手稿. 北京：人民出版社，2000：85.

劳动力市场的产生，无产阶级为了生活必须出卖自己的劳动力，这就出现了一种严重的社会现象：异化劳动。所谓异化劳动，是指劳动生产的对象，即劳动的产品，作为一种异己的存在物，作为一种不依赖于生产者的力量，同劳动者对立。

马克思研究人的自由，主要涉及何为异化及人如何克服异化等问题。在他看来，正是异化使人充满不自由，马克思批判异化时强调人是历史的主人，也是自身力量的主宰，人只有摆脱异化，才能实现自由。放弃幻想，使自己从不自由的、被决定的、有依赖性的状态中解放出来，也就是说，把自己从这些锁链中解放出来，人才能自由。这是马克思的理想和奋斗目标，也是他改造社会的理想内容。马克思在实践生活的意义上提出从奴役走向自由的学说，他相信革命是人走向自由的必经之路，正如《共产党宣言》中所说："让统治阶级在共产主义革命面前发抖吧。无产者在这个革命中失去的只是锁链。他们获得的将是整个世界。"① 马克思相信人的进步和完善就是，在现实的有限范围内人可以成为自己的主人；他对社会同样持乐观的信念，一个由自由人组成的健全社会，是一个真正消除了异化的社会。正如他自己所说："代替那存在着阶级和阶级对立的资产阶级旧社会的，将是这样一个联合体，在那里，每个人的自由发展是一切人的自由发展的条件。"②

席勒提出了一条不同的道路，他的方案是通过美走向自由。席勒作为诗人，称颂自由和创造性的人格，赞美自由。简单地说，席勒的自由观包含如下内容：（1）自由是人追求的最高目标；（2）自由分为外在自由和内在自由；（3）有两种获得自由的方式：现实主义的和理想主义的；（4）人通过美走向自由。他这样说："人们在经验中要解决的政治问题必须假道美学问题，因为正是通过美，人们才可以走向自由。"③ 席勒这一主张的提出，有其深刻的时代背景。在18、19世纪，资产阶级革命打破了人对人的人身依附，资本主义的发展带来了社会物质生活状况和人们精神生活的改变，就普遍的情况来说，人把从革命中获得的自由拱手相让，从过去依附于人的不自由走向了崇拜物和依赖物的不自由。席勒批判了那个时代需要支配一切、有用至高无上、人类沉沦等各种弊病，他敏锐地注意到，资产阶级革命打碎的枷锁又被人们以享乐的名义自行带上，就是说，物质

---

① 马克思恩格斯选集：第1卷. 北京：人民出版社，1995：307.
② 同①294.
③ [德] 席勒. 审美教育书简. 冯至，范大灿，译. 上海：上海人民出版社，2003：21.

文明不仅没有为人带来自由，反而在人的身上培养和发展了一种新的需要，即对方便、舒适、迅捷的需要，人因此出让自由，为自己披戴上物质的枷锁。资本主义释放的巨大生产力，诚如弗里德里希·恩格斯（Friedrich Engels，1820—1895）所说，创造的财富比过去一切世代都要多。激增的社会财富极大地刺激了人占有和享用物质财富的渴求，人因此受制于自我的欲望。这种束缚让人胆战心惊。不满于这种颓废的时代风气，席勒发出了重新向自由出发的时代召唤。为此，他探讨过审美状态的两种自由：外在自由和内在自由。外在自由指想象力不理会强制的主宰、需求的进逼，不受任何约束；内在自由指想象力不依赖外在的材料，靠自己本身就生动起来。这就是席勒所理解的自由：解脱了一切物质的束缚。总之，席勒是倡导一场彻底的感觉方式的革命，以此找到通向自由的道路。

这种解放的可能性在于：任何人都有理性和感性，两方面都得到发展，人才是圆满和完整的。席勒指出，在资本主义发展的时代，人的感性已经得到充分释放和发展，要通过美的引领，发展其理性。发展了双重天性（即理性和感性）的人，是完全的人，也是自由的人。席勒认为，在走向自由的这条道路上，艺术作品的创作和欣赏是让心灵充满生气的最深入人心的手段，他鼓励人们追求美，因为只有审美心境才会产生自由。人在审美状态中，以世界为观赏对象并将世界置于自身外。席勒相信，任何事物包括自然中令人惊恐的东西，人们只要懂得给它以形式并把它转化为自己的对象，就能胜过它。人们摆脱对外物的崇拜、畏惧，进入审美世界，外在无穷丰富的世界成为心灵无穷丰富的源泉。个体用自己的双脚在经验的地面上迈步，所得到的感受是独特的、无可替代的，自由奔驰的想象力不仅最大程度地激发人的生命力和热情，而且引导人脱离物质世界找到挺进精神世界的入口。自此，人不再只满足于接受，还可以依凭想象力进行创造，这种审美创造可以为人卸去一切枷锁，使人摆脱一切强制的东西，不论它是物质的还是精神的。从人的精神需要和精神生活的特点来看，美使全世界都值得留恋。席勒深信，在审美王国，"人以勇敢的天真，质朴和宁静的纯洁无邪来对付极其错综复杂的关系，他既不必为了维护自己的自由就得伤害别人的自由，也不必为了显示优美就得抛弃自己的尊严"①。所以，审美王国的基本法则是通过自由给予自由。我们可以看到，通过审美静观走向自由的结论，源于席勒对他所处的 19 世纪人与自然之关系的

---

① ［德］席勒. 审美教育书简. 冯至，范大灿，译. 上海：上海人民出版社，2003：240.

思考。席勒认为，人的发展要经过物质阶段、审美阶段、道德阶段三个不同时期，人在物质阶段受自然的支配，在审美阶段摆脱自然的支配，在道德阶段则控制自然的支配。人在处于物质阶段时，只能感觉感性世界与世界完全一体。人在处于道德阶段时，虽然有理性，但席勒认为理性不是人性的开始，而且道德法则会让人感到"强迫"和"臣仆式"的无力反抗。只有在审美阶段中，把世界作为观赏对象，人的人格才与世界分开，尤如苏东坡在《前赤壁赋》中所歌咏的："浩浩乎如冯虚御风，而不知其所止。飘飘乎如遗世独立，羽化而登仙。"人于纵情山水之际，通脱不羁，以思想和情感回应山间明月与水上清风。所以，席勒在《审美教育书简》中提出，观赏（反思）是人同他周围的宇宙的第一个自由的关系。在这种状况下，对象不具有支配主体的威力，人从感觉自然时的自然的奴隶一跃而升为思考自然时的自然的立法者。

如果能得到自由，那么没有人甘心被束缚于锁链之中。启蒙思想家们从卢梭"人是生而自由"的口号中得到了启示，自由因此成为他们与来自政治生活、社会生活和个人生活的束缚进行斗争的有力武器。认识到自由如此可贵，康德在这个基础上探索了一条新的走向自由之路，他提出有尊严的伦理生活使人获得自由，他的伦理学就是关于自由规律的学说。康德视自由为道德法则存在的理由，因为没有自由，就不会在我们内心找到道德法则。自由强调人可以参与对自己命运的决定、对自己生活的选择，康德相信每个人都愿意为了自己的成长和幸福去追求自由，从这个意义上说，伦理意义的自由是一种共同善，人因对它的拥有而获益。

康德自由学说的意义在于扩大了自由的领域。他没有像密尔和卢梭一样停留在人与自然、人与社会的关系层面论述自由，而是把自由获得的意义更多放在政治生活和社会生活中考虑。康德对自由的思考更为深邃，他在人与自我的关系的层面深入阐述自由被赋予的内容。在康德哲学世界中，自我是唯一的终极实在，自我之所以存在，是因为自我设定自己，即理性的自我主宰自我。理性使人能够对感性保持自己的自主性，因此人具有无限自由，具有作为立法者的尊严。在茫茫世界中，人总是时刻能感受到自己的卑微和渺小，滋生无能无用之感，但是，通过道德完善，人可以摆脱来自世俗生活的种种烦忧，体会到精神的无限辽阔，从而体味自由。从这一点来看，自由既包含摆脱，也充满占有：摆脱束缚、压制，占有自我选择和自我决定的权利。为此，康德在消极与积极的层面区分自由，他所理解的消极自由是意志不为一切感性的欲望和外在目的所决定，积极自由则是指意志自律。他说:"自由必须被设定为一切有理性东西的意志所固有的性质。"① 也就是承认每个具有意志的、有理性的东西都是自由的,同时依从自由观念行动。自由是理性在任何时候都不为感觉世界的原因所决定,所以它和自律概念相互联系,这一思想对于消除自由可能带来的消极影响提供了帮助。自律意味着人是自我的主宰,不受某种无法控制的力量奴役。自律无疑包含这样的内容:我们既脱离了敌对力量,也脱离了盲目冲动,所以自律是真正的自由。由此,康德通过界定自由是一个理性观念,清晰地指明了人由道德获得自由的道路:一个在实践中遵循道德法则行事的人,必是自律的,也是自由的。人在善和恶、好和坏、对和错的区分中选择,为自己的行为负责,承担由选择而来的责任,从而使自己在内心世界和精神生活中实现自由。这条道路与马克思通过革命获得自由的第一条道路、席勒通过审美获得自由的第二条道路是不同的,康德这条通往自由的道路在每一个相信有德性的人生值得一过的有理性者的足下。这和中国古代哲学中孟子所说的"人人皆可为尧舜",朱熹所说的"满街皆是圣人"这样自我实现方式是相同的,即人人可为。康德意义上的自由、自律的观念提升了人类道德生活的价值,因为从现实来看,自由似乎造成了人类道德生活的混乱,表现为人们总是放弃该做的却做不该做的,自律和道德法则制约了这种倾向。康德论证自由和道德法则的相互关系,为人类对自由的追求和向往提供了伦理辩护。

人都憎恶隶属、奴役和异化等非人状态,从中解放出来获得自由是理想的人的状态,但这从来都不是一个自然而然的过程。我们深知,自由意味着摆脱桎梏、枷锁以及各种各样的束缚,其中既有来自外在的,也有来自内在的。因此,自由总是在对抗和反抗中产生,其中有积极的方式,也有消极的方式。从积极方面看,马克思认为自由是个体反抗强权的结果,康德认为获得自由是个体与自我的欲望、愿望、嗜欲、偏好斗争的结果;从消极方面看,席勒用进入审美世界静观的态度理解自由也是可行的。探索通往自由的道路,马克思的主题词是斗争,席勒的主题词是忘怀,康德的主题词是超越。

马克思追求自由的革命道路,是对于人的生存而言的,要解决的是在 19 世纪无产阶级和资产阶级矛盾激化的情况下,无产阶级如何实现自身解放的问题。席勒渴望自由的审美向度,是对于人的生活来谈的,要解决的是如何看待充满劳碌、困顿与忧伤的人生的问题。康德冀望自由的伦理

---

① [德]康德. 道德形而上学原理. 苗力田,译. 上海:上海世纪出版集团,2005:71.

情怀，是对于人的生命来看的，要解决的是优雅、高贵、卓越、超拔如何体现立法者的尊严的问题。从这些研究和理论成果分析，人们探讨作为权利的自由，深化了前面提到的有无自由的问题和自由有多少的问题。其实远不止于此，自由何以珍贵？斯宾诺莎很早就意识到了这一点，他说："唯有自由的人彼此才有最诚挚的感恩。"① 他认为，自由的人彼此间最为有益，彼此有最诚挚的友谊的联系，以同样热烈的爱的情感互施恩惠，就是说自由的心灵才有爱满天下的情怀。他还认为自由人是纯依理性的指导而生活的人，人遵循理性而生活就会做出有益于人性并有益于他人的事。斯宾诺莎关于真正自由的说法与人的精神力量如意志力和仁爱力有关，他使我们注意到自由与人的精神卓越性的关系，同时他的伦理学也清晰地为我们揭示了人从奴役到自由的整个过程，自由是人的理性和感性都倾向与追求的。而且，不仅人的情感发生和发展需要自由的生活，而且人的才能培养也与自由密切相关。斯宾诺莎这样界定奴役，他说："我把人在控制和克制情感上的软弱无力称为奴役。因为一个人为情感所支配，行为便没有自主之权，而受命运的宰割。"② 英国哲学家威廉·葛德文（William Godwin，1756—1836）就认为，"人类是这样一种可贵之处端在个性的生物，他的伟大和智慧只能同他的独立自主的程度成比例"③。就是说，束缚扼杀人的创造力和创新性，而自由令才能和美德涌现。

　　自由对于现代社会个体的存在而言，到底意味着什么？正如前面所设定的，是关于应当过的生活的内容。人在生活中有依赖性和局限性，这使人处于束缚之中，所以可以肯定，人都渴望得到自由。但重要的是：在通往自由的道路上，人还希望得到什么？

　　人在获得自由之后，令人乐观的状态是积极运用自由的权利，最大限度地体现自我的意志，实现自己的愿望、目标、人生的价值和意义；令人悲观的则是缺少运用自由的见识和勇气，随波逐流，归入某一群体，以失去自我来换取在群体中的位置，从而获得安全感和体会人生的意义。的确，一般而言，很多人不知道用自由来做什么，他们习惯于服从，听从安排。由此，就会出现以下这样矛盾的情形：一方面，由于对自由的恐惧，人们心甘情愿地投入奴役的怀抱；另一方面，由于受到迂腐的管制而陷入

---

① ［荷兰］斯宾诺莎. 伦理学. 贺麟，译. 北京：商务印书馆，1983：225.
② 同①166.
③ ［英］葛德文. 政治正义论：下. 何慕李，译. 北京：商务印书馆，1980：452.

绝望，于是一跃而落入自然状态的那种粗野的放肆之中。① 对自由的恐惧与人性中的懦弱相关，人因为害怕自我承担，会心甘情愿地接受奴役以及自由被篡夺。在现代社会出现的这些问题无疑使理解自由具有了一种更大的复杂性。

全人类怀想自由之梦，它是理想，也是目标，它激发最崇高的感情，也沉淀最深沉的思索。为了证明自由的价值，有的人愿意放弃属人世界中最珍贵的其他事物，如裴多菲（Petöfi，1823—1849）在他的诗中所说：生命诚可贵，爱情价更高，若为自由故，二者皆可抛。在自由的召唤下，人愿意奉献生存、安全、爱，因为自由让人体会到自我存在的价值。自主性意味着人可以获取个人的成就、卓越，增加美好生活的感觉，抵御随波逐流以及随之而来的庸庸碌碌的生活。

第三节 幸福

幸福问题是处境伦理学的重要议题，它虽然是主观性的，但取决于外在的支持系统，所以仍然是伦理研究的重要内容。在现代汉语中，幸福有两个方面的内容：第一是指使心情舒畅的境遇和生活，第二是指生活、境遇的称心如意。无论是心情舒畅还是称心如意，这类指示幸福的概念都说明幸福是标志主观感受的伦理学概念。人的主观感受当然不能只从主观方面来判定，学者甘绍平指出："幸福作为主观感受取决于主客观两方面的状态。"② 主观方面指主体的满意程度和满足感，客观方面则是与周围世界互动所带来的物质享受和精神享受，如他人给予的好感和社会给予的认可。具体来说，"人需要被爱、被认可，最好被爱戴，并且并不是因为他们拥有什么，而是因为他们是什么。从大多数情况来看，占有、权力和重要性仅仅是获得认可的手段"③。因为人拥有什么是可以被剥夺的，也许还会失去，但是什么却是一种本质属性。

处境伦理导向对幸福的合理欲求，斯密曾说："最可悲的处境是什么，那就是生活在艰难困苦之中。"④ 的确，人总是苦于今世的徒劳无功，也

---

① [德] 席勒. 审美教育书简. 冯至，范大灿，译. 上海：上海人民出版社，2003：61.
② 甘绍平. 寻求共同的绿色价值. 哲学动态，2017（3）：11.
③ 同②.
④ [英] 斯密. 道德情操论. 蒋自强，等译. 北京：商务印书馆，1997：161.

苦于来世的虚无缥缈。道德哲学或伦理学研究幸福，就是发现什么是幸福或幸福是什么。自然主义认为幸福是生存，享乐主义认为幸福是肉体和精神的快乐，快乐主义认为幸福在于乐趣，实用主义认为幸福是有用，基督教认为幸福是按上帝的意旨行事。作为一位力图创立新道德学说的学者，弗莱彻认为"一切伦理学都是幸福伦理学"①。讨论伦理学，不能忽略幸福。就处境伦理的建构和理解而言，"幸福"这个概念也是不能忽视的。人毫无例外地关心幸福和追求幸福，出自人对自己的关爱之情。斯密说："毫无疑问，每个人生来首先和主要关心自己；而且，因为他比任何其他人都更适合关心自己。"② 对于个人来说，自己的幸福会比世界上其他人的幸福更重要，除非其他人的幸福本身就是个人幸福的重要构成。人会比关心他人的幸福更关心自己的幸福，也会比追求他人的幸福更热切地追求自己的幸福。

但是，正像麦金太尔所说："幸福对于道德哲学来说仍是一个棘手的关键词，原因仅仅是在明白无误的意义上使我们感到幸福的，常常是我们在明白无误的意义上不应当做的。"③ 幸福常常需要借助个体的自我评价和感受才能得到确认，因此就会出现自我标准与社会标准的分离。更何况幸福总是转瞬即逝，正如雅斯贝斯所说："所谓实存的幸福这类东西，不但不能在想象中甚至不能在思想中被憧憬为一种没有矛盾的可能性；没有任何幸福是持久的、稳固的，没有任何幸福在它对自身有所了然之后还是满足于自己的。"④ 这就使得人们对幸福的理解和认识具有极大的复杂性。

一、幸福与幸福感如何产生

在古希腊时代，幸福论问题就构成了伦理学思考的中心。柏拉图指出："当前我认为我们的首要任务乃是铸造出一个幸福国家的模型来，但不是支离破碎地铸造一个为了少数人幸福的国家，而是铸造一个整体幸福的国家。"⑤ 他关心的幸福不只是个人生活的幸福，而且是"幸福国家"，显然这是"理想国"的另一种表述。在当时，人们普遍关心的是如何通过

---

① [美] 弗莱彻. 境遇伦理学——新道德论. 程立显，译. 北京：中国社会科学出版社，1989：77.
② [英] 斯密. 道德情操论. 蒋自强，等译. 北京：商务印书馆，1997：101-102.
③ [美] 麦金太尔. 伦理学简史. 龚群，译. 北京：商务印书馆，2003：225.
④ [德] 雅斯贝斯. 生存哲学. 王玖兴，译. 上海：上海译文出版社，2013：32.
⑤ [古希腊] 柏拉图. 理想国. 郭斌和，张竹明，译. 北京：商务印书馆，1986：133.

高尚的行为来达到幸福。关于伦理学的任务，苏格拉底提出了三个基本命题，分别是"知识即美德""罪恶仅仅源于无知""有德者即幸福者"，可见他认为伦理学的最高目标就是探知幸福。幸福观是古希腊哲学留给后世的珍贵遗产。正如人们所看到的，一代又一代，出生死去，但是大自然万古常新。人生有限，日月永存，天地万物吸引了古希腊人的视线，这种比对，使苏格拉底、柏拉图这样的哲学家从理性、道德等角度去理解幸福的内涵与追求幸福的方向。因为高悬幸福这个目标，人可创造、可把握、可获得的生活是属人的，这样就为幸福奠定了非常坚实的现实基础，即幸福是尘世生活的追求。

之后，亚里士多德继续探讨幸福，他的幸福观至今仍受到人们的重视。美籍华裔学者余纪元勾勒并概括了亚里士多德的幸福观。他认为亚里士多德的幸福观有两种：一是涵盖论，即幸福是各种德性与外部善的复合体；二是理智论，即幸福完全等同于思辨。① 亚里士多德的幸福概念有两种含义："活得好"与"做得好"。② 这种细致的研究提醒世人，了解亚里士多德的幸福学说，应当回到亚里士多德的文本。在《尼各马科伦理学》中，幸福的定义包含了以下内容：（1）幸福是人生的最终目标；（2）幸福是动态的活动和过程；（3）幸福是活动的目的。亚里士多德在"自足"这个概念中合并了第二点和第三点，即活动本身就是目的，好比说追求幸福本身就是幸福，追求幸福意味着主体明白和相信有幸福这回事，是对美好事物、美好生活的信任。他把幸福与人的卓越、高贵相连，警醒世人："不要相信这样的俗话，作为人就要想人的事情，作为有死的东西就想有死的事情，而是要竭尽全力去争取不朽。按照自身中最强大部分而生活。它的体积虽小，但能量巨大，其尊荣远远超过一切。"③ 他相信人即使脆弱而平凡，也能享有世间最大的尊严和幸福，因为只有人才可能超越自己。亚里士多德认识到了幸福与忠实自我的一致性，也看到了自我是最强大的、最可喜的并产生最大幸福的东西。他指出幸福的生活在于无忧无虑的德性，德性在于中庸，中庸的生活是最优良的生活。他之所以赞赏城邦，是因为城邦可以谋求优良生活，可以追求完美、自足的生活，这就是

---

① ［美］余纪元. 亚里士多德论幸福：在柏拉图的《国家篇》之后. 朱清华，译. 世界哲学，2003（3）：94.
② ［美］余纪元. "活得好"与"做得好"：亚里士多德幸福概念的两重含义. 林航，译. 世界哲学，2011（2）：246.
③ ［古希腊］亚里士多德. 尼各马科伦理学. 苗力田，译. 北京：中国社会科学出版社，1999：233.

亚里士多德认为的幸福而高尚的生活。"幸福""至善""好"这几个概念在亚里士多德那里是可以通用的。亚里士多德反对把善等同于金钱、荣誉或者快乐，而把它命名为幸福，或者恩赐、繁荣，或者快乐、愉快，是一个人处身良好生活之中的状态，或者是一个人良好生活之中良好行为的状态，也是一个人的自爱以及与神明相关的状态；有时他也把善看成拥有便使人获得幸福的品质，缺少它就会妨碍人达到幸福。

当时的人普遍认为幸福是某种实在或显而易见的东西，如快乐、财富、荣誉等。就是说，不同的人认为幸福是不同的东西，即使同一个人也经常把不同的东西理解为幸福，如：生病时，健康是幸福；贫穷时，财富是幸福；无知时，知识是幸福；等等。亚里士多德的这些论述说明，他已经注意到幸福从比较中来。幸福确实在人与人的联系和活动中产生，也在比较中产生。对于人类的比较思维和比较习惯，后来罗素在讨论幸福这个议题时曾经特别提醒："'比较'的思维习惯是一种致命的习惯。遇到高兴的事情，我们应当去充分享受，切勿停下来去想，比起别人可能遇到的乐事，这简直不值一提。"① 幸福因为涉及体会和感受，所以具有很大的主观性、私密性和即时性。一个人令某人感到幸福，这是当事人自我感知的，这种幸福感并不会因为他人的反对而消失，但是自我的反对就可以令幸福感顿时消失。

亚里士多德还认为幸福与德性不可分，幸福是自我实现，他强调伦理学始于探讨一个好的生活和一个好的处境。亚里士多德将德性分为理智的和伦理的两种。智慧是德性的核心，有智慧的人最初是指那些知道自己应该得到什么并为自己所应得的感到自豪的人，后来逐渐被普遍地用来指那些在特殊场合知道怎样下判断的人。智慧靠教育获得，属于亚里士多德所说的理智德性，伦理德性则来自习惯进行的实践。就此而言，他认为一切选择所趋的最高目标和完满实现就是幸福，对人所处的最好状况和最理想存在，最少异议的伦理学目的就是幸福，也就是说人为求幸福而存在，幸福是对人最大利益的概括，也是后来康德所认为的对德性的报偿，康德认为只有有德性的人才配享幸福。幸福与德性的关系在斯密的道德学说中得到进一步的探究。他认为幸福存在于平静与享受之中，所以研究了人的品质如何促进或妨害个人和社会的幸福。他指出："谨慎、公正、积极、坚定和朴素的品质，都给这个人自己和每一个同他有关的人展示了幸福美满的前景；相反，鲁莽、蛮横、懒散、柔弱和贪恋酒色的品质，则预示着这

---

① ［英］罗素. 幸福之路. 吴默朗，金剑，译. 北京：中央编译出版社，2012：65.

个人的毁灭以及所有同他共事的人的不幸。"① 不可否认，人的良好品质是教育和自我训练的结果。就像尼采笔下那些人所表达的，"我们已发现幸福"②。尼采在《权力意志》中很清晰地表达了自己对幸福特别是对幸福与德性之关系的基本看法，他说："一、人想要什么？答：幸福（不要回答'权力'，因为这样回答乃是非道德的），——因此，人的一切活动都是借以达到幸福的企图。二、假如实际上人没有得到幸福，那么原因何在呢？答：手段不当。——达到幸福的良策是什么呢？答：美德——为什么是美德呢？——因为它是最高的理性，因为理性不会误用不当的手段。作为理性，美德就是通向幸福之路。"③ 正因如此，幸福成了绝大多数人的幸福。

幸福作为最高和最终目标，常常成为选择或行为的理由。幸福包括人与人善处、共乐、互益，以及人与人之间的爱。亚里士多德的社会阶层理论特别能够体现他的这一幸福观。他认为所有城邦都有三个阶层：一部分是极富阶层，一部分是极穷阶层，另外就是介于二者之间的中间阶层。人在极端的境况下，富就难免骄矜甚至傲慢，穷就不免志短而且无赖，只有拥有中等财富的中间阶层，容易听从理性，不为生计所愁，又最能安分守己。所以，他说："幸福的生活在于无忧无虑的德性，而德性又在于中庸，那么中庸的生活必然就是最优良的生活——人人都有可能达到的这种中庸。"④ 亚里士多德认为，哲学是发现真理的艺术，最值得过的生活是沉思的生活。这种以中庸目标为最高价值的生活，朱熹也曾称赏不已，他写道："过兼不及总非中，离却平常不是庸。二字莫将容易看，只斯为道用无穷。"伦理学的研究对象不离却生活本身，这是伊壁鸠鲁学派深以为然的，该学派认为哲学是生命的艺术，里面有应当引起当代人思考的内容。帕斯卡尔继承了这种立场，他指出人在存在上具有有限性，以至于我们的感官不能胜任任何极端，所以"一切过度的品质都是我们的敌人"⑤。对于世间的最高价值，他这样认为："想象力安排好了一切；它造就了美、正义和幸福，而幸福则是世上的一切"⑥；并指出："人人都寻求幸福，这

---

① [英] 斯密. 道德情操论. 蒋自强，等译. 北京：商务印书馆，1997：233.
② [德] 尼采. 查拉图斯特拉如是说. 钱春绮，译. 北京：生活·读书·新知三联书店，2007：13.
③ [德] 尼采. 权力意志——重估一切价值的尝试. 张念东，凌素心，译. 北京：商务印书馆，1991：497.
④ [古希腊] 亚里士多德. 政治学. 颜一，秦典华，译. 北京：中国人民大学出版社，2003：137.
⑤ [法] 帕斯卡尔. 思想录. 何兆武，译. 北京：商务印书馆，1985：33.
⑥ 同⑤44.

一点是没有例外的;无论他们所采用的手段是怎样的不同,但他们全都趋向这个目标"①。不过,对于这种热望和寻找,帕斯卡尔的结论是悲观的,他说:"我们追求幸福,而我们找到的却只是可悲与死亡。"② 从一般人性来说,人不可能不希望幸福,人通常在幸福上寄托生活的美好,但是结果常常令人失望,所以重要的是如何断定幸福、如何认识幸福。一般人在透过幸运、快乐、财富、荣誉去理解幸福时,往往强调的是人应当把幸福寄托在自己力所能及的地方,那就是现在的生活,因为从普遍的人性来说,过去和现在只被当成手段,未来才是目的,所以人们没有在生活而是希望着生活,没有生活承载的幸福是虚妄的。同时,人往往处于双重处境之中,如帕斯卡尔所说:"我们却既有着对幸福的观念,而又不能达到幸福;我们既感到真理的影子,而又只掌握了谎言;我们既不能绝对无知,而又不可能确实知道,所以我们曾经处于一种完美的境界而又不幸地从其中堕落下来,也就是再明显不过的了。"③ 理解幸福有这样的复杂性,获得幸福又是如此不易,所以另外一位法国思想家拉罗什福科(La Rochefoucauld,1613—1680)这样谈论幸福,他说:"幸福在于趣味,而不在于事物。我们幸福在于我们拥有自己的所爱,而不在于我们拥有其他人觉得可爱的东西。"④ 他断言就幸福来说,人们通常不像自己想象的那么幸福,也不像自己想象的那么不幸,人们幸福或不幸福常常依赖于自己的情绪或感情。

不管怎么说,人可以感受到幸福,这是一种生活经验。费尔巴哈也曾从自己关于宗教的研究中加以证实,他认为,当人在"主动之中,人感到自由、不羁、幸福,而在受动之中,人就感到受约束、压抑、不幸。活动是积极的自我感"⑤。上述种种关于幸福的论述及见解说明,对幸福的理解一定是与人的自我认识和人对世界的认识相连的,所以哲学家告诉人们追求幸福不必羞愧,并且要总是满怀激情地把追求幸福视为一己之责。就算人们把幸福理解为享受或快乐,幸福也还是一种理想事物。英国哲学家乔治·爱德华·摩尔(G. E. Moore,1873—1958)在《伦理学原理》一书中提出"理想事物"的概念,他把它理解为"最高善""绝对善""实在大善",也是"人类善",他提出了三种状况:一是可以想象的事物之最好状

---

① [法]帕斯卡尔. 思想录. 何兆武,译. 北京:商务印书馆,1985:184.
② 同①200.
③ 同①196.
④ [法]拉罗什福科. 道德箴言录. 何怀宏,译. 北京:西苑出版社,2004:14.
⑤ [德]费尔巴哈. 基督教的本质. 荣震华,译. 北京:商务印书馆,1984:286.

态，二是可能的最好的事物状态，三是该事物就其本身而言是非常善的。他说："对个人的热爱和美的享受包含我们所能想象的一切最大的、显然最大的善。"① 在这里，享受是对喜爱的一种实现或现实肯定，享乐主义具有善的性质。当然，摩尔在其中所强调的"享受"，是指"美的享受"，他认为这是道德哲学根本的、终极的真理，是德行存在的理由。美的享受来自对理想事物的欣赏，其中包含幸福的感受和体验，所以幸福与能力有关。对此，罗素在《幸福之路》中说："不高估自己的能力乃为幸福之源的主要原因。"② 人在自己的能力范围之内，才能真切地感受对象、认识对象、评价对象同样依赖人的能力。美国有部著名小说《在路上》，作者杰克·凯鲁亚克（Jack Kerouac，1922—1969）因为这部小说而成为"垮掉的一代"（beat generation）的代言人，这部小说被誉为世俗叛逆与抗争者历久弥新的"圣经"。这部小说是人类的寓言，小说里的人物生活在一个支离破碎的时代，每个人都那么孤独无助，所以他们始终在旅途，始终在寻找中。今天，观察人的处境，"在路上"这个意象更加具有象征意义，它寓示人一直在寻找幸福的路上。"寻找"这个过程是重要的，不能期待赠予和唾手可得，莱辛（Lessing，1729—1781）曾说，假如上帝把真理交给他，他会谢绝这份礼物，而宁愿自己费力去把它找到。③ 对人有价值的事物如认识、观念、思想，和凡能带给个体真正幸福感受的，莫不出自自己寻求的过程。幸福不是一个独立的感觉或事物，它是伴随性的，人寻找或得到有价值的事物，与此同时，感受或得到幸福。

二、幸福是可能的

在亚里士多德时代，关于幸福最根本和重大的问题是如何通过善的行为达到幸福。这一将幸福作为善的行为的最高原则的模式，影响了从古希腊到中世纪及至近代早期的哲学家。亚里士多德从社会共同体中寻求价值合理性根据，从而解释人应当如何行动。伦理学主要关乎行为，行为关乎意图，这就和人的精神、情感状态产生了联系。幸福被认为是人精神和情感上的愉悦状态，它是人对生活的主观感受，也是人对生活价值的评价。如前文所说，亚里士多德认为个人存在的目的是追求幸福，幸福是一切事物中的最高选择，是完满和自足的，是行为的目的。在他生活的时代，人

---

① [英] 摩尔. 伦理学原理. 长河，译. 上海：上海人民出版社，2003：236.
② [英] 罗素. 幸福之路. 吴默朗，金剑，译. 北京：中央编译出版社，2012：107.
③ [德] 爱克曼，辑. 歌德谈话录. 朱光潜，译. 北京：人民文学出版社，1978：128.

们相信幸福有三个可能的来源：（1）神赐，如高贵出身、相貌出众。幸福是神的赐礼，如果说神赐给过人什么礼物，那么幸福是其中最好的一个。这是一种在古代广泛存在的观念。在古希腊，人们相信命运之神在天上飞来飞去，把幸福和痛苦用看不见的手赐给人类。（2）机遇，如众多子孙。（3）学习，就是说人的幸福是通过德性、学习和培养得到的。亚里士多德相信所有人都追求幸福和优裕，他认为所有处境优裕或幸福的人都是因为做到了两件事："一者是选择了正确的人生目的和行为目标，二者是发现了有助于达到此一目的或目标的行为方式，因为行为方式或手段可能与其目标相符或不相符。"① 从这两点来看，幸福的可能在于人是有理性的存在，幸福的实现在于人能依靠理性，人有实践的理性和思辨的理性，并且有能力听从理性，做自己出身于其中的那个共同体所要求做的事，这样来说，个人幸福有赖城邦共同体。幸福依赖正确的行为目标和行为方式。亚里士多德还把道德理解为恰当地做，就是行为正当，其理由是：道德使人真正成为人，获得其独特的价值尊严。由此可见，幸福的可能和实现均与道德相关。亚里士多德所讨论的诸主题与幸福的关系在《政治学》中表述得很清楚。他认为城邦是最优秀的政体，可以得到最出色的治理，"据此城邦能最大限度地获得幸福，所以显而易见我们不应忘记幸福究竟是什么"②。他这样提醒世人，幸福在单纯的意义上是德性的完满运用和实现活动。幸福就是正当地行为这一观念到约翰·洛克生活的时代，借助宗教很轻易地就得到了解决：做正当之事的人上天堂，做不正当之事的人下地狱。洛克朴素地表达了良好生活与恶劣生活之间的相互关系，他说："人只要承认，现世的良好生活的可能的结果，一定是无穷无尽的幸福，现世的恶劣生活的可能的结果，一定是无穷无尽的祸患，则他一定会合理地断言说，一个有德性的生活比一个罪恶的生活好。"③ 对幸福的信仰和追求会鼓励并引导人成为有道德的人。杰里米·边沁（Jeremy Bentham, 1748—1832）不相信天堂、地狱，他认为现实中良好的制度能够产生同样的效果，一个人行为不当时受到的惩罚和行为正当时受到的奖赏，都会引导一个社会成为有德的社会。在一个秩序良好的社会，个人成就是对有益他人和社会之行为的最好报答，是对勤奋、节俭、勇敢诸美德的报偿，但

---

① ［古希腊］亚里士多德. 政治学. 颜一，秦典华，译. 北京：中国人民大学出版社，2003：252.

② 同①.

③ ［英］洛克. 人类理解论：上. 关文运，译. 北京：商务印书馆，1959：271.

是在一个失序的社会，狡猾、凶残、野蛮、暴力则导致成就。较好的社会制度会促使人们按照有益于自己和他人的方式行事，做有道德的人。

与亚里士多德所代表的美德伦理学不同的是，康德的义务论伦理学反对把幸福作为最高原则，他认为伦理学不是研究如何获得幸福，而是研究如何配享幸福。他并不否认幸福的魅力，认为它本身就是德性的报酬。幸福的价值和意义不必怀疑，亟须界定清楚的是幸福的概念和内涵。在他看来，使一个人成为幸福的人与使一个人成为善良的人绝不是一回事。当然，他也不排斥幸福原则，他认为一个有德性的人应该得到幸福，只有具有善良意志，才配享幸福，幸福为完满的道德生活所必需。在《道德形而上学原理》中，康德阐明的幸福包括"财富、权力、荣誉甚至健康和全部生活美好、境遇如意"①。他认为幸福与道德是对立的，因为"一切人对自身幸福的爱好，都是最大、最深的，因为正是在幸福的观念中，一切爱好集合为一个总体"②。康德的这一观点和立场显然与他对幸福的界定相关，即"需要和爱好的全部满足，则被总括地称之为幸福"③。

在了解了幸福的内涵后，接下来更关键的问题是人怎样达到幸福。康德以后幸福论的发展沿着这一线索展开，比如弗洛姆的学说指出："只有认识人的情境，认识内在于人的存在之二律背反，认识人展现自身力量的能力，人才能实现他的使命：成为自己、为着自己，并凭借充分实现其才能而达到幸福，这些才能是人所特有的能力——理性、爱、生产性的工作。"④ 弗洛姆强调人要真实地对待自己，他指出了实现幸福的几个关键概念：理性、爱、生产性的工作。人如果能运用理性的力量，那么就能透过事物的表面现象而理解事物的本质，这意味着人有更深刻的认识能力。人运用爱的力量，就意味着在人与人之间有一种良好的互动，人们冲破了与他人的分离。生产性的工作，就意味着能够创造物质财富、艺术作品和思想体系，以及与此同时的自我提升。人只有凭借自身努力充分实现自己的潜能，才可以真实地感受到幸福。现代人最醒目的标志和精神特质就是自我意识的觉醒，上天入地地追寻、探索生活的意义。弗洛姆相信，人只有通过发挥自己的力量，通过生产性的生活赋予生命意义，生命才有意义。作为一个存在主义者，加缪认为人会在贫困与痛苦中为自己所热爱的

---

① [德]康德. 道德形而上学原理. 苗力田，译. 上海：上海世纪出版集团，2005：8.
② 同①15.
③ 同①21.
④ [美]弗洛姆. 为自己的人. 孙依依，译. 北京：生活·读书·新知三联书店，1988：60.

奋斗并得到欢乐，而幸福是人对命运长久抗争之后的报偿。他从两个方面提议幸福之路：(1) 同令人失望的命运抗争。他认为 20 世纪最艰巨、最神奇的任务就是要在这个世界上建立正义和拯救那些从一开始就注定受奴役的灵魂并给它们以自由。人将在生活中学会调动自己的心灵与精神的一切力量来使自己摆脱痛苦。(2) 对幸福的渴望将使人重新寻找一些被忽略的价值，发现和确认大自然的美、人的生活中的爱和温情、人与人之间的诚挚和牵挂，他认为这些看似平凡但幸福的生活更值得人去追求和拥有。加缪还说："如果不能得到幸福，正义又有何用，贫困的自由又有何用？我们这些曾投入到这场战争中的法国人很清楚，我们之所以投入，不是出于对征服的兴趣，而恰恰是为了保卫某种追求幸福的思想。只是，幸福是相当难得、相当纯洁之物，看来值得我们为它去经受那么多的苦难。"①人们愿意保卫自己关于幸福的理想，因为每个自主的理性存在者都了解和关心自己的利益，这里所说的利益不只关乎财产，还关乎名誉、尊严，更关乎幸福。

有理性的人会追求幸福，启蒙主义思想家想在人类自身理性的基础上指示人们获得幸福的道路。人们联合起来，是为了促进彼此的利益，也为了促进彼此的幸福，重要的是为了得到幸福的生活。克尔凯郭尔用《非此即彼》这本书，向人们提示了两个努力方向：一个是 A 向人们推荐的美学生活方式，一个是 B 向人们推荐的伦理生活方式。美学生活方式的核心特征是沉溺于个人激情中的罗曼蒂克情人，伦理生活方式则是婚姻生活，强调承担责任和义务。

在当代，谈论幸福，除了谈论人们的幸福观以外，还需要谈论一个重要因素，即实现幸福的物质基础。不能否认，幸福要有物质的和社会的先决条件。但是，一般的哲学学说对金钱的看法都趋于消极，认为金钱是万恶之源。其实，在构成幸福的各种因素中，金钱是必不可少的。幸福就其客观方面而言，是生活上的方便、舒适与丰富在一切看得见的方面都增加，技术在其中所发挥的作用重大，不仅表现为物质财富的创造和积累，而且表现为人的受教育程度的普遍提高。这样，人们的相互理解和认同才会有更好的心理基础。美国学者理斯曼等人的研究指出："总体上说，技术越是进步，人类的大多数就越有可能设身处地为其他人着想。最初，技术发展推动了劳动的分工，劳动分工又反过来为社会性格和人类经验的丰富性创造了条件。然后，技术的进步使人类有闲暇时间来改进自身的素

---

① [法]加缪. 加缪全集：第 4 卷. 杨荣甲，等译. 石家庄：河北教育出版社，2002：54.

质，在人类适应大自然的过程中，人的素质是主要的资本。技术的进步不仅改进了统治阶级的素质，而且也使广大人民的智力和体力有了明显的改善。最终，技术发展和闲暇一道有助于人们了解其他历史时期解决各种问题的途径。技术和闲暇不仅为人类提供了更多的商品和经验，而且极大地丰富了个人和社会的生活。"① 技术改进、财富增加和幸福的关系诚如阿伦特所说："幸福首先是一种依赖于财富和健康的客观状态。"② 当然，这方面的积累经过一定的时间，达到一定的程度，就会被人视为理所当然，人总是拥有越多就越苛求，这样不满和抱怨反倒加剧了。

除了物质以外，关于幸福的构成，还有各种各样的观点，如古希腊人认为自由是幸福的基本条件，古希腊民主政治极盛时期的统治者伯里克利（Pericles，约前 495—前 429）在阵亡将士国葬典礼上对他的人民说："你们要下定决心：要自由，才能有幸福；要勇敢，才能有自由。"③ 罗素认为："使世界幸福所需要的主要东西就是明智。毕竟这是一个乐观的结论，因为明智是一种可以由已知的教育方法培养出来的东西。"④ 马尔库塞以自己的方式定义了"幸福意识"，即"相信现实的就是合理的并且相信这个制度终会不负所望的信念，反映了一种新型的顺从主义，这种顺从主义是已转化为社会行为的技术合理化的一个方面"⑤。麦金太尔认为，获得幸福的前提之一是，人通过确立自主性让生活充满或富有意义，他说："如果要使生活富有意义，我们就必须占有我们自己，而不仅仅是他人的设计、意图、欲望的作品，而这就要求不可预言性。"⑥ 重温这些哲人关于幸福的定义，是因为，在现代社会，幸福和成功常常被混淆，但实际上它们是不同的概念。成功是客观的评价标准，幸福固然也有客观的成分，但更重要的是其中的主观因素。在以往的理论中，人们更为重视的是来自客观的认识，如米德的"客我"和"主我"概念所反映的："'客我'和'主我'的相对价值在很大程度上是由情境决定的。如果一个人正在共同

---

① [美] 理斯曼，格拉泽，戴尼. 孤独的人群——美国人性格变动之研究. 刘翔平，译. 沈阳：辽宁人民出版社，1989：259.
② [美] 阿伦特. 人的境况. 王寅丽，译. 上海：上海世纪出版集团，2009：20.
③ 周辅成. 西方伦理学名著选辑：上. 北京：商务印书馆，1964：44.
④ [英] 罗素. 伦理学和政治学中的人类社会. 肖巍，译. 石家庄：河北教育出版社，2003：129.
⑤ [美] 马尔库塞. 单向度的人——发达工业社会意识形态研究. 刘继，译. 上海：上海译文出版社，2006：78.
⑥ [美] 麦金太尔. 德性之后. 龚群，戴扬毅，译. 北京：中国社会科学出版社，1995：131.

体中维护其财产权,那么,他是这个共同体的一个成员这一点就具有头等重要的意义,因为对他来说,他只有采取了其他人的态度,对他自己的各种权利的承认才是有保证的。在这些境遇中,成为一个'客我'是很重要的。它使他获得了地位,获得了作为共同体的成员所具有的尊严,它是他对他作为这个共同体的一员所具有的价值观作出情绪性反应的源泉。它就是使他进入其他人的经验的基础。"① 这里所说的"主我"是个体对他人态度的反应,"客我"则是个人所采取的对待他人的态度。现代社会的发展趋势是,世界的重要越来越成为背景,个体的主观感受更为重要,尤其在对幸福的判断和评价中。

从思想史上关于幸福的讨论中可以发现,幸福与欲望、与自由、与责任的关系是讨论的主要内容。在关于幸福是否可能的思考中,幸福与自由、与责任的关系是毫无疑问的,最可能带来困惑的是欲望是否可以得到满足。这是关系着幸福是否可能的一个基本问题。一般人所能感觉和观察到的是欲望的无止境,但是康德注意到了欲望的另一种特性,他说:"一切欲望都包含一个对自己能力所能达到的东西的(确定或不确定)预见。"② 正是幸福与欲望的这种关系,带来了关于幸福的怀疑论。

三、幸福也是靠不住的

幸福的意识是普遍的,但也是脆弱的,堆积了生活中的各种矛盾,弗洛伊德把它称为"文明的不满",认为这是人们错误判断的结果,他说:"他们为自己追求权力、成功和财富,并羡慕别人拥有这些东西,他们低估了生活的真正价值。"③ 人们之所以会低估生活本身的价值,是因为人们对幸福存在极大的误解。人们渴望幸福,但却把幸福等同于财富、权力、地位,羡慕他人拥有这些东西,自己也努力追求这一切。其实,对于人类社会和人的精神世界而言,这些虽然都是有价值的,但并不是只有这些值得追求或拥有。更何况从幸福发展的历史来看,还有一些复杂的情形。近代以来,人们对"善""什么是好生活"的回答日趋分化,亚里士多德的幸福论逐渐式微。即使从实践的层面来看,人们也并不总是追求并期待幸福,甚至人类历史上还有过对幸福的恐惧,在基督教和印度教中,自觉摈弃幸福的人被视为圣人,他们清心寡欲,奉行禁欲的生活,他们的

---

① [美]米德. 心灵、自我与社会. 霍桂桓,译. 北京:华夏出版社,1999:220.
② [德]康德. 实用人类学. 邓晓芒,译. 上海:上海世纪出版集团,2012:60.
③ [奥]弗洛伊德. 文明及其缺憾. 傅雅芳,郝冬瑾,译. 合肥:安徽文艺出版社,1987:1.

存在本身就是一种提醒：自身的幸福是危险的。前面的分析也证明，就幸福本身而言，认识它是一个极其复杂的过程。康德曾经指出："一切幸福论者都是实践上的个人主义者。"① 这是因为每个人在心中为自己确立的幸福坐标是不一样的，而且每个人对幸福的感受程度也是不一样的，所以会对内心感觉幸福的东西产生不一样的理解。

都说幸福无止境，关键看你何所求。古希腊有句格言：幸福与否，盖棺定论。希罗多德在他的《历史》一书中记载了一个广为人知的故事：一个叫克洛伊索斯（Crocsus）的国王接待来拜访自己的梭伦（Solon，约前638—约前559），把他带去参观自己的宝库，里面聚集了一切伟大、华美、贵重的东西，国王想知道在梭伦的视野中，怎样的人是最幸福的。国王之所以会这样问梭伦，是因为他认为自己是人间最幸福的人，但是梭伦却认为雅典的泰勒斯（Thales）是最幸福的人，因为他的城邦繁荣，他的孩子出色，他一生享尽人间安乐且又死得极其光荣。梭伦对克洛伊索斯说："拥有最多的东西，把它们保持到临终的那一天，然后又安乐地死去的人，只有那样的人，国王啊，我看才能给他加上幸福的头衔。"② 因为神是喜怒无常的，神嫉妒人间的事也喜欢干扰人间的事，使得人间万事无法预料，神常常让很多人看到幸福的一个影子，随后便把他们推上毁灭的道路，所以不到最后时刻，不能断定一个人是否幸福。这种幸福终点论其实也是幸福怀疑论，奠定了伦理学上关于幸福理论争议的基调。

对幸福的怀疑，不仅因为理解上的巨大差异，而且因为人们渴望幸福但却未必有追求幸福的力量与行动，洛克断言："我们在日常生活中，努力追求幸福时，常陷于许多过错、谬误和失察。"③ 他认为人人都欲望幸福，在回答什么是幸福时，他说："极度的幸福就是我们所能享受的最大的快乐。"④ 因此，获得幸福的第一步就是解除痛苦，他承认人生因为受必然的支配，大部分都是不快和痛苦。也就是说，从人生的实际情况来看，尽管人们愿望得到幸福，但是愿望很难实现。叔本华从理论上对此进行了详尽的分析，他说："从愿望到满足又到新的愿望这一不停的过程，如果辗转快，就叫作幸福，慢，就叫作痛苦，如果陷于停顿，那就表现为可怕的、使生命僵化的空虚无聊。"⑤ 幸福是被满足的意志，痛苦是意志

---

① ［德］康德. 实用人类学. 邓晓芝，译. 上海：上海世纪出版集团，2012：6.
② 周辅成. 西方伦理学名著选辑：上. 北京：商务印书馆，1964：37.
③ ［英］洛克. 人类理解论. 关文运，译. 北京：商务印书馆，1959：250—251.
④ 同③246.
⑤ ［德］叔本华. 作为意志和表象的世界. 石冲白，译. 北京：商务印书馆，1982：236.

的受挫，因此，它们成为人类感受范围内的体验，被改造成了主观范畴。与康德对幸福的论述不同，叔本华认为幸福并不在于成功、拥有、占有，而在于由它们所引起的相应感觉，就是说人在对幸福的预见、预感和想象中获得幸福。至于生命空虚无聊的感觉，它是与幸福对立的，表现为没有一定的对象、模糊无力的想望、致命的苦闷。这一思想影响了尼采，在《悲剧的诞生》中，人们向精灵寻问什么是对人来说最好、最妙的东西，精灵说："可怜的浮生呵，无常与苦难之子，你为什么逼我说出你最好不要听到的话呢？那最好的东西是你根本得不到的，这就是不要降生，不要存在，成为虚无。不过对于你还有次好的东西——立刻就死。"① 这是与人的通常经验相悖的，应该说对于人而言最坏的是立即要死，其次坏的是迟早要死。

　　人渴望幸福，这一点毫无疑问，不同文化中的人都可以在这个问题上达成共识。正是这一共识，为全球化时代人的相互理解和尊重奠定了基础。马尔库塞呼吁："文化，应当关注个体对幸福的要求。"② 幸福不是一个孤立的主题，它是自由之后首先需要考虑的。自由是一种选择的可能性，它将带来提升生活、丰富生活或者说带来幸福的可能性，真正的自由就是使一种幸福生活成为可能，因为幸福是生命的喜悦和快乐。然而，自由与幸福之间并不是等同的关系，托尔斯泰（Лев Николаевич Толстой，1828—1910）的小说就严肃地探讨过这个问题，在《安娜·卡列尼娜》中，列文在婚礼当天有一段内心独白："自由？自由有什么用？幸福就在于爱和希望：希望她所希望的，想她所想的，那就是说，毫无自由可言——这就是幸福！"③ 对幸福的怀疑，当然不只是因为幸福与自由之间令人生疑的关系，还有很多因素影响人们对幸福的评价。譬如幸福中的主观性，它只与感受相关，甚至俄狄浦斯（Oidipous）都会说：我认为我是幸福的。西西弗在走向那块象征惩罚命运的巨石时，他所要进行的斗争在他心里唤起的充实感也让他感到幸福。可是处于权力巅峰的拿破仑（Napoléon，1769—1821）却总是说自己没有一刻是快乐的。对于幸福所包含的这种特性，康德说："比起那种一味用阴暗的前景使自己的生活乐趣失色的人来，人们倒可以把一个经得住一切事变的人视为一个更幸福的人。"④

---

　　① ［德］尼采. 悲剧的诞生——尼采美学文选. 周国平，译. 北京：生活·读书·新知三联书店，1986：11.
　　② ［美］马尔库塞. 现代文明与人的困境——马尔库塞文集. 李小兵，译. 上海：上海三联书店，1989：125.
　　③ ［俄］托尔斯泰. 安娜·卡列尼娜. 周扬，译. 北京：人民文学出版社，1956：600.
　　④ ［德］康德. 实用人类学. 邓晓芒，译. 上海：上海世纪出版集团，2012：61.

对于幸福的这种特性，要有一些合理因素加以调节，罗素说："人们都希望自己幸福，但在我们的技术一体化的世界里，希望自身的幸福的确是徒劳的，除非把它与希望其他人的幸福连接起来。"① 所以，这样一种明智的态度是使世界幸福所需要的主要东西，也是可以用教育培养出来的东西，这无疑使幸福的可靠性大大增加了。

需要加以注意的是，在现代性的价值体系中，幸福与金钱的关系也必须被认真对待。因为对于现实世界中的人来说，金钱崇拜的价值观带来的最直接的结果是，幸福在很大程度上已经被对金钱的拥有取而代之。在现实生活中，金钱越来越成为人的一种延伸，是人支配人和环境的权力，魔术般地扩大了人的行动的半径。把金钱当作共同的衡量标准和尺度是市场经济发达的产物。对于现代人来说，如果全部心神和努力都用来赚钱、事功，那么幸福就很容易被忽略；如果过度迷恋由金钱塑造的舒适生活，那么就会始料未及地远离幸福。因为人的舒适度如果只取决于金钱，里面就会发展出对经济增长和生活水平提高的习惯性期待，贝尔称之为"应享意识"，他认为在价值变化的潮流中，"我们今天正面临一场不断高涨的应享革命"②。对于这种现代观念，来自传统社会的某些价值观也许是一种纠正，梭伦认为金钱只在两个方面发挥作用：一是让人更有能力满足自己的欲望，二是让人更有能力承受灾难的打击。它与幸福没有直接和必然的关系，有钱人并不会必然比普通人更幸福。在中国古代，人们"万物静观皆自得，四时佳兴与人同"，古人对生活的这样一种自得的雅兴很含蓄地摈弃了幸福感对外在世界的过度依赖。

总体说来，幸福之所以靠不住，主要是因为三个因素：（1）幸福是主观性的。人的幸福是通过个体的幸福感被把握和理解的。所有的幸福都不过是感觉，只有感觉到了，它才存在。（2）幸福是暂时的、有限的。没有人能将幸福感长久保存，对于同一对象的幸福感也不会反复出现。相对于人漫长的一生而言，幸福只是某些短暂的时刻，人们能感觉幸福的时刻非常有限。（3）幸福不在上帝的创世计划中。弗洛伊德曾说："人们倾向于认为人类应该'幸福'的考虑并不包括在上帝'创世'的计划中。"③ 也许上帝在创造世界时，并未向人类承诺幸福。但是，伦理学研究中的确应

---

① [英]罗素. 伦理学和政治学中的人类社会. 肖巍, 译. 石家庄：河北教育出版社，2003：158.
② [美]贝尔. 资本主义文化矛盾. 赵一凡, 等译. 北京：生活·读书·新知三联书店，1989：69.
③ [奥]弗洛伊德. 文明及其缺憾. 傅雅芳, 郝冬瑾, 译. 合肥：安徽文艺出版社，1987：16.

该包含幸福问题。因为伦理学处理人们之间的关系，探讨每一个文明中都可以很容易地认识到的人的处境。人们在进行价值判断时，往往依据的是自己对幸福的愿望和理解，所以更要在意以下问题：是什么让我们失去或得到幸福？什么是幸福的必要构成？

第三章　忧处境：消极生活

对于生活而言，人的状态、态度、情绪都可以有积极和消极两种基本的区分。按《现代汉语词典》的解释，积极通常是指肯定的、正面的，有利于事物发展的，与消极相对；消极就是否定的、反面的，阻碍事物发展的。阿伦特在《人的境况》中把劳动、工作、行动三种根本性的人类活动称为积极生活，受此启发，本书尝试把异化、孤独、各种心理不适征归为消极生活的范围，并用"消极生活"这个概念来表示现代社会人的生活所面临的与积极背离的趋势。如果说积极生活是高度选择性的，那么消极生活就存在本身而言就是难以摆脱的、难以避免的。不仅生活常常是消极的，而且人们的看法也常常是消极的，如萨特说："一个生命的历史，无论它是怎样的，都是一部失败的历史。事物的敌对系数是如此之大以致需要耐心地等待好多年来得到一个最微不足道的结果。……尽管人看起来是'自己造就的'，然而他似乎是通过气候和土地、种族和阶级、语言、他所属的集团的历史、遗传、孩提时代的个人境况、后天养成的习惯、生活中的大小事件而'被造成的'。"[①] 在萨特看来，生命的历史首先是被决定的，阶级、民族、国家、母语、家庭都是不能逃避的命运，人的无能是指无法按自己的意愿来改变这种处境。他把处境与动机视为同一，他说："每个人只能实现一种处境，就是他自己的处境。"[②]

在人的处境中清理出属于消极生活的因素，如人的异化、孤独和各种心理不适征包括竞争，这是现代人最为迫切需要面对与解决的问题，也是令人忧虑的问题。这些问题处理不当，会使每个人的处境更糟。消极因素如果任由其发展，就不免积渐成非，《汉书·贾谊传》中说："安者非一日而安也，危者非一日而危也，皆以积渐然，不可不察也。"对消极因素加

---

① [法]萨特. 存在与虚无. 陈宣良，等译. 北京：生活·读书·新知三联书店，1987：618.
② 同①704.

以审察，综合前面所列举的种种积极生活内容，马尔库塞的观点给我们的启发良多，他考察人类文明发展的历史，指出："在所有从观念实践中寻找最大幸福的观念论学说的源头，都存在着一种忧虑：担忧着所有生活条件的不稳定，担忧着失落、依赖和财产的偶然性，而且还担忧着人和神的餍足、无聊、妒忌……幸福已成为一种蓄存起来的东西，以便能够随时找到。人在真、善、美的哲学知识中能找到的快感，是最高的快感，它具有与物质实然完全对立的性质：在变动中见永恒，在不纯洁中见纯洁，在不自由中见自由。"① 人类在科学、知识、技术以及增进人类可能方面的进步是巨大的，但是人的精神、智慧以及人性的进步并不同样显赫，所以就像鲍曼所说："作为人必然意味着要体验忧虑。"② 他还指出："在人的生活中，忧虑绝不是新事物。人类从一开始就知道它，忧虑是其可以想象的最显著的特征之一。每个时代都有其独特的忧虑，这使它区别于其他的时代；甚至，每个时代都具有时代特色的名称。"弗洛伊德的研究更深入地揭示了人的忧虑从何而来，他说："我们受到来自三个方面的痛苦的威胁，来自我们的肉体，它注定要衰老和死亡，而且，如果我们的肉体失去了疼痛、焦虑这些警告信号，它甚至就不可能存在；来自外部世界，它可能毫不留情地以摧枯拉朽的破坏势力与我们抗争；来自人际关系。"③ 来自肉体、外部世界和人际关系的各种痛苦，在这个时代以异化、孤独、各种心理不适症表现出来，使人的生活充满忧虑，这是本章关于处境伦理讨论的内容。

第一节 异化

关于现代人的处境的消极表达，没有哪个概念比异化更令人印象深刻，更有说服力。卢卡奇（Lukacs，1885—1971）说："异化是我们时代的关键问题。"④ 卢卡奇说出了异化的普遍性，萨特则总结出了异化的最本质的特征，他说："一切被异化了的东西原则上只能为他地存在。"⑤ 这里所

---

① [美]马尔库塞. 现代文明与人的困境——马尔库塞文集. 李小兵，译. 上海：上海三联书店，1989：121.
② [英]鲍曼. 生活在碎片之中. 郁建兴，等译. 上海：学林出版社，2002：116.
③ [奥]弗洛伊德. 文明及其缺憾. 傅雅芳，郝冬瑾，译. 合肥：安徽文艺出版社，1987：16.
④ [匈牙利]卢卡奇. 历史与阶级意识. 杜章智，等译. 北京：商务印书馆，1999：17.
⑤ [法]萨特. 存在与虚无. 陈宣良，等译. 北京：生活·读书·新知三联书店，1987：673.

揭示的异化的本质特征，即为他，里面包含着自我丧失。关于异化了的人，帕斯卡尔有一种更形象的描述，他说："人类并不知道要把自己放在什么位置上。他们显然是走入了歧途，从自己真正的地位上跌下来而再也找不到它。他们到处满怀不安地而又毫无结果地在深不可测的黑暗之中寻找它。"① 在"黑暗之中"，就是对异化了的人在这个时代的境遇的形象表述。贝尔写作《资本主义文化矛盾》时，提出了"异化"这个概念和现象的核心，即"非人化"②，它导致各种各样的矛盾，同时积累了潜在的社会冲突。他认为异化被重新发现，揭示了现代生活的复杂性、矛盾性。贝尔的异化理论有两个源泉：一是马克思的早期著作；二是韦伯的理论，他发现异化同个人在社会中的孱弱无力感相互联系。一直到今天，无论从经济学、社会学的层面还是从伦理学、心理学的层面讨论异化问题，特别是深入辨析贝尔提出的在人的异化中的"非人化"趋势，这两位伟大思想家的思想和观念都是不能回避的。

一、人的非人化

异化不是一种孤立的现象，它的伴随性表现包括社会反常、荒诞、绝望等心理形式的大量出现。在现代社会，最引人注目的异化现象是人丧失尊严即非人化，这一现象具有普遍性。早在19世纪，异化就作为一个术语开始为黑格尔和马克思所使用，它是指程度较轻的自我疏远，这个概念最基本的意思是：人是理性的人，他虽然在实际事物和现实生活中理智地行动，但却有一种最为严重的社会形式的缺陷，即与自我的分离。黑格尔的"异化"是精神上的异化，即"绝对理念"在运动中异化或外化为自然界，也就是说，无论是客观存在的世界还是自我意识的现实，其出现都取决于一个异己的世界。马克思接受了黑格尔的"异化"概念，并把它作为资本主义的现象加以描述。他指出："异化既表现为**我的生活资料属于别人，我**所希望的东西是我不能得到的、**别人的**所有物；也表现为每个事物本身都是不同于它本身的**另一个东西**，我的活动是**另一个东西**，而最后，——这也适用于资本家，——则表现为**一种非人的力量统治一切**。"③ 马克思捕捉到了"异化"所包含的"非人性"，人被非人的力量所统治，

---

① [法]帕斯卡尔. 思想录. 何兆武，译. 北京：商务印书馆，1985：186.
② [美]贝尔. 资本主义文化矛盾. 赵一凡，等译. 北京：生活·读书·新知三联书店，1989：60.
③ 马克思恩格斯全集：第42卷. 北京：人民出版社，1979：141.

人自身成为非人的存在，成为缺少尊严的存在。马克思的异化理论是与尊严理论密切相关的。

马克思的异化理论建立在对黑格尔的批判上。首先，马克思批判了黑格尔的"异化"概念，认为黑格尔的"异化"概念把人的本质与自我意识等同起来了。以黑格尔的异化理论来看，人的一切异化都是自我意识的异化。然而，在马克思的理论中，异化是指人的这样一种状态：他自己的行为对他来说成了一种异己的力量，与他相对，并且反对他，使他不能控制自己的行为。其次，马克思认识到异化不仅存在于与他人的关系中，而且存在于与自己的关系中。19世纪，资本主义的发展为马克思的异化理论提供了非常生动的现实图景，他在此基础上提出了"异化劳动"和"商品拜物教"两个新的概念，并阐释了这两种现象如何导致人的尊严受损，从而与人的全面发展的理想格格不入、背道而驰。马克思的异化劳动理论是对19世纪40年代的经济现实和工人的生存处境的揭示：工人与劳动产品、劳动活动、类本质、他人和自我的异化是工人命运的无情现实，也是工人欠缺尊严的具体表现。由此可见，马克思的尊严理论建立在他对异化劳动的批判之上，这一理论的进一步深化是对异化劳动所导致的"商品拜物教"的批判。他在批判黑格尔的相关学说的同时，建构了自己的理论体系，指出"人的根本就是人本身"①。批判异化、追求尊严的目标非常明确，就是建立人是人的最高本质这样一个学说，"从而也归结为这样的**绝对命令：必须推翻**那些使人成为被侮辱、被奴役、被遗弃和被蔑视的东西的**一切关系**"②。只要人与人的关系中仍然有支配与被支配、统治与被统治、占有与被占有，马克思就不会停止批判，对他而言，"批判已经不再是**目的本身**，而只是一种**手段**。它的主要情感是**愤怒**，它的主要工作是**揭露**"③。他要揭露人被异化和尊严受损的现实并且改造这种现实。

马克思的发现与研究显示，对商品的崇拜以及日趋广泛的现金交易，使人与人的关系逐渐异化，表现为人与人的关系被物与物的关系所取代。他要在这种现实中探究的问题是，商品交换及其后果在多大程度上影响了人们的社会生活。商品本来只是人的产物，可是一旦作为商品出现，它就变成一个可感觉和超感觉的物，表现为赋有生命的、彼此发生关系并同人

---

① 马克思恩格斯选集：第1卷. 北京：人民出版社，1995：9.
② 同①9-10.
③ 同①4.

发生关系的、独立存在的东西，这就是"商品拜物教"。关于"商品拜物教"如何导致人被非人化，马克思有一段非常精彩的话，他说："我们彼此进行交谈时所用的唯一可以了解的语言，是我们的彼此发生关系的物品。我们不懂得人的语言了，而且它已经无效了；它被一方看成并理解为请求、哀诉，从而被看成**屈辱**，所以使用它时就带有羞耻和被唾弃的感情；它被另一方理解为**不知羞耻**或**神经错乱**，从而遭到驳斥。我们彼此同人的本质相异化已经到了这种程度，以致这种本质的直接语言在我们看来成了对**人类尊严的侮辱**，相反，物的价值的异化语言倒成了完全符合于理所当然的、自信的和自我认可的人类尊严的东西。"① "商品拜物教"包含对商品的崇拜，其结果是人与人的关系为物与物的关系所替代，其中最具有破坏力的是一次性商品的使用，用完即扔的特性消解了物的稳定性。在人类漫长的历史发展中，人曾经通过物的稳定性来获得家园感、存在感、归属感。但是，一次性商品的出现和使用，既破坏地球的资源和环境，更严重的是破坏人的心灵感觉。从哲学的角度来看，舍去实体而抽象出功能，物只要有即时满足功能便可，这样就会发展出重视功用的价值观：物只在用的时候才有价值，过后就可以被扔掉。也就是说，东西本身并不重要，只在发挥作用和功用时才受到重视。这种价值观并没有只停留在物的世界，而是进入了人的世界发挥作用，甚至出现马克思所说的物的世界的增值同人的世界的贬值成正比。这种本质被异化的结果，就是马克思所看到的：在交换市场上，人不是作为制造者，也不是作为人相遇，而是作为商品的所有者和交换价值的所有者相遇。马克思所说的自我异化就是人被贬低为商品，因此出现了阿伦特所说的异化现象："有用和功利被确立为人的生活和世界的最终标准"②。这其中包含着人作为目的消失。

我们可以这样理解马克思异化理论中的内容：资本主义的商品生产体系包含着竞争性的产品市场和劳动力的商品化过程。工业化使人日复一日、年复一年地屈从于单调、重复的劳作，其结果是人同自己生产的产品、生产活动、自己的类本质异化，最后导致人与人的异化。工业化所积累的大量财富以丰富的商品为象征，商品交换无处不在。在商品交换中，以货币为媒介的交换方式使多方面的事物平等起来。资本主义的发展把货币变成最惊人的等价物，用它来表达所有物质之间的不同与相同，因为货币有购买一切东西、占有一切对象的特性。正因如此，对于很多人而言，

---

① 马克思恩格斯全集：第42卷. 北京：人民出版社，1979：36.
② [美] 阿伦特. 人的境况. 王寅丽，译. 上海：上海世纪出版集团，2009：120.

货币不再只是支付手段，它成了人类存在的终极目的。对货币的崇拜，进而顺理成章地衍生了"商品拜物教"之后的"货币拜物教"。人们先是商品的奴隶，他们因为习惯、娱乐、需求和依赖性而与自己的内在自我失去联系，继而成为货币的奴隶。货币就其本质功能而言，"以尽可能简明的方式表示事物的价值，以尽可能凝练的符号表达事物的价值"。它就可以成为所有价值的共同单位，挖空事物的核心、个性、特殊性和不可比性。① 个体因此被弱化成无足轻重的人，人与人的关系在交换中渐渐被物与物的关系、货币与货币的关系所替代，在这个过程中，个人的意义消解了，个人的独特性不见了，人的价值可以用货币的形式体现、交换，商品和货币替代人而成为人的世界的主宰、目的，与此同时，人的尊严无处依附。

二、异化的时代特征

可以说，即使现实对理论提出了极大的挑战，马克思主义作为方法仍然是值得借鉴的，它虽然不是一个现成的、可以应用于一切情况的公式，但是作为方法却始终可以运用于对人类社会生活的认识和批判。马克思总是强调：对人类的社会生活要进行整体全面的理解。特别是人类存在活动的实践性、社会性，马克思批判异化直指这两个维度。与此同时，卢卡奇的"物化"批判是一个有益的补充视角。他所说的"物化"，是指人的活动，他自己的劳动成了对他来说是客观和对立的东西。物化即对象化。卢卡奇从马克思对资本、商品拜物教的分析中提炼出"物化"这个概念，从而展开对资本主义的批判，主要针对资本主义异化了的社会关系和本质。这说明马克思的异化理论并没有停留在他那个时代。的确如此，在当代，异化有了更多的内涵、表现形式。人们对异化的理解、研究仍然要回到马克思，他早就预见到对商品崇拜所导致的异化或物化将是一个全球化过程，一个以欧洲为中心的、伴随着资本全球性扩张的全球化过程，无人可以幸免。今天，因为异化劳动和商品拜物教而必然出现的消费主义、物质主义印证了马克思的观点。

吉登斯的研究指出："消费所致力于处理的恰是现代社会生活的异化特性，并声称自己便是这种特性的解决之道：消费通过'恰当的'产品和服务所提供的正是自恋者所需的（即魅力、美貌和受欢迎程度）。在现代社会条件下，我们所有人在生活中似乎都被镜子所环绕，而在这些镜子

---

① [德] 席美尔. 货币哲学. 朱桂琴，译. 北京：光明日报出版社，2009：99.

中，我们所要找寻的正是一个无瑕疵的、在社会上有价值的自我形象。"①消费就是一切，人们通过消费来勾勒和确定自我的形象。吉登斯的批判是说人们已经没有了精神的旨趣与追求。物质需求、情感、心理满足及精神生活等，与人的丰富性相关的一切都通过消费、通过对物的占有来表现。消费主义的逻辑使得现代商业社会中的任何事情都成为开放市场上的一件商品，人的存在也不例外。人们崇拜商品和财富，生活得极其匆忙、精疲力竭、神经麻木、内心空虚，最糟糕的是没有尊严。

弗洛姆从心理层面剖析现代社会这种异化现象与人的尊严的相关性，他认为："这种待价而沽的异化人格必定失去了许多尊严感，这种尊严感是人的特征之一，甚至原始文化中的人也具有尊严感。他必定失去几乎所有的自我以及作为一个独特的、不可控制的实体的感觉。自我的感觉来自作为我的经验、我的思维、我的情感、我的感觉、我的判断、我的行为的主体的自我经验。自我的感觉预先假定我的经验属于我自己，而不是任何异化的东西，东西没有自我，那些变成东西的人也会没有自我。"② 从弗洛姆的阐述中，我们看到，消费社会的异化意味着人们失去自我，价值消散于无形之中。

日本学者今道友信（1922—2012）指出："在当今的时代背后，有一股使人非人化的潜流。"③ 他所研究的异化问题，与功利主义的兴起与盛行关系密切。以幸福的异化为例，今道友信书中提到登山。一般说来，登山的快乐在于途中，人们锻炼自己的勇气，与同伴相互鼓励和帮助，这个过程本身就是意义之所在；更重要的是克服艰难险阻登上山顶，体会诗人杜甫（712—770）所说的"会当凌绝顶，一览众山小"的壮丽景象。技术的发展改变了这一切，比如登山索道的出现。人们在过去生活中积累的经验失效于技术带来的体验：索道把人快速送上山顶，没有努力，没有过程，人直接饱览美景。对于体力难以胜任的人（如病人、老人）而言，索道带来登高望远的快乐，这当然是好的。但是，带来的消极后果是，人们锻炼刻苦努力、坚韧不拔、团结互助这些美德的机会大大减少了，而且可能助长不劳而获、好逸恶劳等恶习。人类的历史、文明和生活经验都证明：人世间有很多东西要经过一番辛苦去得到，才是有意义的。幸福也不

---

① [英]吉登斯. 现代性与自我认同——晚期现代中的自我与社会. 夏璐, 译. 北京：中国人民大学出版社, 2016：160-161.
② [美]弗洛姆. 健全的社会. 王大庆, 等译. 北京：国际文化出版公司, 2003：124.
③ [日]今道友信. 关于爱. 徐培, 王洪波, 译. 北京：生活·读书·新知三联书店, 1987：14.

例外，正像亚里士多德所说："人们有充足理由主张，通过努力获得幸福比通过机遇更好。"①

在阿伦特生活的时代，异化问题已经蔓延，她提出了"世界异化""地球异化"的概念，是指现代人脱离了人类自身的生存处境，即世界和地球。她指出，现代的标志是世界异化。所谓世界异化，即人逃离地球进入宇宙和逃离世界返回自我的双重过程，具体表现为更大的生产力、更多的占有、更触目惊心的贫困。她从人类崭新的经验和切近的恐惧出发，思考了人的处境和时代的特征。这一情形她称之为第一阶段，以残酷、悲惨和物质贫困为特征，劳苦大众数量不断上升。"剥夺，使一部分人群丧失他们在世界上的位置。"② 商业社会遵循的可交换原则无可挽回地导致了所有价值贬值，交换价值战胜使用价值乃至内在价值。阿伦特还指出："我们看到同一种现象在极不相同的条件下和全然相异的环境里发展——精神上的无家可归达到了前所未有的规模，漂流无根的心绪达到了前所未有的深度。"③ 她认为这种时代特质导致人对未来无法预料也无从相信，所以人越来越分为两种类型，一种人相信人无所不能，一种人认为生命中的主要经验是无力感。台湾学者钱永祥则提出道德异化的概念，他说："一旦道德无视于现实的是非善恶，只顾着修身养性，成圣成贤，安身立命，追寻意义，道德便告异化。"④ 道德异化是指人只关注狭隘的自我或在以自我为中心的狭小天地中成长与提升，从而使利己主义发展为极精致的形式。克服道德异化就其具体内容来说，是关注人在生活中的遭遇、感受、负担、命运、痛苦。这正是处境伦理所关切的。

我们知道，在社会的不同发展阶段，人的奋斗目标是各不相同的。在发展时期，人的奋斗目标是消灭贫穷、剥削与不平等；在发达时期，人们更重视消除心理阻碍和各种异化现象，就像马克思所指出的："人的自我异化的**神圣形象**被揭穿以后，揭露**非神圣形象**中的自我异化，就成了为历史服务的哲学的迫切**任务**。"⑤ 以上的分析使我们看清，在现代社会，异化的结果将导致消费主义、物质主义以及虚无主义，与消费主义和物质主

---

① [古希腊]亚里士多德. 尼各马科伦理学. 苗力田，译. 北京：中国社会科学出版社，1999：18.
② [美]阿伦特. 人的境况. 王寅丽，译. 上海：上海世纪出版集团，2009：204.
③ [美]阿伦特. 极权主义的起源. 林骧华，译. 北京：生活·读书·新知三联书店，2008：初版序.
④ 2017-05-12，http://www.aisixiang.com/data/88335.html.
⑤ 马克思恩格斯全集：第1卷. 北京：人民出版社，1956：453.

义如影随形的虚无主义更容易统领人的精神世界。可以说，社会中虚无主义的盛行是异化所导致的极其严重的后果，虚无主义之所以值得警惕，是因为它会导致最高价值的自行贬值。毫无疑问，一个以虚无主义态度处世的人，会否定现存世界的价值和意义，认为其不该存在，即使那个本应存在的世界也是子虚乌有的。这样一来，与人生有关的一切，包括意愿、情感、感觉、行为，都变得没有意义。加缪对时代的这种特点认识得很深刻，他说："今天照耀世界的不是反抗与它的高尚精神，而是虚无主义。"[1]虚无主义使得人与人之间的分离正在成为一种世界性的趋势，是从形式到心理的疏离，各个方面无所不包。社会的流动性会进一步加剧这一趋势。

异化的进一步加重与人们对抗虚无和对"好"的期待有关，人们通过寻找好的东西来消除虚无感，比如找好工作，带来更大的生产力和更强的消费水平，现在人们还要为自己找好的伴侣和朋友，为孩子找好的邻居和好的学校。这种分离、寻觅、期待带来的具体结果就是社会构造方面的重大变化——孤独大众的出现。社会更齐整，个人更自律、更自励，向同辈看齐，成为顺从他人压力的唯诺众生。人还有对承认和赞美的渴求，人们共同生活的价值在于得到承认和赞美。但是在道德冲突加剧的社会，人充满负疚感，被良心折磨，感到痛苦、孤独和绝望，各种主义盛行，其中，犬儒主义蔑视一切价值，自然就取消了与理想有关的冲突；乐观主义用非常简单的手段解决冲突；悲观主义则会导致更强的孤独感，人除了自身以外，什么都不关心，陷入更大的孤独。

第二节 孤独

在现代汉语中，孤独最初是指"独自一个"，即指个体被剥离共同体的情形，此时人失去了被看到、被听到，也没有对他人看到和听到更多。麦金太尔考察了它的词源学意义，指出："孤独（eremos）一词，是我们的词汇'隐士'的原型；而对于基督教来说，隐士生活也许是最重要的人类生活形式之一。"[2] 他认识到人的境况的实质是，生命如此脆弱，人如此脆弱。

---

[1] [法]加缪. 加缪全集：第3卷. 丁世中，等译. 石家庄：河北教育出版社，2002：218.

[2] [美]麦金太尔. 德性之后. 龚群，戴扬毅，译. 北京：中国社会科学出版社，1995：171.

美国心理学家卡伦·霍尼（Karen Horney，1885—1952）更明晰、更系统、更有说服力地从异化的角度总结了她对孤独的理解。所谓异化，在她看来，乃是个人与他真正的自我相离异，在社会文化的作用下成为与自己的本来面目相异的陌生人。这种异化导致人的内心的各种冲突，其中"孤独就是基本冲突的一个部分，即一种最初对待他人的矛盾态度，但孤独也代表一种解决矛盾的试图"①。她认为孤独指维持自我与他人之间一种情感上的距离。从哲学的意味来看，孤独是"无法显现，从而他存在就如同不存在一样。他做任何事情都不会对他人产生意义或影响，对他重要的东西对别人来说无足轻重"②。这种丧失了与他人的关系，也丧失了自我实在性的状况就是阿伦特所说的孤独，它正在演变为一种更普遍的现象即大众孤独。在任何一种处境中，总会有相应的情绪，有些是普遍的，有些则带有个人的特点。在现代社会，孤独的意义被更深地体会和认识，因为它是普遍的情绪体验；也因为在现代处境下，所有现代的构成都在人与人之间形成分隔和疏离，出现了现代孤独的大众化和普遍化。矛盾的是，一个人过一种完全在他人注视下的生活又是危险和肤浅的，这其中的分寸不好拿捏，很容易令人进退失据。

一、孤独是人类的宿命

孤独是最普遍的人类经验，每个人都会经历，区别只在感受的深浅。孤独之所以难以忍受，是因为在孤独中他人缺席，无人见证自我的存在，甚至存在如同不存在。从精神的意义来说，它是一种被剥夺，一个人被剥夺了对于真正人的生活来说最为本质的东西，没有被看到、被听到、被感受到，没有陪伴、没有追随，以及从中产生的充实感和实在性。柏拉图在《理想国》中以寓言的方式揭示了这一点：人不能永远居住在理念的天空下，他必须返回人类事物的黑暗洞穴，与同伴生活在一起。所以，人类不得不接受的命运是：在人群中度过一生。亚里士多德曾断言，一个完全离群索居的人不是天使便是魔鬼。基督教教徒信奉人喜悦住在世人之间，是说人所喜欢的是与世人在一起，即生活在社会中。

"社会"在古代汉语中有乡间、庙会的意思，现在是指人们共同生活的场所。两千多年前，《论语·微子》中记载了关于孔子的这样一个片段，他在和学生周游列国期间，遇见了两个隐士，两个隐士对子路说他的老师

---

① [美]霍尼. 我们内心的冲突. 王作虹，译. 南京：译林出版社，2011：序言 5.
② [美]阿伦特. 人的境况. 王寅丽，译. 上海：上海世纪出版集团，2009：39.

是避人之人，自己才是避世之人，子路把这件事告诉老师，"夫子忧然曰：'鸟兽不可与同群，吾非斯人之徒与而谁与？天下有道，丘不与易也'"。由此可见，圣人内心多么忧伤、多么孤独，他感叹的是不与人为伍能与谁为伍？不与人在一起能与谁在一起？在古希腊城邦生活时代，孤独也是难以想象的，因为友谊、人群、城邦被视为人性的本质成分，孤独是可耻的。无论历史还是经验都证明：崇拜、追随、认同都可以使个人感觉自己不再是自己，而成了某种永恒之物的一部分。融入更大的意义，既可以掩饰又可以忘却自我的渺小和无助，也成功地逃离了孤独。苏格拉底和他的追随者、孔子和他的学生用这种方式来抗拒人类孤独的宿命。

孤独有时是指人从心理和情感上感觉自己被剥夺了在世界上的位置，比如哲学家，并不独处却备感孤独。尼采漫游大地，他曾说："呵，孤独！你是我的家，孤独呵！我在陌生的蛮人中落荒太久了，所以我不能不泪水汹涌地回到你这里。"① 他发现了人群中的孤独和寂寞，人有时在人群中更寂寞，更孤身一人，这是现代人的宿命。认识自我越透彻，自我存在感越强，人就会越孤独。这种宿命的孤独是由人的出生带来的。出生，是具有偶然性的事件，每个人都被偶然性带入某个时代和某个地方。关于怎样开始自己的生命征程，个人总是无能为力。这种开始注定了人总是孤独的，人孤独因为他是一个唯一的个体，他不同于其他任何人，他有自己的开始和结束，有自己的生命，也会经历自己的人生，从而形成独特的体验、经验和记忆，无法与芸芸众生中任何一个人完全重合。可悲的是，"现代人宁愿被捕猎、咬伤、撕碎，不愿在寂静中与自己相处。与自己相处！——这个想法使现代人不寒而栗，这是他们的恐惧和怕鬼"②。人们害怕孤独，害怕与自己相处。在弗洛姆这样的哲学家看来，人的独一无二性成就了人的尊严，也给人带来了孤独的处境，他说："人是孤独的，但同时，他又与外人相联系。他是孤独的，因为他是一个唯一的实体，他与其他任何人不一样，他意识到自己是一个独立的实体。当他必须依靠理性的力量独立作出判断和决定时，他一定是孤独的。然而，他不能忍受孤独，他不能与他的同伴毫不相干。他的幸福有赖于他感到，他与他的同伴、与过去和未来之人团结一致、休戚相关。"③ 生命无法重复，也不可

---

① [德]尼采. 悲剧的诞生——尼采美学文选. 周国平，译. 北京：生活·读书·新知三联书店，1986：267.
② 同①134.
③ [美]弗洛姆. 为自己的人. 孙依依，译. 北京：生活·读书·新知三联书店，1988：58.

取代，每个人的独特性在于他通过出生，借助成长，借助言说和行动，为世界注入新的东西。独一无二的特性使每个人与众不同，不能被取代，从而具有自身存在的意义，这将激起个人为自己的存在负起最大责任。这是承认人有独特性、差异性和个体性，承认人都是独一无二的、自成一格的。人只能通过言说和行动使自我与他人区别开来，因此，追求与众不同是在言行之中进行的。古往今来，有深刻感受力和表现力的人，把生存的孤独感用文字或语言的形式流传下来，也能在后世引起深刻的共鸣。理斯曼等人注意到这样一种现象："独自看书变成了一种孤独的新方式。"① 今天，在现代处境中，孤独已经成为一种大众现象，排遣孤独以及与之相伴而生的空虚是当务之急。

二、没有人不孤独

文字和语言帮助人们认识孤独，所以谈到对孤独的理解和领悟，文学家通常比一般人更敏锐。初唐诗人陈子昂在他的《登幽州台歌》中写道："前不见古人，后不见来者。念天地之悠悠，独怆然而涕下。"古往今来的人，立于上下四方的天地之间，往前是无穷无尽时间的追溯，往后是无穷无尽时间的绵延，难免不因自我的渺小无助而涕泗沾巾，陈子昂更是深切地体会到这种个体生命的孤独并且写出了这种孤独，所以他的作品因为写出了人类的共感千百年来仍然有动人心魄的艺术魅力。在中国文学史上，陶渊明的命运极能对此有所说明。梁启超（1873—1929）曾经认为中国文学传统中能活出个性的文学家，屈原之后只有陶渊明。陶渊明是极热烈、极有豪气的人，也是缠绵悱恻、极多情的人，极严正、道德责任心极重，修养很好。他写自己少年时的豪气："忆我少壮时，无乐自欣豫。猛志逸四海，骞翮思远翥"（《杂诗》），"少时壮且厉，抚剑独行游"（《拟古》）；写自己的多情："闲暇辄相思"（《移居》）；写自己的浓烈："其人虽已没，千载有余情"（《咏荆轲》）；写自己的淡然："采菊东篱下，悠然见南山"（《饮酒》）。人与南山相浑然，物我两忘。这份多情令他总能时时感觉人生妙味，领略自然之美。自然界是他爱恋的对象，虽然一生穷愁潦倒，但还是能时时有悠然自得之趣，"即事多所欣"（《癸卯岁始春怀古田舍》）。爱自然的结果当然是爱自由，他一生都为精神自由而努力，对于耳目口腹之欲，他的态度是：

---

① ［美］理斯曼，格拉泽，戴尼. 孤独的人群——美国人性格变动之研究. 刘翔平，译. 沈阳：辽宁人民出版社，1989：98.

"倾身营一饱，少许便有余。"(《饮酒》)

陶渊明是名门士族之后，当以修身、齐家、治国、平天下为己任，但是他选择了归园田居。当他人都追求功名利禄和富贵显达时，一个不执着于此的人会显得和周围的人格格不入，这让他陷入精神的孤独之中，不免栖栖惶惶，就像他在《饮酒》诗中写的："栖栖失群鸟，日暮犹独飞。徘徊无定止，夜夜声转悲。厉响思清远，去来何依依。因值孤生松，敛翮遥来归。劲风无荣木，此荫独不衰。托身已得所，千载不相违。"他写一只失群的鸟，飞得这么孤独、这么久，其实是自己真实心境的倾吐。入仕不能，壮志难已，这样的人生注定孤独彷徨，他把自己比作"孤云"："万族皆有托，孤云独无依。暧暧空中灭，何时见余晖。"(《咏贫士》)他的自我拯救之道是饮酒，是醉。陶渊明千古人格之高调在于他坚持做自己，这是气节，也是操守。他曾说："纡辔诚可学，违己讵非迷。"(《饮酒》)他是如此坦荡磊落，在诗中做自我剖析，正像这两句诗写的，你让我绕个圈子走常人走的那条路，我不是不会走，向世俗妥协，我不是学不会，也不是做不到，可是那违背了自己的理想，出卖了自己的人格。这才是他最不能忍受的，人生可以不完成外在的事业功名，但不能不完成自己。其实，一个人能做自己才是人生最重要的成功，这是陶渊明最可贵的价值所在，也是他给今人最大的启发。

中国哲学和文学对孤独的克服可以是陶渊明式的避世，也可以表现在入世的热情中。比如柳宗元（773—819），他有首传唱千古的藏头诗《江雪》："千山鸟飞绝，万径人踪灭。孤舟蓑笠翁，独钓寒江雪。"柳宗元以自己的生命体验到了这层"千万孤独"。他出身官宦之家，早有名气且少年得志，韩愈（768—824）在《柳子厚墓志铭》中说他"少精敏，无不通达"，就是说能将各种学问融会贯通。他21岁中进士，大有平天下的志向。但是，仕途并不顺利，人生以33岁为分界线，之前的春风得意和之后的穷愁潦倒，让柳宗元极度体会了被放逐的孤独苦闷。

参加"永贞革新"失败后，柳宗元被贬离京，再也没能回到长安的政治中心，最后客死柳州任上，他曾写过《别舍弟宗一》："零落残魂倍黯然，双垂别泪越江边。一身去国六千里，万死投荒十二年。桂岭瘴来云似墨，洞庭春尽水如天。欲知此后相思梦，长在荆门郢烟树。"严羽的《沧浪诗话》曾说："唐人好诗，多是征戍、迁谪、行旅、别离之作，往往能感动激发人意。"柳宗元的这首诗，既是伤别，也为迁谪之苦，所以感动更多。他写相思不见，梦里相寻，半路即迷，把遭遇贬谪漂泊孤零的心事叙写无遗。除了长伴左右的两位兄弟，柳宗元一生最好的两位朋友分别是韩愈和刘禹锡（772—842），他们相识于长安从政意气风发的青春岁月，如刘禹锡所写："当年意气结群英，几度朝回一字行。"（《洛中逢韩七中丞吴兴口号》）和刘禹锡更是因为相同志向与命运，成为生死之交。"永贞革新"失败后，柳宗元、刘禹锡等八人被贬为远州刺史，柳宗元任邵阳刺史，赴任途中，反对党觉得处分太轻，将八人由远州刺史加贬为司马。柳宗元任永州司马，刘禹锡任朗州司马，其他人被贬到今天的江西、广东、海南等偏远地区。直到十年后，815 年，这些人才陆续奉诏回京。接到回京诏书，喜出望外的柳宗元立刻登程北上，并感慨万千地写下了如下诗句："十一年前南渡客，四千里外北归人"（《诏追赴都二月至灞亭上》），近长安时更是写下"驿路开花处处新"的诗句。

他们到达长安时正是春暖花开时节，老友重逢，相约玄都观赏桃花，刘禹锡写下《戏赠看花诸君子》："紫陌红尘拂面来，无人不道看花回。玄都观里桃千树，尽是刘郎去后栽。"历经劫难，十年后阔别重逢，旧地重游，没想到一首戏赠小诗却闯下大祸。回京一月不到，几个人又一同被贬出任远州刺史。柳宗元任柳州刺史，刘禹锡任连州刺史。两人结伴同行，一路向南，在古城衡阳依依惜别，柳宗元写下《衡阳与梦得分路赠别》："十年憔悴到秦京，谁料翻为岭外行。伏波故道风烟在，翁仲遗墟草树平。直以慵疏招物议，休将文字占时名。今朝不用临河别，垂泪千行便濯缨。"刘禹锡则深情回赠《再授连州至衡阳酬柳柳州赠别》："去国十年同赴召，渡湘千里又分岐。重临事异黄丞相，三黜名惭柳士师。归目并随回雁尽，愁肠正遇断猿时。桂江东过连山下，相望长吟有所思。"后来，柳宗元还写有《重别梦得》："二十年来万事同，今朝岐路忽西东。皇恩若许归田去，晚岁当为邻舍翁。"《三赠刘员外》："信书成自误，经事渐知非。今日临歧别，何年待汝归？"刘禹锡则回赠他《答重别》。两人的诗文都是字情句泪，而且这次分手成两人的永别。四年后，日渐衰弱的柳宗元自知不久于人世，写下诀别信，将儿女托付给刘禹锡，刘禹锡将好友幼子皆抚养成人。

以忠受谤，受屈流放，永州十年，无政务牵累的柳宗元成就了自己名垂千史的文学梦，他在亲近古人的读书和亲近自然的游山玩水中体会到一个孤独者最大且不需假借于他人的快乐。他在《读书》中写道："竟夕谁与言？但与竹素俱。"漫漫长日相伴的唯有书籍，他称自己"读百家书"。在一首独自出游写下的《南涧中题》中，柳宗元写道："秋气集南涧，独游亭午时。回风一萧瑟，林影久参差。始至若有得，稍深遂忘疲。羁禽响幽谷，寒藻舞沦漪。去国魂已游，怀人泪空垂。孤生易为感,失路少所宜。索寞竟何事,徘徊只自知。谁为后来者,当与此心期。"这首诗深得苏轼欣赏,引其为同道,据说苏轼被贬琼州时,随身携带的书籍仅《陶渊明集》和《柳宗元集》两本,"常置左右,目为二友"。苏轼称赞柳诗"发纤浓于简古,寄至味于澹泊""外枯而中膏,似澹而实美"。从才高出众、少年得志、中年及祸、立志革新、屡遭谪贬这样的人生路线来看,苏轼和柳宗元的命运特别相似。晚年的苏轼曾这样评价他自己:"心似已灰之木,身如不系之舟。问汝平生功业,黄州惠州儋州。"(《自题金山画像》)

陶渊明的自我放逐和柳宗元的被贬放逐是中国文学抒写孤独的两个极具代表性的例证。在中国历史上,还有很多诗人用作品记录了人生孤独的某些时刻。说到久客不归、远在异乡的孤独,王维(701—761)有诗《九月九日忆山东兄弟》:"独在异乡为异客,每逢佳节倍思亲。遥知兄弟登高处,遍插茱萸少一人。"说到孤独寂寞的情感,李商隐(约813—约858)有诗《花下醉》:"客散酒醒深夜后,更持红烛赏残花。"酒醒后,多寂寥;人去后,多孤独。冯延巳(903—960)也说:"昨夜笙歌容易散,酒醒添得愁无限。"(《鹊踏枝》)酒醒了以后怎么办?吴文英(约1212—约1272)的态度是"西园日日扫林亭,依旧赏新晴"(《风入松》),即使当年那些同游春共赏花的人都已经不在了,即使在被隔绝的孤独中,还是要天天来此赏"新晴",这是一种态度:不管处境如何艰难,也要有继续生活的勇气。

中国古代诗人在孤独无奈时,常常会向这个世界发问,屈原写了《天问》,李煜问世人:"问君能有几多愁?"(《虞美人·春花秋月何时了》)冯延巳问自己:"为问新愁,何事年年有?"(《鹊踏枝·谁道闲情抛掷久》)最天真的是欧阳修(1007—1072),他问:"泪眼问花花不语,乱红飞过秋千去。"(《蝶恋花·庭院深深深几许》)吴文英则写道:"问苍波无语,华发奈山青。"(《八声甘州·灵岩陪庾幕诸公游》)秦观(1049—1100)发出了沉痛之问:"郴江幸自绕郴山,为谁流下潇湘去?"(《踏莎行·雾失楼台》)这些亘古常新的难题是无人能解的,所以柳永(约987—约1053)说:"唯有长江水,无语东流。"(《八声甘州·对潇潇暮雨洒江天》)杜牧(803—853)有类似的说法:"浮生恰似冰底水,日夜东流人不知。"(《汴河阻冻》)人们为孤独所苦的感情,并不会因为社会的进步和发展而消失。因为人虽然是社会性的存在,但只是在关系上与这个世界发生联系。人是单个存在的个人,独一无二,无可重复也无法替代,人无论其身体还是其精神的感受、感动,都难以或不能与他人分享。在人的身体里面和精神中发生与体验到的一切，幸福和痛苦、安宁和疼痛、劳作和消耗、满足和匮乏，缺少公共性也无法与人交流。与人的存在相关的这种事实决定了人的孤独不可消除。梭罗在《瓦尔登湖》中用瓦尔登湖畔的独处生活和文字对此加以探讨，指出了孤独中的三个要素：独处、意识中没有他人的涉入、带有反省性等。在他的精神世界里，生成了用文字艺术对抗孤独的努力，他意识到："文字是圣物中之最珍贵者。它比之别的艺术作品既跟我们更亲密，又更具有世界性。这是最接近于生活的艺术。"① 这种亲近生活的艺术给予人们抚慰和对孤独的颠覆，人们在诗歌中超越孤独和人际间的距离与隔膜。萨特也说文学是一种介入，是双方——作者和读者——对共同审美经验辨析的介入。阅读把意义从言词的囚禁中解放出来，它是自由。在《什么是文学》中，萨特辨析了文学阅读与处境伦理的关系，他认为文学阅读使人们把自己的位置放在人的状况的另一边，即上帝这一边："人们把读者从人的状况中抽身出来，邀请他用上帝的目光从反面看待语言。"② 这样一来，人们可以通过文学阅读的方式追忆生命，因为文学阅读意味着救赎，救赎就是拯救，对陷入孤独困境中的人类施救，萨特承认人是这样一种生灵："他不能看到某一处境而不改变它，因为它的目光使对象凝固，毁灭它，或者雕琢它，或者如永恒做到的那样，把对象变成它自身。"③ 人在孤独的处境中当然不会无所作为，拯救自然成为其中的主题。古典的拯救意识是神而人，只有一个上帝可以救赎人类；现代的拯救意识则是人而神，人不再祈求神恩的降临，而是自我救赎。这是解决终极价值、摆脱孤独的两条不同的路。西方神学思想培育的救赎之路在前，相比较而言，康德和席勒、萨特极力推崇的审美之路是全新的不同之路。19世纪兴起的浪漫主义文学和哲学在此基础上沟通诗与思，寻觅解救之道。浪漫主义把诗变成哲学，认为诗是人类在生存困境中自我拯救的最后可能。浪漫主义哲学的早期代表弗里德里希·荷尔德林（Friedrich Hölderlin，1770—1843）徘徊在神的世界中，晚期浪漫主义者尼采由超人思想接扛审美思想的大旗，他和席勒一样，相信诗的解救作用，海德格尔干脆把诗变成思的源头，从现代社会的图景刻画中着手解决这个问题。

与西方哲学从拯救和摆脱的角度对孤独的认知不同，在新的社会条件

---

① ［美］梭罗. 瓦尔登湖. 徐迟，译. 上海：上海译文出版社，2006：90.
② ［法］萨特. 萨特文论选. 施康强，译. 北京：人民文学出版社，1991：99.
③ 同②102.

下，会有新的表现形式，即各种心理不适征。

第三节　心理不适征

前面分析的异化、孤独等现象，还有现代处境中人所面临的各种复杂现象，都会导致或引起各种心理不适征，包括竞争、厌烦、焦虑等。

一、竞争

在我们的时代、社会和每一种文化中，竞争是每个人必须面对的问题。在现代文明发展的历史中，竞争是一种积极、有效地推动社会进步的方式，但是不可否认，很多现代文明病征与竞争相关。

正如人们所观察到的，竞争意识越来越辐射到人类的一切活动之中，包括爱情、社会关系和游戏等。人人都希望得到名望、财富、地位，这些东西的获得在任何一种文化中都是重要的。除了少数的幸运儿（他们是通过继承得到这些的），对于社会中的大多数成员而言，要通过竞争去分配所有的社会善。竞争的内涵本来就是指为了自己的利益而与他人争胜。竞争有不同的作用，从积极的意义来说，竞争的本质是超过他人，会鼓励进步、发展、创造，培养人的卓越性；从消极的意义来看，竞争会产生比较意识，从而助长焦虑、紧张等心理的蔓延，导致压力过大。因此，竞争会形成建设性和破坏性两种不同的倾向、结果，这是由人的社会性存在和个体性存在决定的。

在哲学史上，关于人的社会性存在有两种针锋相对的观点：一是亚里士多德《政治学》中提到的，人是能结成共同体的存在物，是"城邦动物"或者说"政治动物"，人作为个体，依赖城邦而生活并保证和实现自我的利益；二是托马斯·霍布斯（Thomas Hobbes，1588—1679）在《利维坦》中所描述的，关于人结群而居的可怕性，他称之为自然状态，也叫战争状态，就是野蛮残忍的状态，他认为人作为自然的生物，其自然本性在于求自保、求生存，从而自私自利、贪婪、残暴无情，人与人互相防范、敌对、争战不已，像狼和狼一样处于可怕的自然状态。他说："人们不断处于暴力死亡的恐惧和危险中，人的生活孤独、贫困、卑污、残忍而短寿。"[①] 他指出，在人的天性中，有三种造成争斗的主要原因：第一为

[①] [英] 霍布斯. 利维坦. 黎思复，黎廷弼，译. 北京：商务印书馆，1985：95.

竞争，第二为猜疑，第三为荣誉。第一种原因使人类为利益而侵略，第二种原因使人类为安全而侵略，第三种原因则使人类为名誉而侵略。① 在人的社会性存在中，不管其相处方式如何，竞争都是不可避免的，它来自自然界中生物的争夺本能。用霍布斯的人性论对竞争加以分析可以发现，竞争与人性的另一个特点有关：资源不足，人的需求的性质会引起竞争。换个方式说，在已知人的需求和欲望的本质，以及需求和欲望倾向于改变与扩大的情况下，会存在一个永恒的倾向：去得到更多东西。需求和欲望的总量大于可用资源的量，这使得自然资源总是匮乏。霍布斯认为，此一匮乏导致人们之间的竞争，如果我们等待他人取走他们要的，那么就没有东西留给我们，因此在自然状态下，我们必须立刻占有而且捍卫我们的需求。霍布斯的自然状态学说的意义，以及由此发展出来的契约论，在洛克和卢梭的理论中得到了进一步发展。他们都假设人类在没有形成社会、国家之前的状态是一种自然状态。我们可以将自然状态视为思想实验的一部分，在这个实验中我们想象：在缺乏任何政治设计的情况下，生命所处的自然状态是一种假设，总之，自然状态不应被解释为实际状态。霍布斯的社会契约理论其实只是为了解释国家的起源及其如何产生的过程，是企图提出一个有合理的社会、合理的政治权威的哲学知识。这使得人们能够理解自己的政治义务以及支持有效权威的理由。米德心理学的研究成果认为："个体之间会发生争斗。这里可能存在着某种生理背景，如饥饿、对性对象和支配地位的争夺等。"② 他注重从生理学、心理学的角度去阐释竞争作为一种行为模式的社会起源，也承认正是这种争斗促进了沟通。不得不承认，人是理性的，但人类的心理构成大部分是自我中心或利己的，尤其当人们慎思基本的政治和社会事务时，他们在思想和行为方面倾向于给予自己的生存、安全、家庭以及好生活优先性，所以应当把社会契约论当作一种思考方式和解释模式。

叔本华曾说："我们在自然中就到处看到了争夺，斗争和胜败无常，转败为胜，也正是在这种情况中我们此后还要更清楚地认识到对于意志有着本质上的重要性的自我分裂。意志客体化的每一级别都在和另一级别争夺着物质、空气、时间。"③ 这种在自然界中存在的，动物和植物针对阳

---

① [英]霍布斯. 利维坦. 黎思复，黎廷弼，译. 北京：商务印书馆，1985：94.
② [美]米德. 心灵、自我与社会. 胡荣，王小章，译. 台北：桂冠图书股份有限公司，1995：229.
③ [德]叔本华. 作为意志和表象的世界. 石冲白，译. 北京：商务印书馆，1982：212.

光、空气、水分、食物的争夺，到人类社会达到最为集中的程度，人类还争夺荣誉、权力、财富，这才导致了霍布斯所说的人对人像狼的这种情况。叔本华认为人是世界上最为复杂的、需求最多的、会受到无数伤害的生物，所以为了在这种争斗中求得生存，必须得依赖感性和理性双重能力来认识世界。就人有感性而言，世间人类的追逐、焦虑、苦难都从无穷的欲望而来。霍布斯在《利维坦》一书中提出了详细的分析模式，他认为生活是一种运动，有欲望，有畏惧，也有感觉，他说："人们所欲求的东西也称为他们所爱的东西，而嫌恶的东西则称为他们所憎的东西。因此，爱与欲望便是一回事，只是欲望指的始终是对象不存在时的情形，而爱则最常见的说法是指对象存在时的情形。"① 霍布斯在对人类的讨论中，把欲望看成想得到某种东西或想达到某种目的的要求，他指出："当人们具有能达成的看法时，欲望就称为希望。……对财富的欲望称为贪婪……对地位或优先权的欲望就是野心。……想要知道为什么及怎么样的欲望谓之好奇心。"② 霍布斯所提出的这些概念为理解竞争与冲突等社会现象准备了理论前提。黑格尔继承了霍布斯"人对人相互斗争"的思想，他对斗争性的论述值得我们注意。黑格尔认为斗争性是人类精神的伦理发展进程中的核心概念，是支配着每个社会个体的历史命运，是推进着社会组织形式发展的基本力量。人们通过相互竞争从而形成合作。在有自由竞争的地方，每一个人都能因其产品、成就、思想或创造而赢得承认。所有人的口味、要求和意愿都因其多样化而赢得承认，全体民众做出的决定，其中也包括少数人，在千篇一律之处就会有无限的丰富。竞争在任何时代都导致了最大成就，因为人们的活力、创造力总是由竞争激发，特殊的精神能形成特殊的环境，竞争提供刺激。就是说，通过相互斗争，人们为了自我持存，不得不相互妥协，彼此承认，从而形成承认关系，这一思想被后来的学者霍耐特所继承，表现为他在《为承认而斗争》中的理论努力，用承认理论构想伦理生活，用承认伦理确定个体对自我尊严的需要，因为人只有在自我的选择被社会和他人承认时，才认为自己是独一无二、无法取代的个人，也因此被打上独特个体的烙印。

除了认为竞争导致斗争，尼采还认为人们对利益的追逐会造成现代社会的巨大压力，他说："逐利的生活不断地迫使他殚精竭虑，置身于经常的伪装、欺骗与竞争之中。现在，用比别人少的时间做成一件事，才是真

---

① ［英］霍布斯. 利维坦. 黎思复，黎廷弼，译. 北京：商务印书馆，1985：36.
② 同①39-40.

正的道德。"① 其实就是指竞争造成社会生活中人们的压力。在政治领域和经济领域,竞争的残酷在于其结果中所包含的剥夺。大多数人被看得见和看不见的力量剥夺得更加赤贫,既包括物质的赤贫,也包括精神的赤贫。

当然,共同生活的弊端并不能否认社会作为共同体的善。人们需要一个道德同质性的共同体,作为道德和伦理生活的一个必要的观念背景。从共同体的概念来说,道德共同体是最广泛意义的共同体,每一个人都归属于这一群体,都是其中的成员,之所以这样判断是基于以下三点:(1)每个人都有自己的利益、愿望和目的。这些利益、愿望和目的的实现都有赖于他人的存在与合作。(2)每个人都有感受痛苦和快乐的能力,它们的产生和消失都与他人有千丝万缕的联系。(3)每个人都天然地隶属于一定的社会关系。所以,从这个意义上说,竞争其实意味着一个共同目标。从这些观点来看,人的群体性和个体性、关联性和独立性、同一性和斗争性,都可以从人类历史的发展和人类的存在的事实得到说明,合作与竞争因而成为最为普遍的人类相处模式。这种相处模式,就像弗洛姆在《为自己的人》中所揭示的:人不能与他人毫无联系。为了防卫、为了工作、为了性的满足、为了玩、为了养育下一代、为了知识的传播和物质的占有,他必须与其他人发生联系。除此以外,他也需要与他人、与群体相联系。完全孤立是无法忍受的,并且是与健全的生活不相容的:他能够爱或恨,他能够竞争或合作,他能够在平等或权威、自由或压迫的基础上建立一种社会制度,但他必须在某种方式中与他人相联系,而这种特定的联系形式就表现出他的性格。

美国心理学家霍尼对此也有很独到的见解,她说:"我们大多数人都不能不面临竞争的问题,对失败的恐惧问题、情感上的孤独问题,对他人以及对自己不信任的问题。"② 通常,竞争在物质领域以经济活动为中心,主要是财富、资源的分配;在政治领域以公共生活和公民生活为中心,主要是权力的分配;在精神领域以创造活动为中心,是名望、荣誉的分配。在大部分情况下,这些领域并没有明显的界限,而且竞争在各个方面的表现都越来越呈现一种经济活动的发展规律,即都涉及财富的分配。麦金太尔对外在利益和内在利益的区分有助于认识竞争。他所谓的外在利益是

---

① [德]尼采. 悲剧的诞生——尼采美学文选. 周国平,译. 北京:生活·读书·新知三联书店,1986:248.
② [美]霍尼. 我们时代的神经症人格. 冯川,译. 南京:译林出版社,2011:17.

指："当我们获得这些利益时，它们总是某种个人的财产和占有物。它们的特性决定了某人得到的更多，就意味着其他人得到的更少。这有时是必然，像权力和名声，有时是偶然环境使然，像金钱。因此，外在的利益本质上是竞争的对象。在竞争中，既有胜利者，也有失败者。内在利益也确实是竞争优胜的结果，但它们的特性是他们的实现有益于参加实践的整个群体。"① 所以，一个人的某种技能有了很大的突破，他的成就就会充实整个相关的整体。比较而言，外在利益更为世人看重，因为它是人世间成功的标志。

从上面的分析来说，我们不能不承认竞争促成了社会商品经济的发展，也促进了人类社会的进步。正是通过竞争机制，才得以确认并保证其才能可以贡献于社会生活的人从众人中脱颖而出，使社会角色得以区分，而且也使人类社会生活既有同质性又有异质性，即一个人所失的必然为另一个人所得。也就是说，任何添加在某处的东西都是在别处被拆下的。伏尔泰说，渴望我们国家强盛就是渴望我们邻国毁灭。很明显，一个国家不能获利，除非另外一个国家有所损失。阿克顿在《自由史论》中提出的这一思想，在人类社会生活领域是适用的，这就是说，没有人失去就没有人得到。竞争成为所有人的战争，它从必然存在的利益、情感、意见的差异中产生。竞争也会导致关系紧张。中国古代的思想家如孔子很早就认识到竞争的局限性，所以他说："君子无所争，必也射乎！揖让而升，下而饮，其争也君子。"（《论语·八佾》）老子是主张不争的，他说："上善若水。水善利万物而不争。"（《道德经·第八章》）万物生长都离不开水，但它不争，它永远向着低处走，用什么容器装它，它就是什么形状。以上所有关于竞争的论述，基本上可以归为两类，一类持正面肯定的态度，一类持反面否定的态度。前一类主要在实践领域，后一类在资本主义发展以后，是更为普遍的看法。

的确，竞争的出发点通常是利己主义的，在竞争中，人与人会形成敌对、紧张关系，使一个人落后于另一个人。形式上人在竞争，就其内里，是物与金钱的较量。通常，人们拥有的越多，想得到的就会越多。所以，人们追逐金钱、权势、荣誉，它们神奇地为其拥有者注入竞争力。德国哲学家麦克斯·施蒂纳（Max Stirner，1806—1856）早就注意到，"竞争使一切物都是可以购买的。竞争通过把一切物的评价都委之于他们，使一切

---

① [美]麦金太尔. 德性之后. 龚群，戴扬毅，译. 北京：中国社会科学出版社，1995：241.

物都取决于他们给予的价格或他们的估价并为此要求一个价格"①。马克思、恩格斯在他们关于历史的宏大叙事《德意志意识形态》一书中，对德国思想领域的重大变化也是从竞争开始极其详尽的阐述的。"竞争变成了激烈的斗争"② 是这一变化的起点和原因，正是在竞争极其残酷的情况下，竞争开始变得失序甚至不道德。因为"在**极端贫困**的情况下，必须重新开始争取必需品的斗争，全部陈腐污浊的东西又要死灰复燃"③。竞争的大规模出现，始自城市，在以往隔绝与分散的乡村生活中是没有竞争的。城市不仅汇聚了人口、生产工具、资本、享受和需求，而且带来了竞争的生活方式。正如马克思、恩格斯所说，尽管有各种保护措施，但"大工业仍使竞争普遍化了……大工业通过普遍的竞争迫使所有个人的全部精力处于高度紧张状态"④。更糟糕的是，竞争把人们集中起来，又使人们彼此分离，使得资本主义高度发展的同时对分工和竞争的声讨不绝于耳。虽然如此，竞争还是推动了整个社会的巨大进步和发展。因为人是有感觉、有意识的，他不是机器，也不是零件，当他能够认识到自己所从事的单调工作与更有价值和意义的目标相连，他的劳动在整个社会构成中的作用时，单调和乏味就是可以忍耐的。涂尔干说："我们千万不要忘记，专门职业并不是解决生存竞争问题的唯一手段；此外，同化、殖民、脱离更加险恶和激烈的生存竞争以及通过自杀等手段来杜绝软弱无力的状态等等，也都是解决这个问题的办法。既然最终的结果在某种程度上是以环境而定的，既然竞争者不一定非得选择唯一一种解决方案而放弃其他方案，那么他们最后肯定会选择一条自己感到力所能及的途径。"⑤ 竞争使得文明向着理性和逻辑化的方向发展。关于竞争的积极肯定，在于人们通常借助衡量标准的价值来评价竞争的价值，竞争之为竞争的东西，它对于使之得以产生的团体成员来说，总是获益或得利的保证，譬如权力、声誉、金钱等。"任何理智的人都不会希望'废除竞争'，因为一旦竞争消失殆尽，社会努力便只能机械地服从惯例，受少数人朴素灵感的摆布。"⑥ 事实上，竞争也不可能被消除，它总是在关系中产生，只要关系存在，竞争就存

---

① [德] 施蒂纳. 唯一者及其所有物. 金海民，译. 北京：商务印书馆，1989：296.
② 马克思恩格斯选集：第1卷. 北京：人民出版社，1995：63.
③ 同②86.
④ 同②114.
⑤ [法] 涂尔干. 社会分工论. 渠东，译. 北京：生活·读书·新知三联书店，2000：243.
⑥ [美] 沃尔特·李普曼. 公众舆论. 阎克文，江红，译. 上海：上海世纪出版集团，2006：276.

在，而且竞争促成理想和目标的实现。罗素曾说："我认为，如果没有竞争，普通人是不会幸福的，因为自从人类起源以来，竞争就一直是大多数人重大行动的动力。因而我们不应试图消除竞争，而只是要注意让它采取并不极端有害的形式。"① 很多人在战争中比他们在和平时代要高兴，只要战争所带来的直接苦难并没有过于沉重地打击到他们个人。因为一种平静的生活很可能是一种沉闷的生活，一个循规蹈矩的公民忙于谦卑地谋得一种平庸的生活，他这种缺乏冒险的生存方式完全没能满足他本性中的所有需求，人甚至会用渴求毁灭的心情期待生活的一些变化。

为成就而竞争，这是大都市生活的特性，大城市的生活压力与竞争的相关性导致人们对竞争有更多消极的看法。理斯曼等人认为，"我们大部分的意识形态——自由交易、个人主义等等——也都是赋有竞争性的，它们是由父母、教师和传播媒介传递下来的"②。竞争总是存在，也总是冷酷无情。国家和家庭的倾向都是把更多资金投入教育，以便培养更多人才，这加剧了竞争。这种竞争对总体文化的发展来说，未必有益，它造成生活不稳定，使人们疲于应付眼前处境，没有人关心长远目标。一个社会只有在就业、维持生存等方面不成问题，没有失业的担忧，生活于其中的人才可以憧憬并追求长远的目标，进入任何领域都有雄心向其中的杰出人物看齐。

竞争渗透在社会生活的各个方面，从个体的存在到家庭的存在，或许人们更多注意到的是对于个人而言的竞争，但在新的世纪，家庭受到的影响更大，表现为家庭解体和家庭重建。关系已经被削弱，即使过去认为是牢不可破的亲密关系也经受考验，在都市生活中人们都有熟悉的社交圈子，但却缺乏持久的相互关系，连婚姻的维系力度也不够了。哈耶克的研究指出："在一个竞争性的社会里，大多数事物都能以某种代价得到，虽然我们得付出的往往是非常高的代价，这一事实的重要性是怎样估计也不会过高的。"③ 人们对权力与荣誉的热爱，特别是出人头地的愿望，有一种逻辑上不可逃脱的竞争特性。一场比赛的冠军，是竞争之后的荣誉，对于参赛选手来说，只有一个人能体验这种快乐，而其他人能体会的则是失败的痛苦，这种破坏性的情感体验造成了由竞争所带来的人性恶劣，比如通过增加自己的优势来削弱他人去获得胜利。

---

① [英]罗素. 权威与个人. 储智勇，译. 北京：商务印书馆，2010：21.
② [美]理斯曼，格拉泽，戴尼. 孤独的人群——美国人性格变动之研究. 刘翔平，译. 沈阳：辽宁人民出版社，1989：82.
③ [英]哈耶克. 通往奴役之路. 王明毅，等译. 北京：中国社会科学出版社，1997：95.

如果把竞争看成人生的主要内容,过于紧张和残酷,人就很容易产生精神上的疲劳。罗素认为:"受竞争哲学毒害的,不只是工作;闲暇所受的毒害也不逊色。那种能够消除疲劳的恬静的闲暇已变得令人生厌。持续不断的加速度不可遏制,其结局自然是停滞与崩溃。医治的办法是,遵循保持生活平衡的观念,不拒绝健全而恬静的享受。"① 还有就是人的个人主义倾向会导致破坏性竞争,即心理学家所说的"挫败他人"的冲动,它往往呈现孤立的特征,并伴随极大的焦虑。任何个体都是有限性的存在,所以这种破坏性倾向最终导致了爱情冲突、婚姻冲突、亲情冲突、自我冲突、角色冲突等人生困境。通常,爱情冲突表现为恋爱关系中控制、贬低、伤害对方的倾向。婚姻冲突中的破坏性活动也针对关系中的双方。竞争成为社会关系的客观真相,由此带来了人际关系的丧失,这是我们社会的基本事实。竞争加剧还与消费社会的出现相关,正如鲍德里亚所说:"消费程式并没有实现机会均等和社会(经济的、地位的)竞争的缓和,相反却使各种形式的竞争变得更加激烈、尖锐。通过消费,最后我们只是来到了一个充满了普遍化、总体化竞争的社会中,这种竞争表现在一切层面上:经济、知识、欲望、身体、符号和冲动,对今后在一个永不停止的区分和超级区分程式中被作为交换价值生产出来的一切事物发生作用。"② 竞争的社会生活事实造成了个体自身越来越明显的失调或失衡。进化论的理论显示:两个有机体越是相似,就越容易产生激烈的竞争。正因为它们有着同样的需要,追求着同样的目标,所以彼此每时每刻都陷入一种相互敌视的状态。人们所占有的资源超出了自己的需要,就会相安无事;但如果个人需要的数量大幅度增长,他们的所有欲望无法得到充分的满足,那么战争就会爆发,换言之,竞争的人数越多,对匮乏资源的欲望越强,战争就会越激烈。竞争激烈,势必要求人们更辛苦、更努力、付出更多,这与人好逸恶劳的天性相反,显然不利于人感受和得到幸福。

在生活经验中,赢得一场比赛的人会感觉到自我的存在及内在价值,对于这种感觉不可能所有人都有体验。竞争的形式是多种多样的,更大利益的占有和权力的分配是最大的竞争。从历史来看,几乎所有革命与战争都由权力欲引起,人们总是愿望得到更大的权力。只有在公共领域,大众的平庸成为个体卓越性的背景,一个可以胜过他人的人脱颖而出,获得声望和财富,成为名人。名人是成就和财富的象征,大众崇拜名人,名人得

---

① [英]罗素. 幸福之路. 吴默朗,金剑,译. 北京:中央编译出版社,2012:39.
② [法]鲍德里亚. 消费社会. 刘成富,全志钢,译. 南京:南京大学出版社,2008:183.

到自我认可的虚幻满足。名人成为受惠者，但也会付出很多，比如感情上更脆弱。阿伦特有个杰出的观点："有许多至关重要的东西只有在私人领域中才能幸存下来。比如爱情（不同于友谊），爱情一旦公开展示，就被扼杀或变得黯然失色了。"① 她认为人如果过一种完全公开的、在他人注视下的生活，那么这种生活就是浅薄的。名人过的就是一种在他人注视下的生活。

现代社会还有一种竞争方式，就是标新立异的消费，"比阔"算是其中的一种。其心理正如理斯曼等人所揭示的："今天，攀登事业高峰的阶梯要依据运气来解释。人们重视成功者的衣着、饮食、女友、娱乐等消费口味，这些消费爱好正如我们前面指出过的，是大众可以与之攀比的。大众不敢奢望自己就任美国总统，或大公司的董事长，却可以在消费生活中与名人比个高低。"② 这样的话，关于英雄的描述就从业绩转向了消费，人人可及。消费、工作形成了恶性循环。为了增加消费能力，必须拼命工作，拼命工作带来的压力在消费中释放，在消费中得到补偿，之后又投入到超量的工作之中。在这种循环中，人们因为面临太多的消费选择，会产生无从入手的茫然，这时广告开始发挥主导作用，主宰消费者的选择，引导人们在消费所构成的价值体系中寻找意义。但是，当大多数人为投入日新月异的消费洪流而激动不已时，有些人对物质消费已感厌倦，在某种程度上看，消费者的热情正在消失，情感冷漠的表现是缺乏热情和冲动。

二、厌烦

就社会生活的基本印象而言，一直存在这样的争论：是否经济越发达道德就越败坏？显然，这种争论与存在的空虚有关，这是现代社会的普遍现象，也是现代人的共同处境，它是指生命的无意义，人都不理解、不明白为何而活，主要表现是无聊厌烦，这种消极情绪比灾难病痛带给人的痛苦还严重。其弊端如康德所指出的："一种极其有害的感情是，由于心灵在不断追求的那些感觉方面的空虚，由于无聊，然而却同时感到惰性的沉重性，从而产生出对自身存在的厌恶，对一切与辛劳结合着因而可称为劳动，并能驱除那厌恶的工作发生厌倦。"③ 在过去，我们更熟悉的是幸福

---

① ［美］阿伦特. 人的境况. 王寅丽，译. 上海：上海世纪出版集团，2009：33.
② ［美］理斯曼，格拉泽，戴尼. 孤独的人群——美国人性格变动之研究. 刘翔平，译. 沈阳：辽宁人民出版社，1989：220.
③ ［德］康德. 实用人类学. 邓晓芒，译. 上海：上海世纪出版集团，2012：27.

和痛苦、满足和不满等情绪，幸福和满足是人愿望与追求的，痛苦和不满意味着目标、愿望在设计与实现中，可以激发生命的活力、灵魂的力量。唯有厌烦这种情绪带来的消极状态，里面包含着无所谓、漠不关心，必然会导致人与人之间关系的冷漠。关于这种冷漠，恩格斯在《英国工人阶级状况》中也着墨甚多，他领着大家从海面向伦敦桥溯流而上观看泰晤士河动人的景象，一切雄伟壮丽令人陶醉，但是为这一切付出了很大的代价，他继续分析，笔锋转向街头的人："他们彼此从身旁匆匆地走过，好像他们之间没有任何共同的地方，好像他们彼此毫不相干……谁也没有想到要看谁一眼。所有这些人愈是聚集在一个小小的空间里，每一个人在追逐私人利益时的这种可怕的冷淡、这种不近人情的孤僻就愈是使人难堪，愈是可恨。"① 这种冷漠的情绪蔓延，人自身、人际关系、人类社会不再成为意义的源泉，生活不再是价值的中心，人的心灵就容易被厌烦所纠缠。

不分国度、不分时代、不分年岁等具体情况，人对自我的处境难免抱怨，这一点从古到今没有改变过。在今天，这种怨以一种新的形式表现出来：厌烦。"厌烦"的基本词意包括"不耐烦""讨厌"，情感色彩比无聊、不满深，比厌倦浅，也多少带有这些成分。"厌倦"对应英文的 annoy，有使烦恼、打搅的意思，等同于拉丁文 inodiare，意为令人恶心、令人憎恶，指对某种活动失去兴趣而不愿意继续。这个词的基本词意比通常赋予它的无聊、不满等含义更加强烈。厌烦，也包括厌倦，是现代人闲暇的典型特征。闲暇在古希腊诗人品达罗斯的颂歌里，是作为一个女神的名字出现的，她代表的是精神的宁静，这种宁静是比赛的胜利者休息时所享有的。对她的尊敬是与我们为了得到休息而努力的观念紧密联系在一起的。但是在今天，它与物质丰富和富足相提并论，也是虚无主义发展的一个必然结果。厌烦的情绪展示了时代为虚无主义所苦，终结虚无主义对现代人心灵、情感、精神的钳制其实也就是在情绪上摆脱厌烦。对于人可能走向精神上的强健，尼采充满信心，他说："在未来的某个时候，在一个比我们这个腐朽的、自疑的现代更为强盛的时代，那个怀有伟大的爱和蔑视的人，那个拯救世界的人，那种创造精神，还是会来临的。……这个未来的人就这样把我们从迄今所有的理想中拯救出来了，就这样把我们从理想的衍生物中、从伟大的憎恶中、从虚无意志中、从虚无主义中拯救出来了。这一正午的报时钟声，这一使意志重获自由、使地球重获目标、使人重获

---

① 马克思恩格斯全集：第 2 卷. 北京：人民出版社，1957：304.

希望的伟大决定，这个反基督主义者、反虚无主义者，这个战胜了上帝和虚无主义的人——他总有一天会到来。"① 在虚无主义旋涡中的尼采，对西方文明与文化的颓唐没落是敏感的，对人在其中的颓唐也是敏感的，要终结厌烦的情绪纠缠，终需直面虚无主义来临的无情事实。

对于今天虚无主义肆虐横行致人类生活所处的困境，马克思也有着深刻的预见，人们可以通过对马克思相关文本的阅读、梳理和阐释，找到走出虚无主义泥潭的途径。就个人生活和社会生活而言，正视虚无主义的消极影响是必要的，马克思的相关论述有益于人们从总体上把握与反思现代人的生活状况及精神生活处境。马克思在他生活的时代，不仅对政治意义上的虚无主义进行批判，更重要的是他预见到价值层面的虚无主义的兴起。他认识到虚无主义是资本主义发展的必然结果，其根源是异化及异化劳动，特别是商品无所不在的交换逻辑：人们出卖和交换一切，包括德行、爱情、信仰、知识和良心。任何事情，只要付钱，只要有利可图，在经济上可能，在道德上就可被允许。在市场经济条件下则表现为一切都可以买到，一切也可以卖出，与人相关的精神和生命消失了神圣性。他认为虚无主义必然发展出物质主义、享乐主义、消费主义等当代形式。物质主义的物质丰饶带来厌烦，也带来道德败坏；享乐主义和消费主义在消费社会只强调花钱、享受与占有物质，理直气壮地破坏传统价值体系。一切价值陨落后，人就只能在金钱拥有和物质享受中寻求满足与意义。

特别是物质丰饶带来厌烦的后果，它最终导致个体的孤独感，人与人之间的普遍冷漠，公众情绪中的迷惘感、沮丧感，商品拜物教，劳而不获与不劳而获的尖锐对立；在意义缺失的空虚中，人不免走向放荡和肆无忌惮。人具有认识真理和可以幸福的能力，但是有意义的目标在现实中缺少实现的机会，就会造成普遍的愤怒和不满。

在生活中，一个充满厌烦情绪的人，"在现实世界中他们除了把现实世界看作是与个人意志相冲突的地方外，看不到任何其他东西，他们每个人都有一套自己的态度和偏好，在这种人看来，社会完全是各个个人满足自身欲望的竞技场，现实不过是各个个人追求享受中的一系列机会，个人的最终敌手就是厌烦"②。厌烦情绪呈现的是没有热情的生命，这是现代人应当加以剔除的。一个人的各种需求太容易得到满足，就容易产生厌烦

---

① ［德］尼采. 论道德的谱系. 周红，译. 北京：生活·读书·新知三联书店，1992：74.
② ［美］麦金太尔. 德性之后. 龚群，戴扬毅，译. 北京：中国社会科学出版社，1995：33.

进而厌倦的情绪,所以人和世界上的其他存在物一样,也要为生存而斗争,对于费尔巴哈来说,"存在,就意味着维持、肯定、爱自己;饱厌生活的人,就等于放弃了生命"①。

三、焦虑

焦虑是与处境密切相关的概念,其中隐含着痛苦与恐惧。美国心理学家霍尼认为,焦虑是人对危险的恰当反应。当然,面对危险,人不只会焦虑,还会恐惧。但是,通常情况下,当危险是明显可见而且客观外在时,人会产生恐惧;当危险隐而不露和主观内在时,人会产生焦虑。所以,人的焦虑涉及的是人内心感受到的处境而不是真实处境。霍尼认为,焦虑是一切神经症共同的基本因素,也是神经症的动力中枢。焦虑中包含着无能为力、无力自主,还有非理性。让自己受非理性因素的主宰,对于很多人来说是难以忍受的,所以人必须让自己的心灵平静下来、安定下来。焦虑来自心灵,只有建设性的工作可以对此加以改善,只有平静可以将其治愈。正如霍尼通过理论上的研究所发现的:"在我们的文化中,主要有四种逃避焦虑的方式,这就是:一,把焦虑合理化。二,否认焦虑。三,麻醉自己。四,回避一切可能导致焦虑的思想、情感、冲动和处境。"② 她分析出在难以忍受的焦虑中文化本身会发展出基本的应对方式,人们以此进行自我保护以对抗焦虑。她认为主要有四种方式,分别是爱、顺从、权力和退缩。在这四种方式中,包含着两两对应的发展倾向,分别是主动的与被动的、强势的与弱势的。

霍尼的研究主要是心理学的成果,萨特对焦虑的研究则是哲学的成果。按照萨特的观点,"对'此在'来说,甚至有与虚无'面对面'而存在,并发现虚无是一种现象这样的永恒的可能性,这就是焦虑"③。就人的处境而言,关于存在与虚无之关系的考察,萨特认为,只有在虚无中,存在才能被超越,同时,按照世界的彼岸的观点,存在才组织成世界,他进一步肯定:"这一方面是指'人的实在'是作为存在在非存在中的显露而涌现的,另一方面则是指世界是'悬搁'于虚无中的。焦虑是对这双重的和不断的虚无化的发现。"④ 人将焦虑合理化,或者否认、逃避焦虑,

---

① [德]费尔巴哈.基督教的本质.荣震华,译.北京:商务印书馆,1984:103.
② [美]霍尼.我们时代的神经症人格.冯川,译.南京:译林出版社,2011:27.
③ [法]萨特.存在与虚无.陈宣良,等译.北京:生活·读书·新知三联书店,1987:46.
④ 同③47.

是逃避责任的应激机制。萨特曾说:"人,由于命定是自由,把整个世界的重量担在肩上;他对作为存在方式的世界和他本身是有责任的。"① 按照萨特的意思,责任是自由赋予的,它不是从别处接受的,只是自由的结果,合乎逻辑的要求,即我对我的自由选择负有完全的责任。萨特承认,他是在"'(对)一个事件或者一个对象的无可争辩的作者(的)意识'这个平常的意义上使用'责任'这个词的"②。在这一断定中,萨特分析了与自由相关的"逃避",因为"从我在存在中涌现时起,我就把世界的重量放在我一个人身上,而没有任何东西、任何人能够减轻这重量"③。所以,人会在大多数时间中,通过自欺来逃避这种焦虑。自由被定义为逃避给定物,逃避事实。人们可以根据成千上万的事件或对现象的观察注意到逃避的可能。不可否认的是,也恰恰是理性和不断提高的认识能力,才使人深刻地认识到人的渺小、卑微和无能为力,这种微不足道的感受使人看清自己在世界秩序中的无足轻重之现实,从而产生无意义感和荒谬感。在为自由而斗争的历史中,人反抗加诸己身的饥饿、压迫,但是获得自由的人所体会的孤独与疑虑更让人难以忍受。在现代生活中,人更自由、更孤独,也更焦虑,所以人们常常选择逃避。

今天社会流行的风尚无一不表明,人们正在寻找有意义的、有创造性的闲暇生活,以此平息现代化进程中个人生存的焦虑和无聊。在灶台前烹炸煎炒,在桌子上酩酊大醉,在园子里侍弄花草,旅行者甚至逃到了异国他乡。弗洛伊德认为旅行的心理动机有二:一是出于好奇,二是实现少年时离家出走的愿望。出门旅行的心理成因因人而异。据作家董桥(1942年生)在《旅行丛话》中的考察,西方兴起的旅行之风始自英国,这与英国发达的工业文明有关。英国是世界上最早实现工业化的国家,也是最早展开城市计划的国家,"工业社会令人身心疲倦,单调死板的城市格局令人烦躁沉闷,于是,大家既需要休假,也希望出国到处看看"④。在一种改变了的生活方式背后,是人们生活感受的变化。但是,到了第二次世界大战前后,英国国内老百姓的生活大受冲击,人生价值观大变,出门旅行开始有了很多顾忌,那时候甚至有一句标语说:"不必要的旅行浪费家居取暖的煤"⑤。

---

① [法]萨特. 存在与虚无. 陈宣良,等译. 北京:生活·读书·新知三联书店,1987:708.
② 同①.
③ 同①710-711.
④ 董桥. 小品卷二. 北京:海豚出版社,2013:326.
⑤ 同④322.

越是感觉日常生活艰难枯燥，人们越愿意在闲暇和娱乐中进行解脱的尝试。如果逃脱不了，那么就会有自杀的现象，社会学家涂尔干把工业国家较高的自杀率看成控制不了的心理不适症。一个微不足道、深感自我渺小的人会以生命的终结来搞出一幕悲剧。费尔巴哈很明确地意识到："属天的生活成了真理，属地的生活就成了谎言；幻想成了一切，现实就成了无。谁信仰永恒的属天生活，谁就逐渐觉得今生没有价值。或者，说得更确切一些：谁就已经觉得今生一钱不值；信仰属天的生活，就意味着相信今世生活是虚无的和无价值的。"① 所以，对于现代人来说，人的智慧所接受的任务是如何面对自身的软弱，而不仅仅是物质的贫困；正是人的软弱，为社会流动性开辟了新途径，人们不愿意安安静静地待在原地，他们要有所作为。帕斯卡尔对此大为感叹，他说："我就发现人的一切不幸都来源于唯一的一件事，那就是不懂得安安静静地待在屋里。"② 古代就有这样的例子，伊壁鲁斯（Ipiros）的国王皮鲁斯（Pyrrhus，前247—前182）说他准备在征服全世界之后再享受安宁，他的大臣劝他不如眼下就享受安宁。帕斯卡尔承认让皮鲁斯享受他以极大的劳顿追求的安宁是难之又难的。不能享受安宁是焦虑感使然。所以，帕斯卡尔说："幸福实际上只在于安宁。"③ 人们活跃在自然、书本、艺术、吃喝等兴趣中，既充实生活又打发时间，同时也可以回避对世界的观察和对自我的审视。

"吃货"这一概念和现象的出现，是现代人抗拒生活带来的焦虑感的一种新的形式。这种现象的大量出现令人慨叹，人们不得不生活于其中的鸡零狗碎的世界与人的骄傲多么格格不入。在这一表述中，饮食被当作炫耀的一种手段。丰盛的食物一度是社会地位和体面的象征，也可以是营养学和卫生知识的神话，大家关心烹饪、享受美食带来的乐趣，本来无可非议。在更注重交往和沟通的现代社会，人们谈论美食这样安全而有意思的话题，谈论自己的饮食经历，既自我满足又不太容易冒犯他人。但是，把美食作为文化的中心内容和个人生活的主要目标，就不免本末倒置了。食物在人的需求体系中是最基本的东西，是更高一级需求建立的基础，所以重视食物理所当然，但过于重视则会带来消极后果。一般说来，人类生活一旦真正展开，低级需求的满足就应该从人们的意识中心退出，而代之以高级需求的满足。这正如马斯洛所分析的："在乌托邦哲学中，在天国里，

---

① ［德］费尔巴哈. 基督教的本质. 荣震华，译. 北京：商务印书馆，1984：218.
② ［法］帕斯卡尔. 思想录. 何兆武，译. 北京：商务印书馆，1985：65.
③ 同②68.

在道德生活中,在价值哲学和伦理哲学中,食物占据的位置相对说来并不重要。这是某种基本的东西,被看成是理所当然的,是更高一级的东西得以建立的一块基石。这些人乐于承认,只有当低级的东西建立起来的时候,高级的东西才能够相应地建立起来;但是一旦这些低级需要获得了满足,它们便从意识中悄然退出,我们对它们无须劳心费神,穷追不舍。"①这样说来,人如果把全部的心神用于追求口腹之欲的满足并为之劳神费力、津津乐道,那么似乎就是自我贬低。固然是低级的东西建立了,才能产生高级的东西,但这不意味着人还要纠缠于低级的东西。马斯洛的心理学研究表明,人的需求有优势大小和力量强弱之别,遵循从低到高的原则排列,生活需求高于生存需求,低级需求一经满足,就不复成为关注的中心,机体会受制于更高需求的主宰。马斯洛正是以此为基础展开他的需求层次理论研究的,认为人们从饥饿中解放出来之后,会更关心安全、爱、尊重等高级需求。

也就是说,食物当然可以成为世俗生活中引人入胜的话题,可是人还应该拥有道德生活、艺术生活、精神生活,人完全可以在食物之外对世界有更大和更高的兴趣。在人的生命体验构成中,随着精神生活和心灵生活的扩展、丰富,对食物的关注和重视不应占据过高比例。它的重要只在其基础性,基础性完成后,就只能变成一个默认前提,而不是思考的要点。一般说来,人们对生活的要求会越来越高,对生活的期望也是如此,这种期望的真正满足一定是在食物之外的。变成吃货,推崇吃货,甚至以此为荣,其实是现代人精神卑弱的表现。

生活与吃等感官享乐的关系,并不是在今天才发生的事实。早在19世纪,波德莱尔就很敏感地在巴黎的生活场景中捕捉到了现代生活来临的蛛丝马迹。他在《现代生活的画家》中把现代生活描绘为一场盛大的时装表演,表现为一系列令人眩目的外观、灿烂的外表、辉煌的装饰和设计。这个现代生活的画家叫居伊斯:"他有漂亮的装束、高傲的骏马、一尘不染的青年马夫、灵活的仆役、曲线尽露的女人、美丽的活得幸福穿得好的孩子,一句话,他享受着全面的生活。如果一种样式、一种服装的裁剪稍微有了改变,如果丝带结和纽扣被饰结取而代之,如果女帽的后饰绸带变宽,如果腰带上提,裙子变肥,请相信,他的鹰眼老远就已经看出来了。"②

---

① [美]马斯洛. 自我实现的人. 许金声,刘锋,等译. 北京:生活·读书·新知三联出版社,1987:88.
② [法]波德莱尔. 现代生活的画家. 郭宏安,译. 杭州:浙江文艺出版社,2007:26.

在富丽堂皇物的世界，一切社会和精神生活的不和谐都被从大街上清除了。波德莱尔晚期有一首散文诗《穷苦人的眼睛》(《巴黎的忧郁》第 26 首)，这首诗从恋人的抱怨开始：叙述者向他所爱的女人解释，为什么他对她感到疏远和失望，在他们最近共享的一次经历中，他们曾经一起单独度过了美好而漫长的一天。在那天傍晚，他们坐在"一条新的林荫大道拐角处的一个新开的咖啡馆前面的"台阶上。那条林荫大道"还是满地瓦砾"，但那个咖啡馆"却已经自豪地展示出它那还未完成的富丽堂皇"，它最壮丽的地方在于它带来的一片灯火。现代生活最初进入人们的感受，带来震撼，光在其中的作用重大。如茅盾的小说《子夜》的开头，作者着力刻画的就是大都市的灯光带给人们的视觉冲击和心灵震撼。回到波德莱尔的文本：咖啡馆灯火辉煌。甚至煤气的燃烧也带着初次登台的热情；它竭尽全力地燃烧着，照得墙壁白花花扎眼，镜子泛着银光，房子的檐口和线脚闪着金光。屋内的装饰也被煤气灯照亮，但不那么炫目：希腊神话中的男女侍酒者以及猎犬和猎鹰可笑地夹杂在一起："仙女和女神们头顶着一串串水果、肉糜和猎物"，"全都迎合大吃大喝的历史和神话"的拼凑。要是在别的场合，叙述者可能会躲避这种商业化的粗俗；然而在热恋中，他却能充满感情地笑着，享受着这种粗俗的诱惑——我们的时代会把这叫作"俗"。在偶然中，叙述者看到了一个穷人，带着两个孩子，六只眼正注视着这崭新的咖啡馆，他被这一家人的眼睛所感动，并且为"那比我们的饥渴更大的酒瓶和酒杯而感到有些羞愧"①。人在吃喝的享乐中忘却或逃避焦虑，毕竟还有这样的现实，正像费尔巴哈所说的："在基督曾经受难的这个罪深恶极的地上，我总不应当尽情欢乐吧？"② 他认为在这个充满痛苦的世界，人就不该尽情欢乐。费尔巴哈没有想到，这种寻欢作乐其实是逃避焦虑的手段。哲学领域对这些问题的关注远不如心理学，霍尼把焦虑作为一种情绪、心理状态，对之进行了多种分析，他指出："尽管生活可以给人们提供各种各样的欢乐，但与此同时它也充满不可避免的悲剧，即使不存在特殊的痛苦，也存在着生、老、病、死这些事实。用更概括的话说，个体是有限的和孤独的，这一事实为人的生命所固有，他的理解是有限的，他的成就和享受是有限的。"③ 因此，她认为，所有的寻欢作乐其

---

① [法]波德莱尔. 巴黎的忧郁. 亚丁，译. 北京：生活・读书・新知三联书店，2004：92.
② [德]费尔巴哈. 基督教的本质. 荣震华，译. 北京：商务印书馆，1984：101.
③ [美]霍尼. 我们时代的神经症人格. 冯川，译. 南京：译林出版社，2011：201.

实都是为了克服个体的有限和孤独。

  在减轻焦虑或增加焦虑方面，手机的影响不能不提。正像美国趣味科学网站上的一篇文章所提到的，我们现在能预测出人们会在公共场所做些什么：大多数人在低头看手机。智能手机把人们与互联网联系起来，成为现代生活中一种便捷和关键的技术。[①] 人们用发信息代替了打电话，有了微信后，甚至可以用发朋友圈代替聚会交流。技术的最新应用让人应接不暇，比如手机的定位功能和照相功能越来越精密，使用者能看到精美的图片或通过照片展示的美丽景色。但同时，人们却越来越无法集中注意力去欣赏眼前的一切，或参与眼前的一切，因为有一件更重要的事：拍照发朋友圈。微信带来了强迫症：发朋友圈。这使一件事、一个活动本身的意义被弱化，发朋友圈成为新意义的源泉。你在感觉无聊或焦虑时，可以随时拿出手机，但是，你在随时拿出手机时，却可能更加无聊或焦虑。文章的作者提醒我们注意一种新的情况：群体孤独现象，即通过手机，你随时置身于人群中，但却是孤独的。

---

  ① https://www.livescience.com/59634-iphone Turn 10：Why it has isolated, not connected, humans.

第四章 改善处境的心理调适

在心理学家看来，生活尽管可以给人各种各样的欢乐，但是他人的眼睛会让人重新看到世界，看到生活中充满的各种各样的悲剧和痛苦，个体的有限、孤独、焦虑把自我投入或消融到更大的存在中，使自己成为一个更大的存在中的一部分，于是个体就在一定程度上战胜了自己的不足。所以，无论是集体还是社群，对人都有着难以阻挡的吸引力。

"生活方式通常由一套价值为之辩护，由社会机构（教堂、学校、家庭等）予以控制，并在品格构造中体现出来。只要有气质相同的一群人持有这种生活方式，就存在着社会学家称之为'身份集团'（status group）的群体。"① 这种集体或群体的意义还在于，人们在处于一个想法比较一致的群体中时，会比较放心地、顾忌较少地敞开自我，得到安慰和愉悦。

第一节 社交网络

随着网络的影响日益加强，电子产品被广泛使用，城市生活中"群"和"俱乐部"兴起，为现代人提供了新的交往模式，也提供了新的意义源泉。

一、群

与社会这个由于人群大量聚集而变得面目模糊、空洞的概念相比，"群"更具有电子产品被广泛拥有时代的亲切性，它是可以从社会这个概念的早期意义中得到理解的。起源于古罗马的"社会"这个词，最早的意

---

① ［美］贝尔. 资本主义文化矛盾. 赵一凡，等译. 北京：生活·读书·新知三联书店，1989：111.

思就是表示人民之间为了一个特定目标结成联盟，它揭示了人不能在人群之外生活的事实，这一层意思在今天获得了特别的强调，出现了各种各样正在为人们所乐于接受和趋向的"群"。"群"是新的社会结合方式。群的功能性划分说明，人们保持个体性、独特性与其社会性是可以同一的。人作为共同体中一员的身份与其追求自我实现的目标并不冲突。共同体意味着人们之间彼此认同、同情、友爱、帮助这样一些构成个体支持系统的基本态度。鲍曼的研究支持了这些观点，他说："'共同体'意味着的并不是一种我们可以获得和享受的世界，而是一种我们将热切希望栖息、希望重新拥有的世界。"① 他承认共同体是温暖舒适的场所，是人们可以相互依靠的场所。每个人都属于一定的集团，在传统的经验中，它往往受限于血缘与地缘，因而具有一定的狭隘性。全球化以及技术打破了这种界限，也突破了这种限制，使人们在更广阔的领域中建立联系。人在群体、共同体中都拥有自己的位置，共同兴趣、合作行动，这是人们自我识别的一种途径。做一个有道德的人，是人们保留自己共同体成员资格所必需遵守的。人是带着天然结合倾向的群居动物，不能离开人群而存在、生活。

　　共同体在亚里士多德那里以城邦为主要形态。在亚里士多德的理想共同体中，参与公共生活的成年男性公民成千上万，这么大的人口量，要对善有一个共同看法，如何实现？亚里士多德着重阐述了友谊作为德性的重要，即以友谊作为人们之间联系的桥梁，城邦的共同体由朋友小组之网构成。友谊就是在创造和维持共同生活中共同分享一切。在中世纪是信仰者的集合，在洛克那里是财产所有者的集合，在霍布斯那里是狼群，马克思则把它看成生产者的集中，所有这些特点都可以在"群"这个概念中得到微妙的意义呈现。"群"是一定相似或相同的集合。随着社会功能细化，会产生各类群体，米德认识到："在所有参与的个体都同属某个这样的功能群体的社会情景中，个体最易于把他自己的行为和其他个体的行为相整合；在这样的情境中，他和他们都作为这个独特的群体的成员而在各自的职位上行动。"② 在全球化的背景下分析新出现的各种交往方式和内容，"群"就是其中的重要概念。吉登斯把全球化定义为："世界范围内的社会关系的强化，这种关系以这样一种方式将彼此相距遥远的地域连接起

---

① [英] 鲍曼. 共同体. 欧阳景根，译. 南京：凤凰出版传媒集团，2007：序曲 4.
② [美] 米德. 心灵、自我与社会. 胡荣，王小章，译. 台北：桂冠图书股份有限公司，1995：302.

来，即此地所发生的事件可能是由许多英里以外的异地事件而引起的，反之亦然。"① "群"带有这种全球化时代的特点，它可以使遥远地方的人仿佛近在咫尺，但也可以使近距离相处的人仿佛远在天涯。以全球化为背景来看，在人类发明的所有技术中，互联网是影响面最广的，已经出现了互联网人类学这样的年轻学科，专门研究互联网科技的社会文化影响力。有学者提出中国的互联网人类学的最新研究内容就是从"社会"到"群"，其具体结论如下："人的行为价值开始在关系中被认定，一种'群'生活开始在网络人中悄然发生。以微信为代表的社交媒体让社会成员之间联系的网络更加虚拟化，并且个体之间的相互联系和沟通不断得到加强。"② 在今天，人的生存既是社会化生存，也是网络化生存：一方面，每个人生活在家庭、社区、工作组织中；另一方面，每个人也是网络社会的成员。互联网时代的"建群"行为，既表现趣缘团体的价值取向，也是群体生活有所偏好的表现。

"群"概念和"群"意识的实践意义，可以借鉴社群主义的某些结论，如迈克尔·桑德尔（Michael Sandel，1953 年生）的社群主义理论所肯定的："从社群的后设功能出发，我们正好可以主张社群的价值应该受到肯定，我们应该去追求、提倡、保障个别的社群，因为它们乃是其中成员进行强评价的概念背景与文化脉络，从而也就是某些人的道德判断与正身构成之所系，是具有很高价值的精神资源。"③ 这样看来，强调个人特色的社群能够为个人的价值和人格提供庇护。所以，画家黄永玉在他的书里写到某个人时说："我和他一样都没有'群'，没有'群'的人客观上是没有价值的。"④ 一个没有"群"的归属的人是难以想象的。"群"这种现象的出现证明了人对团体的依赖，人人都害怕被认为是"多余的人"，人人都有同类相聚的心理，迫使人加入固定的社交、娱乐、友谊团体。里面包含两种成分：一是"嗜好"，人们在嗜好活动中打发时间，从而获得心理满足感甚至成就感；二是"从众"，人们害怕与大众不同所引起的不安、危险，年轻人更愿意与集体保持一致。这里面也许会产生有敌意的合作，一种新的职场文化强调友谊合作与容忍，但是也有大量被压抑的敌意和嫉

---

① ［英］吉登斯. 现代性的后果. 田禾, 译. 南京：译林出版社, 2011：56-57.
② 姬广绪, 周大鸣. 从"社会"到"群"：互联网时代人际交往方式变迁研究. 思想战线, 2017（2）：59.
③ 钱永祥. 纵欲与虚无之上：现代情境里的政治伦理. 北京：生活·读书·新知三联书店, 2002：279-280.
④ 黄永玉. 沿着塞纳河到翡冷翠. 北京：作家出版社, 2006：35.

妒。另外，空虚无聊也是人们爱社交的源泉。

归属于"群"是快乐而美好的，把自己放入"群"中是令人放心的，"群"是避难所，也是庇护所，是安全感的来源，"群"还意味着可以和大家一起行动，人们互相支持。相似性成为一种推动力，相互吸引、寻觅、交往、结合而成为某一团体的人们在分崩离析的社会感受中聚拢，并以社团的方式重获生活信念。同时，社团也成为生活的源泉，它浸透着关切与温暖，守护着每一个人，就像涂尔干在研究中所发现的："谁都知道，人们喜欢在思想和感受上与自己相类似的人，然而相反的情形也并不少见。人们常常倾向于那些与自己不相似的人，也许正是因为不相似，所以才喜欢他们。"① 亚里士多德曾说："关于友爱，意见多有分歧。有些人认为友爱是相同性，朋友总是相同的，他们说同类相聚、意气相投，以及诸如此类的谚语。"② 然而，欧里庇得斯（Euripides，约前480—约前406）的说法是：干涸的大地渴望甘霖，充满雨水的天空渴望大地。赫拉克利特也说：对立之物总相一致，最美的和谐来自对立，万物由斗争而生成。其实，两种形式的友爱都是存在的，不同性和相似性都是产生相互吸引的原因。人即使很有天赋，也不免有所缺陷，就连最杰出的人也能意识到自己的不足。因此，人常常在朋友身上寻找自己所缺乏的品质，在团结中分享朋友的秉性，从而感受到自己日臻完善。在人群的共同生活中，人们更有可能依从自己的个性来发挥作用，并使真诚的帮助得以产生。

"群"还提供了从人的关系中来考察人的例子。人需要交往，也看重交往，这是康德人类学理论的重要内容，所以他特别强调交往，认为人际交往对人性的形成有重要作用。人的欲望满足、审美需求、思想交流都是在相互交往中得以实现的。而且，人们的政治、经济、文化活动所涉及的都是群体而不是个人，"群"内合作是使现代生活有效的一个重要源泉。不过，现代意义上的"群"与传统所说的"群体"不同，主要体现在意愿的表达上。前者是一种主动的联合，后者包含前者，范围更大。所以，罗素强调："群体内的合作永远都是不完善的。总有一些意见并不一致的成员，他们在字源学的意义上就是'异己的'，也就是说，是在群体之外的。这些成员是低于或高于通常水平的那些人。他们是：白痴、罪犯、先知和发明家。一个明智的群体，就要学会容忍超常人的怪癖和尽少残忍地对待

---

① [法]涂尔干. 社会分工论. 渠东，译. 北京：生活·读书·新知三联书店，2000：18.
② [古希腊]亚里士多德. 尼各马科伦理学. 苗力田，译. 北京：中国社会科学出版社，1999：171.

那些低于常人的人。"① 罗素所说的群体中的这些人其实是精神层面的"局外人"。卡夫卡是个关于局外人的预言家,他早就勾勒了现代生活的景象:人们不管是主动还是被动,都有可能成为"局外人"。可以发现,除了在生活的少数方面,时间、精力、兴趣、判断力都构成人们进入生活的挑战。可是,时间和生活从不停下等谁,人们只能步履匆忙地踏上征程。从这个意义上说,不屑于跟从或无力跟从,人就可能被排斥在"群"外。

二、俱乐部

"群""俱乐部"都是现代意义下的共同体。就共同体的研究而言,桑德尔的社群主义理论在国内学术界引起了广泛的关注。他认为,"共同体不只描述一种感情,还描述一种自我理解的方式,这种方式成为主体身份的组成部分"②。他论述了三种共同体观念,并区分了三种共同体。第一种是以完全工具性的方式来设想共同体,即"私人社会"。每个人都有自己的私人目的,这些私人目的可能相互冲突,也可能相互无关,但人们愿意因为追求私人目的而进行合作,因此这种共同体是工具性的。第二种是情感型共同体。人们的利益并不总是对抗,也可能互补、重叠或相互促进,人与人之间的情感可以成为人们相互合作的纽带和动机,使合作得以提升。在这种共同体中,虽然每一个成员仍然拥有自己的利益,但他们之间的利益并不总是冲突的。第三种是构成型共同体。这是桑德尔提出的区别于前面两种类型的共同体,进入这种共同体所形成的社群关系对自我的观念的理解和形成是有帮助的,人们可以由此部分地界定自我和自我实现。在这种共同体中,人们有共享性的终极目的,人们同意且可以互相分担命运。而且,具有相似或互补能力的不同的个人,使得共同体的存在具有更大的善,譬如共同体成员可以分享一段回忆、经历、感情,它是无须交换的,是人们体会在一起的团结状态。这种分享对于现代社会无所不在的交换思维显然是一种有效的矫正。他指出:"共同体不仅表明了他们作为其成员拥有什么,而且也表明了他们是什么;不仅表明了他们所选择的关系,而且也表明了他们所发现的联系;不仅表明了他们的身份的性质,而且也表明了他们的身份的构成因素。"③ 以工业文明为代表的现代都市

---

① [英]罗素. 伦理学和政治学中的人类社会. 肖巍,译. 石家庄:河北教育出版社,2003:127.

② [美]桑德尔. 自由主义与正义的局限. 万俊人,等译. 南京:译林出版社,2011:171.

③ 姚大志. 社群主义的焦虑——评桑德尔的共同体观念. 学习与探索,2014(8):1-2.

生活疏离了农业时代所造就的人与人之间的紧密联系，人们寻找各种共同体，共同体可以给其成员提供归属感、神圣感，有助于生成认同、精神及情感的依恋，歌迷会、演唱会、运动会这些现代狂欢仪式显示，人特别是年轻人渴望在一起的感觉。年轻人在各种集会上短暂地相聚，自然而然地产生一种临时的相互接纳感，并寻求情感的一体性和强烈性。相比"群"这种聚合方式的虚拟性，俱乐部更具有现实感，是社群观念的现实表达形式。

人与人相处的重要性，怎样理解都不为过。费尔巴哈分析了其中的原因，他说："如果我不需要别人，那我也就不需要世界了。我仅仅借助于别人，才使自己跟世界和解、和睦。对我来说，没有了别人，世界就不仅显得死沉和空虚，而且也显得无意义和无理智。人只有在别人身上才了解自己和意识到自己；但是，只有了解了自己，才能了解世界。一个单单为自己生存着的人，他必定既不了解自己，又没有分辨力，必定要迷失在自然之汪洋大海中；他必定既不把自己理解成为人，又不把自然理解成为自然。"① 一个人要克服种种消极的感受，就应当追求与人真正相处的生活，因为孤独的处境会剥夺人对世界的亲密感，使人难以发展出社会生活所需要的意识。麦金太尔书中有一个著名的实验：召集 100 个人，给他们一个任务，于某一确定的时间在曼哈顿见一个不知名的人，这个人对受试者了如指掌，受试人对其一无所知，但他需要为这次见面提供时间和地点，结果有 80 多个人选择中午 12 点在中央广场的大钟下见面。这个实验所揭示的是：比起通常认识来说，我们都更多地知道他人对我们期望的期望，反过来也是这样。② 人与人之间可以沟通和交流，为人们以俱乐部的方式共同生活提供了心理基础。

1904 年 8 月，韦伯受邀访问美国，据说，他喜欢在布鲁克林大桥上观览曼哈顿市区交通高峰时刻的景象：川流不息的车辆和喧嚣，交织成一幅万象画面，这一切使他着迷。这一次美国之行，对他的看法产生了很大影响，后来，他主张"德国应该以美国的'俱乐部形态'为借镜，作为'再教育'德国人的一种方式"③。从权威主义、志愿社团到自由个人，韦伯看出了志愿社团与自由个人的人格结构之间的关联。在都市的小俱乐部

---

① ［德］费尔巴哈. 基督教的本质. 荣震华, 译. 北京：商务印书馆, 1984：125.
② ［美］麦金太尔. 德性之后. 龚群, 戴扬毅, 译. 北京：中国社会科学出版社, 1995：129.
③ ［德］韦伯. 学术与政治. 钱永祥, 等译. 桂林：广西师范大学出版社, 2010：28.

或类似的活动团体中，会员可以获得类似乡村社群那种人人相似的感觉，甚至与少数人达到熟识的程度，这是对亲密关系缺失的一种有益补充。人们在一起消磨时间，互相帮助，是一种新的社会支持系统。但是，和乡村那种无所不知的熟人关系又有不同，人们对私密性有更高的要求。同时，个人主义和利己主义的危险性，在"群"或"俱乐部"的概念中得到了匡正。譬如霍布斯在他那个时代被认为是决定论者，道德上的个人主义者、相对主义和主观主义者，受到严厉攻击。甚至在某些圈子里，如果某人被认为是一个"霍布斯主义者"，那么这是一个人身羞辱、一个指控，许多人都要为自己辩护。洛克认为牛顿把他当成霍布斯主义者，所以在他们成为朋友之前，这是一件必须说清楚的事。因为他人认为你是这样的人，是一件很严重的事。俱乐部形式把具有相同价值观的人结合在一起，可以对参与者的价值观进行有效的修正。法国哲学家居友（Guyau，1854—1888）认为："个体是思维、记忆、相互谐调的意志和力量的均衡混合物。这种均衡只能存在于某种适合于它的智力和物质环境中，而这种环境只是在特定的时间才有。"① 同样，个人置身俱乐部之类的社团、群体中，就有可能去追求这种人格发展的均衡。

第二节　改善处境的简单原则

个人认同自己的处境并归属于它，要奉行一定的行为准则或原则，这样就会产生更多和更大的利益一致，使相处既成为一种关于存在的形式、内容，也成为存在的实质。原则是关于人如何行事和应当如何行事的一般理论。所谓的简单原则，是指奉行朴素的生活理念，用简化的方式看人生、看生活。现代文明的潮流之一表现为人们更追求快速与简单，其中多有要加以省思之处。中世纪的哲学家讲思想方法，有一个著名的原则，即削繁就简，被称为"奥卡姆剃刀"。奥卡姆（Ockham，约1285—约1349）是司各脱（Scotus，1265—1308）的学生，哲学史上关于他的记载不多。奥卡姆用简单的叙述告知人们那些复杂思想的内容，比如："不要不必要地增加实体或基质。"② 在哲学家看来，只有个别的东西存在，人类的一

---

① ［法］居友. 无义务无制裁的道德概论. 余涌，译. 北京：中国社会科学出版社，1994：35.
② ［英］梯利. 西方哲学史. 葛力，译. 北京：商务印书馆，1995：239.

切知识都从个别的东西开始,他从个别中形成共相或概念,所以主张如果没有必要就不要增加要思考的东西。在这种最接近事物本质的方式中,直觉和知觉很重要,把削繁就简原则作为道理运用到其他方面,就是说,如果能用简单的办法做好事情,那么就不要用复杂的办法。这个简明的道理就是要人们在生活实践中把多余的想法、废话、内容都剔除掉。这是一种精打细算的思维及行事原则,它要求人们思考可以减除哪些可能性。运用这一原则的结果是,直接关注现实性,同时发展人的理性能力。把感官知觉看成一切知识的基础,相信人的头脑有能力构成一般的观念,用概念概括个别情况,这种能力就是理性,即"思维和使用语言的能力"[1]。思考和归纳改善处境的简单原则,人的理性的作用重大。按照洛克对理性的理解,理性包括两个方面的内容:一是关于我们确实知道哪些事物的一种考察,二是对某些主张的研究。理性的增长,导致人对生活的评价尺度发生巨大的变化。譬如后物质主义价值观,就是对繁荣的反动,反映的是"成长安全",包括一个人在成长期间所经历的经济安全和人身安全。现在,人们越来越倾向于选择非物质性目标作为人生奋斗的内容,如人们希望生活在更有人情味、参与性更强的社会,更渴望满足自我表现和审美需求。美国学者英格尔哈特的研究表明:"尽管物质主义价值观无疑随着工业社会的兴起而日益普遍化,但我们认为,从长期看,随着人类社会向后工业社会的转型,人们会重新重视精神价值。"[2] 以穿着为例,在古典文化中,人们推崇庄重,相信在卓越不凡的事物中方可见高贵庄重的心,所以生活都带有仪式化的特点。一本正经的职业装和礼服即是一例,特别是中世纪的人热衷于衣着富丽华美,炫于众人。在今天,艺术形式多样化的发展,使人们已经不需要借奢华穿着来满足极度唯美的强烈需求,所以现代人的穿着更注重方便、舒适、随意。当然,推崇简单并不是不在意。费尔巴哈考察过人的生活,他认为:"可有可无,就意味着心不在焉地有,其实也就意味着没有。所以,谁主张人应当可有可无地具有事物,那么,谁就是以文雅的、惋惜的方式主张人不应当具有它。对之心不在焉,就意味着不再是我的了,任其像鸟儿一样自由飞翔。"[3] 推崇简单,恰恰是少而专注地去生活,也是今天人们所推崇的绿色价值的内容之一。所谓绿色价值,

---

[1] [英]梯利. 西方哲学史. 葛力,译. 北京:商务印书馆,1995:113.
[2] [美]英格尔哈特. 发达工业社会的文化转型. 张秀琴,译. 北京:社会科学文献出版社,2013:183.
[3] [德]费尔巴哈. 基督教的本质. 荣震华,译. 北京:商务印书馆,1984:220-221.

出现在以收缩性现代化取代扩张性现代化的历史境遇中,"体现为一种调节当代人与未来人之间关系的处事规范或原则,它坚持自主自控、至简知足和恬静怡心的导向,强调当代人的生存不得妨碍未来人的生存,因而是一种可持续的生活方式与观念主张"①。

一、劳动疗法

"劳动是受到抑制的欲望。由于劳动塑造了对象,并且是无自我地活动着和企图得到普遍性的,所以劳动者的意识就超越了其自身此在的直接性而达到了普遍性——或者像黑格尔自己所说的,由于劳动着的意识塑造了物品,它也就塑造了自己本身。"② 在这段话中,伽达默尔的分析指出了黑格尔"劳动"概念的核心是塑造物品,即做,在做的过程中,人获得一种能力、一种技能。在劳动中,人表现出创造性,同时也提高自己。整个劳动过程是一种能力形成和提升的过程,它会显现出结果或成果,人因此而获得一种特有的自我感。黑格尔这种心得影响了后来的研究者。把劳动理解为"做",马尔库塞进一步明确其意义并表达如下:"劳动在这里表现为人的此在的基本发生,表现为一种持续于人的整个存在并不断贯穿其中的发生,表现为在这种劳动过程中劳动对人的'世界'有哪些作用。"③ 他继承了黑格尔的相关观点,进一步肯定劳动的确"是一种做,是人作为他在世界上存在方式的做"④。

为了说明劳动的自然属性和必然性特征,阿伦特对劳动进行词源学的考察,综合希腊语、拉丁语、德语的意思指出:"劳动是与人身体的生物过程相应的活动,身体自发的生长、新陈代谢和最终的衰亡,都要依靠劳动产出和输入生命过程的生存必需品。"⑤ 阿伦特研究人的境况从劳动开始,强调它与生命的同一,并将其概括为积极生活的主要内容。正像阿伦特的劳动说受到马克思学说的影响一样,其实就劳动作为价值对象来考察,马克思的观点和相关论述非常重要,他曾说:"任何一个民族,如果停止劳动,不用说一年,就是几个星期,也要灭亡"⑥。劳动的定义是三

---

① 甘绍平. 寻求共同的绿色价值. 哲学动态,2017 (3):5.
② [德] 伽达默尔. 真理与方法:上. 洪汉鼎,译. 上海:上海译文出版社,2004:15.
③ [美] 马尔库塞. 现代文明与人的困境——马尔库塞文集. 李小兵,译. 上海:上海三联书店,1989:213.
④ 同③214.
⑤ [美] 阿伦特. 人的境况. 王寅丽,译. 上海:上海世纪出版集团,2009:1.
⑥ 马克思恩格斯选集:第4卷. 北京:人民出版社,1995:580.

重性的：首先，劳动是体力劳动，它是一种努力，如肌肉的工作会导致疲劳和精疲力竭；其次，劳动是有计划的活动，它是有意识、有目的地进行的，追求一种结果、满足某种需求的活动；最后，劳动是与动物截然不同的人类本性的基本特征：它造成了人类世界，世界是人类共同创造的。人们通过劳动创造财富。财富可以防止匮乏、满足需要、带来便利、提供舒适、用于消遣，这些好处是显而易见的，但是这些好处也常常被夸大了，在斯密这样的哲人看来："在肉体的舒适和心灵的平静上，所有不同阶层的人几乎处于同一水平，一个在大路旁晒太阳的乞丐也享有国王们正在为之战斗的那种安全。"[1] 财富如果能得到很好的分配和运用，对于人的生活将大有助益，使人可以在科学和艺术领域有更多的发现和更大的创造。科学和艺术可以改变世界的面貌，提高人的生活水平，使一切更为丰富多彩。科学和艺术的力量之所以能发挥作用，主要是因为人的劳动。劳动使土地更为肥沃，养活千千万万人，劳动也使人的力量和智慧得到更大的锻炼，创造着这个世界的条理美、艺术美、秩序美，等等。就劳动与人的处境的密切相关性而言，正是劳动使人进入非常具体的情境，劳动以现在进行的方式接纳、展示过去的成果，也创造人类的未来，人在劳动中获得自己的位置以及在世界上的存在。

关于"劳动疗法"作为一种应对和治疗各种神经症的手段，托尔斯泰探索得很充分，他不仅亲身实践，而且通过对小说人物的塑造来探询其可能和意义。在《安娜·卡列尼娜》中，小说人物列文就是"劳动疗法"的热烈提倡者，他认为这是对付各种愚蠢行径的有效方法、灵丹妙药，各种各样的精神病人都需要这个。譬如他自己，作为一个养尊处优的贵族，亲自参加割草的劳动，虽然劳累一整天，但常常感觉到的却是"那种简直忘怀自己在做什么的无意识状态的瞬间，现在是越来越频繁了。镰刀自动地刈割着，这是幸福的瞬间"[2]。小说中多次出现类似的劳动场景，托尔斯泰从中分析指出，人们常常通过劳动得到幸福感受和幸福体验。就像列文，他在麦田里割得越久，他就越是频繁地感觉到那种忘我状态的瞬间，好像不是他的手在挥动镰刀，而是镰刀自动在刈割，人变成充满生命和自我意识的肉体，而且好像被施了魔法一样，不用想工作，工作竟自会有条不紊地圆满完成。这是最幸福的瞬间。对比有闲阶层无所事事所带来的情绪上的厌烦和无聊，这是一种摆脱人生困境的有效方法。人总是难免对现

---

[1] [英]斯密. 道德情操论. 蒋自强，等译. 北京：商务印书馆，1997：230.
[2] [俄]托尔斯泰. 安娜·卡列尼娜. 周扬，译. 北京：人民文学出版社，1956：345.

存生活产生不满,也总是向往更好的生活,所以人常常关注自己所缺乏的,而不是关注已经拥有的。这种生之苦恼是不容易清除的,列文式的贵族找到了一种有效的转移注意力的方式,即劳动。

  劳动还有益于培养和发展人的社会性情感,有助于人的社会性存在。正如休谟在《人性论》中所指出的,当人只为自己劳动时,他力量单薄而不能胜任重大的工作;他要用劳动满足自己的不同需要,就不可能在技艺方面取得卓越;同时,力量和成就不对等,就容易遭遇挫折甚至毁灭。劳动作为社会生活的重要内容,弥补了这些方面的不足,他说:"借着协作,我们的能力提高了;借着分工,我们的才能增长了;借着互助,我们就较少遭到意外和偶然事件的袭击。"[1] 也就是说,在社会生活中,人们共同劳动、共同生活,会带来力量、能力、安全,从人们的经验来看,生产力的发展,科学技术的进步,生产效率的提高,在这些因素的共同作用下,人才可能从劳动所带来的生存压力下解放出来,从而获得更多可供支配的时间,拥有更大的自由。阿伦特所理解的自由是以下这种意义上的自由,她说:"自由,即完全从生存必需性和生存必需性所从出的关系中摆脱出来。自由的前提条件就排除了所有主要目的在于维生的生活方式。"[2] 自由也为虚无主义的入侵提供了可能,虽然不是所有的人都会被虚无的情绪所困扰,但虚无主义确实成为对现代人的一种威胁。这种威胁的结果前面已经充分地讨论过,就像尼采所说:"人的病态已成为我们无法否认的事实。"[3] 人们疏远了劳动这种生命活动,便会遭遇现代生活更大的精神危机。

  现代社会有一种倾向,似乎只要能够减少甚至不劳动,就是好的。但是,即使在资本主义时代,在工业社会,我们也不得不承认,对于人而言,劳动虽然是一种痛苦,但也能给人带来创造的乐趣。阿伦特曾经提出,人思考时代特征的中心议题应该是:我们正在做什么?她为我们划定的积极生活的内容包括三种根本性的人类活动,即劳动、工作、行动。她精彩地分析了劳动作为其中最重要的活动的内涵和意义,她说:"劳动是与人身体的生物过程相应的活动,身体自发的生长、新陈代谢和最终的衰亡,都要依靠劳动产出和输入生命过程的生存必需品。劳动的人之境况是生命本身。"[4] 也就是说,个体生存和人类生命的延续都依赖于劳动。

---

[1] [英]休谟. 人性论. 关文运, 译. 北京: 商务印书馆, 1980: 526.
[2] [美]阿伦特. 人的境况. 王寅丽, 译. 上海: 上海世纪出版集团, 2009: 5.
[3] [德]尼采. 论道德的谱系. 周红, 译. 北京: 生活·读书·新知三联书店, 1992: 98.
[4] 同[2]1.

加缪曾经分析并指出:"真正的失望不会产生于艰难的逆境当中,也不产生于一场实力不均和斗争的精疲力尽之时。它产生于人们已不再知道为什么要斗争之时,而反之,人们则会去战斗。"① 劳动曾经是人类生存的第一需要,在现代生活中仍然有其不可或缺的重大价值及意义。劳动有何意义和结果,雅斯贝斯充分肯定了马克思的观点,即人类需求体系如衣、食、住等决定了劳动。劳动还产生快乐,不是简单运用肌肉或练习技艺所获得的官能的快乐,而是参与创造我们环境的意识,劳动者在其产品的反映中意识到自己。劳动带来的平静安宁来自对某种存在物的建设。

不止于此,在劳动中还有更多的东西,如黑格尔所发现的,宗教劳动造成献身的善行,它不是为了有限的目的,这种劳动就是礼拜行为本身。作为纯粹创造和永恒劳动的工作其本身就是目的,因此永不休止。这一劳动贯穿着从舞蹈这种简单的身体动作直到巨大宏伟的建筑工程,所有这些工作都属于牺牲的范畴。活动恰恰是一种奉献,不再是纯粹外部的东西,而是内心的主观性。在这一过程中牺牲是精神活动,是坚持要在幻想中生活,以幻想来生活,并使幻想成为客观的努力,这种努力是对特殊的自我意识的否定。黑格尔指出了今天几乎被遗忘的潜在的劳动意义,它之所以在今天有重申的必要,就在于它具有创造物质财富与精神财富的双重功能。

二、无怨

怨的意思有两层,一是怨恨,二是责怪。前者是情绪上的,后者是语言和行动上的。其中,怨恨既有人们精神上的自我毒害,也有在与世隔绝的状态中长期积极的萎靡不振。怨恨从心理状态来说,常常由嫉妒激发,它在有力量的人身上变成野心,在软弱的人身上则容易变成尖酸刻薄。怨恨中还有自责自怨,是对已有的和现有的生活的否定,是人意愿上想成为与现在不同的另一个人。怨一定是在人与人相处的过程中才有的情绪、言语、行动反映,孔子在《论语》中多有论述。孔子的理想是无怨,通过一些零星的片段,他述说了怨何以会有以及如何去除。

"怨"从何而来?孔子在《论语·里仁》里讲:"放于利而行,多怨。"一个人如果依据利益而行动,做什么事都只考虑利益,那么就一定会招来怨恨。因为人与人之间是有情义的,不能没有感情而只崇拜利益金钱。孔子讲到,无怨总是事关个人的修养,有这样一些细节:"子曰:'事父母几

---

① [法]加缪. 加缪全集:第4卷. 杨荣甲,等译. 石家庄:河北教育出版社,2002:24.

谏。见志不从，又敬不违，劳而不怨'"（《论语·里仁》），就是说，一个人为父母有所操劳，一定不能有抱怨。"子曰：'伯夷、叔齐不念旧恶，怨是用希。'"（《论语·公冶长》）伯夷、叔齐在中国历史上都是有节操的人，怨恨他们的人很少。《论语》中有一段孔子和学生的议论，对这段内容有更多的展开，集中表明了孔子"无怨"的思想："冉有曰：'夫子为卫君乎？'子贡曰：'诺，吾将问之。'入，曰：'伯夷、叔齐何人也？'曰：'古之贤人也。'曰：'怨乎？'曰：'求仁而得仁，又何怨乎？'出，曰：'夫子不为也。'"（《论语·述而》）这是儒家的基本思想，求仁得仁无怨乎。其实从历史的记载来看，伯夷、叔齐未必无怨。他们因为武王伐纣建立周朝，耻食周粟而隐居首阳山，最后活活饿死。临死前，俩人曾吟歌辞，内容是："登彼西山兮，采其薇矣。以暴易暴兮，不知其非矣。神农、虞、夏忽焉没兮，我安适归矣？于嗟徂兮，命之衰矣！"（《史记·伯夷列传》）他们感叹神农、虞、夏这样美好的时光一去不返，感叹自己生不逢时马上将死。可见，即使伯夷、叔齐这样的古代贤人，他们殉身自己的信念也不是没有怨恨的。这说明要做到没有怨恨、不去责怪，是很难的。但是，从人的修养来看，也不是不能达到的。

孔子的道德理想和人格理想，是实现和实践"仁"，这一点就与他的"无怨"思想相关。《论语·颜渊》中有这样一段："仲弓问仁。子曰：'出门如见大宾，使民如承大祭。己所不欲，勿施于人。在邦无怨，在家无怨。'仲弓曰：'雍虽不敏，请事斯语矣。'"《论语·宪问》中有这样一段："或问子产。子曰：'惠人也。'问子西。曰：'彼哉！彼哉！'问管仲。曰：'人也。夺伯氏骈邑三百，饭疏食，没齿，无怨言。'"孔子赞管仲有才能，把人家土地夺走了，人家还没有怨言。《论语·公冶长》中有这样一段："子曰：'巧言、令色、足恭，左丘明耻之，丘亦耻之。匿怨而友其人，左丘明耻之，丘亦耻之。'"意思是说，一个人不要隐藏自己的怨恨而与人交朋友。就是说匿怨可以，但就不要"友其人"。就一般的人性而言，孔子认为，"贫而无怨难，富而无骄易"（《论语·宪问》）。一个人贫穷还没有怨言，是很难做到的。所以，从政治理想来看，孔子致力于富民、教民，人如果能在物质和精神上获得双重丰富，那么就很难对生活有怨了。

屈原是中国文学史上第一个深切抒写怨这种情感的诗人，他的《离骚》就是激发忧愤、有所怨恨的诗篇，其中表达的感情极为复杂曲折。他曾执着坚持上天入地寻求志同道合的贤人，渴望实现自己的理想，虽然理想未曾实现也绝不动摇，不向小人屈服。但是，在黑暗的现实中，在屡受迫害的流离迁徙中，他"心冤结而内伤"，但也知"吾又何怨乎今之人？"所以，他满怀怨愤地写道："长太息以掩涕兮，哀民生之多艰。……怨灵修之浩荡兮，终不察夫民心。"屈原的文学实践正体现了孔子对诗"可以怨"的主张。

在西方思想史上，帕斯卡尔曾总结说："人人都在怨尤：君主、臣民、贵族、平民、老人、青年、强者、弱者、智者、愚者、健康人、病人，不分国度，不分时代，不分年龄和境遇。"① 人难免受苦，难免有怨，但是哲学家所主张的是，对于所有的受苦，都不能有怨。加缪说："人仅仅像动物那样活下去，人便不成其为人，也不承认自己是人。人必须被其他人承认。"② 人总是要求他人的承认并被作为人来对待，所以加缪说，其他人产生了我们。其他的存在物都可以在一个无意义的世界中恬然自得，但人不同，他会为自己的命运有抱怨、有感叹。人对生命的抱怨来自我们能看到生命中的一切都是事实，不论这事实本身是否有意义，人必须承受，那些归于虚无主义的哀叹、哭喊、抱怨、诅咒都于事无补。既然如此，人就得思寻无怨，免得以此来加重对生活的摧折。人的受苦和抱怨与自审处境有关。在这一点上，虚无主义鼓励了冷漠，人得有生命的强力，自己担当一切；虚无主义同时培育了爱情，因为人只有在爱中才有力量承受一切。

第三节 爱

爱是一个内容丰富的主题，给它下定义是困难的，有哲学家认为："爱同善一样，其本身是自明公理、无条件的东西；犹如蓝色或酸味等等就是其自身的东西一样，爱是'最基本'的，不能再用别的东西来下定义。"③ 所以，爱是属人的，也是为人的，为人所运用，这使得本书所研究的处境伦理被赋予了这样的色彩：如何为善，为谁行善，以此作为爱的注解。从这个意义上说，爱的确是内在的善，是正当的、好的。

费尔巴哈在对人的观察中总结出如下观点："人，至少在安居乐业的

---

① ［法］帕斯卡尔. 思想录. 何兆武, 译. 北京: 商务印书馆, 1985: 184.
② ［法］加缪. 加缪全集: 第3卷. 丁世中, 等译. 石家庄: 河北教育出版社, 2002: 242.
③ ［美］弗莱彻. 境遇伦理学——新道德论. 程立显, 译. 北京: 中国社会科学出版社, 1989: 35-36.

时候，总愿望不要死去。这个愿望原来是跟自我维持的意向一致的。活着的，就要维护自己，就要活下去，从而也不要死去。"① 在这种自我维系、自我保存中，爱是最重要的因素、最高的价值、最终的存在与最大的德性。人应当过充满爱的生活。人际关系的理想状态是以爱的情感相互关联。在实践生活中最重要的原则就是人对人的爱，这种爱不是派生的，而应当是原本的，只有这样的爱才能成为真正的力量。爱有助于人培养自己的社会性，使自己成为社会的人。爱既有来自自然的冲动，如对生活和异性的爱，也有社会生活的培养，如爱科学、爱艺术等。似乎人天生都会爱，都可以爱，休谟说："两性间的爱显然是根植于人类天性中的一种情感；这个情感不但出现于其特殊的表征方面，而且表现于激起其他各种的爱的原则，并使人由于美貌、机智和好感发生出一种比其他情形下更为强烈的爱。"② 他指出了爱作为一种天然情感的发展方向，即使自然产生的爱，也会由于社会生活而得到强化，并且只有在社会生活中才可能得到强化和发展。在这个狭窄意义上讨论爱，玛莎·努斯鲍姆（Martha Nussbaum，1947年生）的提醒非常重要，她认为："我们经常在爱的议题上自欺欺人——对谁，怎么爱，什么时候，是否是真的。"③ 这让我们想到弗洛姆关于爱的论述，他特别强调爱需要学习。弗洛姆深刻地认识到人们在讨论爱这个问题时容易陷入一个误区，即将爱等同于被爱，所以人们通常沿着让自己变得可爱的方向努力，"一种途径——这种途径尤为男子们所采用——是获得成功，在其社会地位许可的范围内变得有钱有势。另一种途径——这种途径尤为女子们所采用——是靠修饰其肉体、穿着等等而使自己迷人。还有一些使自己迷人的方式则是男女皆可采用的，譬如培养优雅的风度、谐趣的谈吐，变得热情、得体、讨人喜欢"④。这些努力固然十分有助于人们获得爱，但是弗洛姆的研究成果提醒我们：爱这样一个如此广泛的议题，只有对之进行分类及细究，才可能获得更清楚的认识。

一、神话、传说、文学想象中的爱

爱是创世以来人的生活中最重要的内容，神话中神对人的爱是一种启

---

① [德] 费尔巴哈. 基督教的本质. 荣震华，译. 北京：商务印书馆，1984：187.
② [英] 休谟. 人性论. 关文运，译. 北京：商务印书馆，1980：521.
③ Martha Nussbaum. Love's Knowledge: Essays on Philosophy and Literature. Oxford University Press, 1990: 261.
④ [美] 弗洛姆. 为自己的人. 孙依依，译. 北京：生活·读书·新知三联书店，1988：231.

示，也是一种范例，包含着人们对爱的真义的思考。每个人都愿望爱，甚至魔鬼也有爱，但不是为了爱，也不是为了人，而是为了他自己，是出于利己主义的爱，是为了伸张自己的威力，是为了克服孤独，只有神对人的爱是为了人的幸福快乐。人们热爱传奇故事、神话、电影，是因为通过欣赏和观赏可以释放自己希望拥有的能量或感情，如爱，并从中得到巨大的快乐。天神普罗米修斯爱人类，他支持和帮助人类获得更好的生活，他给人类火种，让人类享受光和热，烧烤食物，向天神祭献贡品，教人类冶炼、制造工具、驯化走兽。从有火开始，人变得像诸神一样能干，暴怒无比的宙斯把普罗米修斯钉在蛮荒之地的一块巨石上，让他承受无穷尽的折磨和痛苦，他不乞求宽恕，因为他总是相信美和善的事物都要用牺牲来换取。所以，尽管痛苦无边无际、永不止息，普罗米修斯仍有坚定的信念，绝不屈服，绝不向不义乞求怜悯，这是对所有人的爱。

那颗钉穿普罗米修斯胸膛的钉，成了加缪喜爱的一个象征——"肉中刺"，也给了加缪一个极好的启示，使他意识到爱对人的生活的意义。他认为，不被人爱是厄运，不爱人是不幸。在他看来，城市是虚无主义的象征空间，弥漫着虚无主义的气息，犹如一场无法逃避的鼠疫，只有走出去，投入花香、大海、阳光、爱情中，虚无主义才能得到有效的克服。加缪设计了从城市的冷漠与残忍出逃虚无主义的路径，这其中如果没有爱，是不可能成功的。所以，他认识到，爱带来的真正的生活在于人们可以打开窗户欣赏自然界的美景，在孤独苦恼中打开心门，关注自己和所有其他人的心灵，歌唱世间一切美妙的感情。但是，一个人若不能正确地认识自己，那么就无法更真实、更深刻地爱他人，这并不是为了其他什么，乃是爱应当基于正确的价值。"爱是价值真正的发现者"①。在关于爱与价值之关系的讨论中，价值通常被区分为自身所有的价值以及为人而存在的价值两种，当人们出于爱而有所选择时，里面就包含着对某种价值优越性的认知。舍勒认为，所有的价值本质上都处在一个级序中，价值的级序是对价值高低的排列，即价值处在更高与更低的相互关系中。舍勒从持续性、不可分性、奠基性、满意度、满足感、相对性这些角度来确定价值的级序，认为最低的价值本质上是仓促的、短暂的，最高的价值是持久的、永恒的；最低的价值具有可分性并且由划分来分享，如一块蛋糕，最高的价值是不可分的，如一件艺术品；奠基性是指某一价值为另一价值提供可能，

---

① ［阿根廷］Risieri Frondizi. 价值是什么？——价值学导论. 黄藿，译. 台北：联经出版事业公司，1986：87.

舒适奠基于健康，健康奠基于生命，生命因此具有奠基性价值；带给个体更大满意度、满足感的事物当然价值更大；相对性是指一种价值相对性愈小，价值就高，最高价值是绝对价值。一个对象或事物的价值满足以上特性，其价值是最高的。所以，舍勒肯定："对于'最高价值'来说，它是'绝对的'价值"①。当然，在实践中人们并不总是遵循价值的级序来选择和行动，因为喜好的情感会在其中发挥作用，也就是说爱帮助人们寻找和发现价值。

　　在神话中，爱情会产生伟大的力量，让人们生死相随。爱的确不是一般的感情，它是心灵的东西却表现为行为，它要在相会中发生也在相会中满足，所以不能仅仅靠思念予以慰藉。据古希腊神话故事说，希腊人林德尔（Lyndall）同住在海勒斯滂海峡对岸的塞斯托斯城的女祭师赫罗（Hero）相爱；有一天，林德尔游过海峡去看赫罗，途中突遇暴风雨，因而溺死，赫罗闻讯后，蹈海以殉。爱表现为这样一种强烈的感情——长相爱，共赴死。即使生死相隔，爱也永难相忘。还有一个动人的古希腊神话故事，俄耳甫斯（Orpheus）是希腊传说中的琴师、歌者和诗人，因怀念亡妻欧律狄刻（Eurydice），便求冥王准他活着去阴间，将她带回阳间。古希腊神话推崇人的卓越性，它会产生奇迹。俄耳甫斯凭着他动人的歌声打动了所有冥界的鬼神，连冥王也为他的音乐所感动，准了他的请求，但有附带条件：他的妻子跟在他后面，未到阳间以前，不准回头看她，否则是生死永隔的分离。对于这样苛刻的条件，俄耳甫斯满心欢喜地接受了，他相信只要能爬上去重见天日，他就能永远赢回自己的爱人。但是，在那重回世间的旅途中，俄耳甫斯考虑的全是跟在后面的欧律狄刻，"她真的跟在后面吗？"② 这种担忧让他焦虑不堪，看不见成为一种巨大的折磨。当阳间的光线越来越强烈时，他的心越发忧愁妻子并没有跟来。终于，俄耳甫斯忍不住回头，他看到了欧律狄刻，当他去拥抱自己的爱人时，她在他手边滑过，冥王又将她召回阴间。这位悲剧的歌手知道自己再无可能与爱人在阳间重聚，他在绝望的痛苦中等待死亡。他的灵魂欢快地赶到冥界，在那里迎接重逢，"现在俄耳甫斯终于可以凝视着他心爱的人而不用担心会再次失去她"③。爱是可以用来终结痛苦的，人们也常用文学的方式来

---

　　① ［德］舍勒. 伦理学中的形式主义与质料的价值伦理学. 倪梁康，译. 北京：生活·读书·新知三联书店，2004：121.
　　② ［希］斯蒂芬尼德斯. 希腊神话故事. 陈中梅，总校译. 北京：中国出版集团公司，2012：193.
　　③ 同②195.

表达这些从神话中得到启示的爱，如《呼啸山庄》中，希斯克利夫表明他看重爱甚于看重上帝，他愿意与他钟情的女子相爱，哪怕下地狱也心甘情愿。在爱的情感中，凝视是一种巨大的幸福，看不见成为痛苦的折磨。

人类有这样一种心理倾向，对于容易得到的、容易满足的，往往不看重、不珍惜。歌德在他的小说《浮士德》中讨论过这个主题，即"葛丽卿悲剧"，它被视为19世纪最伟大的爱情故事。歌德这部作品历史观的深度和广度、道德观的想象力、政治上的领悟力以及心理的敏感程度和洞见，超过了他的其他作品。19世纪这个人类历史上伟大而又动荡不安的时代，最显著的变化是工业革命带来了人们物质与精神的大变动，世界进入广泛的生产和交换过程。《浮士德》这部伟大的作品就是一个关于这样的时代的寓言，前面已经将之作为一个范例进行了分析。同时，这部作品也是一个关于爱情的悲剧。这个爱情悲剧的三个主要因素是：浮士德、葛丽卿以及女主人公生活的那个小世界。在歌德笔下，以前浮士德不在意自己的外表，他只在书籍和设备上投入金钱，是梅菲斯特让他变得容光焕发、引人注目，使他看起来年轻了30岁，他现在还拥有大量的金钱。在世界的交换体系中，金钱是重要的因素，作为一种媒介，它让浮士德拥有了表现自我的大量筹码，物质享受应有尽有，而且可以周游世界。更重要的是，他还拥有一个最重要的礼物，即相信自己，浮士德浑身充满着因自信而获得的魅力，他用爱情扰乱了小镇姑娘葛丽卿的平静，她的内心被打动，因为她一直在等待一种救赎的力量，在自己无可奈何的平凡中期待爱的拯救。爱情的奇妙在于，即使平凡的人也可以依附于它而创造不平凡，比如坚持爱一个人就可以成为传奇。一个富有、多情、温柔的情人出现在自己的生活里，这简直是上帝的恩宠。

歌德制造这种变化的方式值得关注。在一个封闭的世界里，浮士德是行动着的，他有力量去摧毁世界，他鼓励葛丽卿与自己一起行动，离开时，他留下珠宝作为礼物。葛丽卿当然知道这些贵重礼物的意义，男性通常用供养表示照顾，用送礼表示爱意。她的内心发生了一场革命，她奢望自己是这一类故事的一个例外，每一个有类似命运的女人都是怀着侥幸心理这样想的，更何况她只有这个机会摆脱命运的沉重。爱情可以让人成长。每个深陷爱恋中的人都会觉得自己不够好，真的爱情会让人愿意学习成为一个更好的人。葛丽卿越来越聪明，浮士德兴奋地看着她成长，但是这个姑娘的成长是不稳固的，没有同情、肯定和支持，最初的不顾一切不久就变为歇斯底里，这完全超出浮士德的想象和控制，他惊慌不安地离开了小镇。

浮士德走后，这一段爱情的结局是葛丽卿被关进地牢，作为罪犯即将被处死。在最后一幕中，浮士德在半夜来到葛丽卿的牢房，发誓说爱她，要她跟自己走，葛丽卿的悲苦得到了安慰，但她没有走，她知道浮士德只是不想让她死。他们已经不再相爱，无法共同生活了，逃出去又有什么用？她被处死，成为自己的爱情也是她的社会的牺牲品。葛丽卿的命运昭示的是女性爱的悲剧：以爱的名义纯粹地专注于自己并奉献自己。她并不是第一个，也不会是最后一个。

二、生活经验的爱

对于大多数人而言，爱是亲密关系的情感体验，它只能属于私人生活，在两性关系中尤其如此。阿伦特注意到这一点，她说："还是有许多东西无法经受在公共场合中他人始终在场而带来的喧闹、刺眼光芒。"① 爱情有其内在的非世界性，它如果被用于其他目的，就会被扭曲或变得虚假。爱也不需要下命令，正像费尔巴哈所认为的，"爱只需要轻轻地表示其愿望，就足以确保如愿以偿了"②。爱是生活的主要内容，马尔库塞认为："去过有爱有恨的生活，去过现实存在的生活，就意味着挫折失败、逆来顺受和死亡。"③ 人逃避爱，其实是逃避生活。

在生活经验中，最重要的爱是爱情，它是浪漫和性爱的需要，它促使人们在狂热的情感中起誓，用誓言来探询爱情的存在同时保护它。人不能没有爱，因为它指向与人的非常亲密的感情有关的人或事物，即意味着"重要"，也就是说心里认为要紧，同时还意味着牵挂，也就是放在心上。弗洛姆曾说："爱是两个人在各自独立与完整基础上的结合。"④ 它以平等与自由为基础。爱也是一种连接，可以传递出去，在人与人之间建立亲密而真实的联系，以此增加个人的力量，有助于人克服孤独感和渺小感。今道友信认为，"爱包含着两个含义，一个是人觉得可爱、人恋慕的事物，另一个是人认为重要、重大的事物。就是说，可以把爱姑且定义为'人对最重要的事物的恋慕、向往的心情'"⑤。所以，爱将以生命为背景而展

---

① [美]阿伦特. 人的境况. 王寅丽, 译. 上海：上海世纪出版集团, 2009：33.
② [德]费尔巴哈. 基督教的本质. 荣震华, 译. 北京：商务印书馆, 1984：175-176.
③ [美]马尔库塞. 单向度的人——发达工业社会意识形态研究. 刘继, 译. 上海：上海译文出版社, 2006：57.
④ [美]弗罗姆. 逃避自由. 刘林海, 译. 北京：国际文化出版公司, 2000：110.
⑤ [日]今道友信. 关于爱. 徐培, 王洪波, 译. 北京：生活·读书·新知三联书店, 1987：36.

开，不依附于生命的爱是难以想象的，也是不可能实现的，为了爱的自我实现会让生命的力量更强大，其实现的价值也会更大。

在农耕文明的漫长岁月，离别哀伤成为文学艺术的主题，山高水阻和经济不发达的双重障碍是其中的重要原因，因为爱怕别离，爱期待相守。日本的《万叶集》中有这样一首狭野弟上娘子赠别丈夫中臣宅守的恋歌——《遥远的路程》，是生活经验进入文学史的优美表达："君行是长路，如席卷成团。愿有天来火，焚烧此席完。"中臣宅守因罪被从奈良发配到越前，他的爱人因离别而伤怨，于是写了这首歌，希望有一场天火将夫君脚下的路烧掉，这样他就能留在自己身边。日本哲学家今道友信提到这个例子想要说明的是，自然界的障碍带给离别的情人悲怨，但是人的情感体会很深挚、很真切。彼此分离的情人，互不相见，甚至音讯难通，但在这些离别的时候，他们不会放弃自己的爱。在今天，这些障碍在金钱面前已经不值一提，阻隔狭野弟上娘子与丈夫的从奈良到越前的距离，只要一个小时的飞机、高铁，几个小时的火车，就可以被跨越，距离已经根本不成为问题，何况还有智能手机、互联网的时时在线。古代陆游曾经叹息："书回已是明年事"（《渔家傲·寄仲高》）。一封历经数月才到达的信，对于收信人而言的珍贵可想而知，现在信息到达和彼此沟通已经以秒为单位来计时，感情联系根本不成为问题。

从积极的方面看，爱这样一种不一般的感情，它是不能仅靠思念满足的，它要把所爱的对象置于眼前、身边，所以爱的对象远去他乡在感情上是难以忍受的。以前难以存续生长的爱在现在便利的条件下可以成长壮大，爱变得容易得到，但难的是保存。在今天，感情可以轻易建立，也可以被轻易抛弃。如果被迫与爱人离别几年，交流爱情的通讯也被中断，那么就很难有人对爱始终如一、坚持到底。所在，在古代的文献中，与爱人的分离和隔绝成为歌咏的动人主题。从这一点来看，当代技术的发展的确消除了障碍，也解除了距离的威胁，技术使爱更容易产生，但确实并不一定更易于爱的成长与保存，因为替代性的满足也很容易获得。过去最让情人们痛不欲生的分离在现在已经不值一提，因为交通便捷，人们可以轻易地回到爱人身边，使爱情得到慰藉和满足；即使不能结束分离，信件、电话、网络也可以让天各一方的情人互通心曲、互诉衷肠，尤其是视频等工具的出现，让随时面对面成为可能。

人们在自己的一生中，想要的、期望的、需要的爱是复杂的，它在不同的文化中表现不同，在不同的时代也表现不同，其核心要素应当包括彼此熟悉、相互了解、亲近结合，它在处境伦理的视域中意味着可以有助于人们消除忧虑、表达关怀。用今天流行的亲密关系理论来分析，爱是最常见的亲密关系中产生的情感，"爱一个人，通常也会关怀那个人。关怀可能意味着看护、照顾或帮助的实际行动，以及相依和喜爱的感觉"①。看见乃至凝视仍然是爱情中最动人的因素，它们来自人们的生活经验。因为看得见才可以照顾和关怀。中国古代文人如苏轼诠释爱这个主题也是生活经验式的。《林下词谈》中记载了与他的《蝶恋花》有关的一个典故："子瞻在惠州，与朝云闲坐，时青女初至，落木萧萧，凄然有悲秋之意。命朝云把大白唱'花褪残红'。朝云歌喉将啭，泪满衣襟。子瞻诘其故，答曰：'奴所不能歌是"枝上柳绵吹又少，天涯何处无芳草"也。'子瞻翻然大笑曰：'是吾政悲秋，而汝又伤春矣。'遂罢，朝云不久抱疾而亡。子瞻终身不复听此词。"关于杭州苏堤有个说法，讲苏轼游西湖夜宿湖心岛，梦朝云来看他，裙裾皆湿，问其故，朝云说"湖上无舟，妾涉水而来"。苏轼于伤恸中醒来，后修苏堤。这两个记载生动地证明了中国古人对爱的理解，即苏堤所证明的：山水留情，有爱永存。当人被流逝的时光从大地抹去，当人的生命不复存在，这些与爱有关的故事还会在人间流传。

西方从古希腊时代起，人们就有对尽善尽美的渴望，他们认为善和美都能激发爱，人们的审美理想以此为表现形式。在所有爱的形式中，帕斯卡尔说："人充满了各种需要：他只爱能够满足一切需要的人。"② 爱情产生，它不是一闪而过，"它是为了最终的相互认识与和解而在黑暗中进行的长期而痛苦的斗争"③。罗素这样总结爱的价值：（1）爱是快乐之源，缺少它是痛苦之源；（2）爱能增加各种美妙的享受，如音乐、群山中的日出和月光下的大海；（3）爱能打破自我的硬壳，它是生物合作的一种形式。

因此，爱成为人类境遇或处境中的主要成分。在"境遇伦理学"的建构中，弗莱彻认为："爱的真正对立面其实不是恨，而是冷淡。恨尽管是恶，但毕竟视世人为'你'，而冷淡却把世人变成了'他物'。所以，我们可以认为，实际上有一样东西比恶本身更坏，这就是对世人的漠不关心。"④ 人们可以忍受无神的世界，但不能接纳无爱的人生。

---

① ［美］Lynn Jamieson. 亲密关系：现代社会的私人关系. 蔡明璋，译. 台北：群学出版有限公司，2002：13.

② ［法］帕斯卡尔. 思想录. 何兆武，译. 北京：商务印书馆，1985：17.

③ ［法］加缪. 加缪全集：第3卷. 丁世中，等译. 石家庄：河北教育出版社，2002：257-258.

④ ［美］弗莱彻. 境遇伦理学——新道德论. 程立显，译. 北京：中国社会科学出版社，1989：50.

三、自然情感的爱和道德情感的爱

对爱的重要性的强调是一个逐渐发展的过程，在亚里士多德时代，爱是在对善的共同信奉和共同追求的关系中产生的，它虽然重要，但却远不及友谊，它只是友谊中的一个自然成分。亚里士多德把友谊分为三种：（1）源于相互有利的友谊；（2）源于相互愉悦的友谊；（3）对善的共同关注的友谊。第三种友谊是真正的友谊，它为家庭中的夫妻关系、共同体中的公民关系提供了一种范式，也是人们理解爱的一个角度，是人类共同体的一个纽带。

早期米利都学派的阿那克西曼德（Anaximandros，约前610—前546）认为火、气、水、土四种元素为宇宙的根本物质，万物的产生和消亡都是这四种元素混合、分离而致，都由"爱与憎"的情感所支配，世界由"爱"支配，则一切完美无缺，"恨"则导致万物消亡。什么是爱？早期的哲学家都视其为一种自然的情感，把它与"恨"这种情感相提并论。如斯宾诺莎说："爱不是别的，乃是为一个外在的原因的观念所伴随着的快乐。恨不是别的，乃是为一个外在的原因的观念所伴随着的痛苦。"① 他把爱理解为一种快乐，所以认为人们会尽可能地保持它。爱愈大，从爱中得到的快乐也愈大。亚当·斯密也这样论述爱的情感，他说："爱是一种令人愉快的感情，恨是一种不愉快的感情。"② 爱是快乐的，不需要任何附加的乐趣就能满足和激励人心，但恨常常与悲伤、怨恨如影随形，带给人的苦恼和痛心的情绪需要用同情来平息。

对于人的健康发展来说，爱是最重要的一种自然感情。休谟根据感觉和经验把爱解释为人们对某一个其他人的感情，这种感情是那个其他人的思想、行为和感觉引起的。爱的对象是某一个其他人、一个有思想的存在者，他的德行、机智、知识、见解和风趣都会引起爱，人的身体方面的优点如美丽、体力、敏捷、灵巧也会引起爱。爱是引起愉快的感情。今道友信说："爱是不可抑制的欣悦，同时它又与令人心碎的痛苦相连。"③ 爱之所以还与痛苦相连，是因为这种感情不一定可以得到，也不一定会引发对方的回应。当爱是善在两个方向上的纠葛，纯粹的自然感情就会变成道德感情。"自爱即对自己以及适合于自己的所有东西的爱。"④ 充满自我的人

---

① [荷兰] 斯宾诺莎. 伦理学. 贺麟，译. 北京：商务印书馆，1983：110.
② [英] 斯密. 道德情操论. 蒋自强，等译. 北京：商务印书馆，1997：13.
③ [日] 今道友信. 关于爱. 徐培，王洪波，译. 北京：生活·读书·新知三联书店，1987：42.
④ [法] 拉罗什福科. 道德箴言录. 何怀宏，译. 北京：西苑出版社，2004：105.

只爱自己，只考虑与自己有关的事。

拉罗什福科肯定："给爱情下定义是困难的，我们只能说：在灵魂中，爱是一种占支配地位的激情；在精神中，它是一种相互的理解；在身体方面，它只是对躲在重重神秘之后的我们的所爱一种隐秘的羡慕和优雅的占有。"① 爱情的愉悦在于其中包含的热烈的融洽可能消除人与人之间的隔离、隔膜。深刻的爱情一定是以一种一无所求的方式钦慕和欣赏另一个人，正因如此，自主性、独立性、个性并不会因为爱情的强烈感受而被吞没，反而更加明显，即使在最令人心醉神迷的爱情中，仍然可以保持原来的自我。不失去自我的爱才可以持久，才是深刻的，因为原来的自我是爱得以产生的根源。在良好的感受力和鉴赏力中，对心理特征的重视超过生理特征，这也使爱更带有道德的色彩。

作为自然情感的爱是一种丰富的现象，它的前提是爱者能够给予爱的力量，爱是肯定和生产性，会被提升为一种道德情感。所以，罗尔斯在《正义论》中对爱的理解非常深刻，他说："一般地说，去爱另一个人，这意味着不仅要关心他的要求和需要，而且要肯定他自己的人格价值感。"② 自我和他人都可以成为爱的对象，对自己及他人的生命、幸福、成长、自由的肯定，植根于人的爱的能力，即关心、尊重、责任和认识。弗洛姆则指出："爱既不是一种飘落在人身上的较大力量，也不是一种强加在人身上的责任；它是人自己的力量，凭借着这种力量，人使自己和世界联系在一起，并使世界真正成为他的世界。"③ 他认为，"爱是一个人有力量去爱的表现，爱某个人是人的这种力量的实现和集中。这种爱与罗曼蒂克的爱不一样，它只能爱世上的某一个人，而发现这样一个人，是一生中难得的机会"④。

爱是幸福的源泉，因为被人所爱或爱人的意识中都有一种满足之情，对于一个感觉细腻、敏感的人来说，这种爱对幸福比人们希望的其他种种好处都更加重要。因为爱的情感对于能够感受到它的人来说，有抚慰心灵、唤起生命力的作用，能够促进人们的身心健康。爱是合乎心意的，它产生感激，也产生满足。在爱还是被爱对幸福来说哪种情况更重要这个问题上，斯密是这样认为的："人类幸福的主要部分来自被人所爱的意识。"⑤

---

① [法]拉罗什福科. 道德箴言录. 何怀宏, 译. 北京: 西苑出版社, 2004: 16.
② [美]罗尔斯. 正义论. 何怀宏, 何包钢, 廖申白, 译. 北京: 中国社会科学出版社, 1988: 451.
③ [美]弗洛姆. 为自己的人. 孙依依, 译. 北京: 生活·读书·新知三联书店, 1988: 34.
④ 同③129.
⑤ [英]斯密. 道德情操论. 蒋自强, 等译. 北京: 商务印书馆, 1997: 48.

因为被爱带来的幸福让人情绪高涨，内心充满真正的欢乐，所以此时幸福是一种成就，它是人的内在生产性的产物，而不是上帝的恩赐，它和欢乐没有质的不同，区别只在于幸福更连续、更持久、更深刻。弗洛姆认为，"幸福象征着人找到了人类存在问题的答案：生产性地实现他的潜能，因此，他既与世界同为一体，但同时却又保持着他自身的人格完整性"①。就是说，他燃烧了自己，却又不化作灰烬。这样的幸福是因为其中包含了爱。对于爱作为道德情感，奥古斯丁多有论述，他认为"爱是最高的德性，是所有其他德性的源泉"②。这种爱，是对上帝的爱，可以帮助人们克服痛苦和受难，也可以成为爱人和爱自己的基础。弗兰克也认为，"爱是进入另一个人最深人格核心之内的唯一方法。没有一个人能完全了解另一个人的本质精髓，除非爱他。借着心灵的爱情，我们才能看到所爱者的真髓特性"③。弗莱彻在他的境遇伦理学中也讨论了作为道德情感的爱，他认为"只有一样东西永远是善的和正当的，不论情境如何都具有内在的善，这就是爱"④。他坚信爱是一种态度，是一种意向，也是一种偏好和目的，还是一种能力。爱的拥有者，在自己的每种处境中都会努力寻求善的最大化。

人是孤独的，与世界、与社会、与他人分离，只有爱把孤独的个体与包围他存在的一切紧紧相连。今天，都市的繁荣，使越来越多的人离开家乡进入陌生化社会，陌生人群中最深刻、最令人不安的体验和感觉就是孤独。人逃离孤独的唯一去处是"爱"，在"爱"里，人能躲避孤独，与世界赋予自我的不安甚至绝望做最后的抵抗。所以，爱是人类生活和理想的基本主题，弗洛姆用"爱的艺术"作为自己文本的标题，诚如他所强调的：爱是一门关于生活的艺术。他说："爱是对我们所爱的生命和人或物成长的主动关注。"⑤ 人有爱的愿望和爱的能力，如果不能去爱，这将给人带来挫折与痛苦。法国哲学家丹纳（Taine，1828—1893）把爱看成人最有益的特性，是有益于他人的内部动力，因为"爱的目的是

---

① ［美］弗洛姆. 为自己的人. 孙依依，译. 北京：生活·读书·新知三联书店，1988：176.
② ［英］梯利. 西方哲学史. 葛力，译. 北京：商务印书馆，1995：167.
③ ［德］维克多·弗兰克. 活出意义来. 赵可式，沈锦惠，译. 北京：生活·读书·新知三联书店，1991：95.
④ ［美］弗莱彻. 境遇伦理学——新道德论. 程立显，译. 北京：中国社会科学出版社，1989：47.
⑤ ［美］弗洛姆. 为自己的人. 孙依依，译. 北京：生活·读书·新知三联书店，1988：251.

促成另一个人的幸福，把自己隶属于另外一个人，为了增进他的幸福而竭忠尽智"①。爱有一种超乎一切的力量，是对孤独的反抗。

日本哲学家今道友信提出了在现代爱是否可能的问题。他把爱看成人生的原体验，即时时都在体验的体验，爱是重要的，人应当成为能够爱的人，尽可能地贴近爱。现代社会对爱的最大考验来自技术，今道友信把它称为"技术关联"。他认为，在这样的社会人的异化以及爱的问题成为人类的新问题。技术带来的生产过剩，导致物的世界的原则逐渐向人的世界转移，对待物的法则转向人，会剥离人们对存在的东西的依恋或爱恋。技术在生活中的最大好处是，人总是想通过技术迅速地得到结果，技术既可以简化过程，又可以扩大效果，比如洗衣机，比如登山索道，不费吹灰之力，结果又皆大欢喜，这无疑是伟大的技术造福人的生活的范例。但是，对待爱，这样的原则也许会失灵，爱是一个慢慢唤起、慢慢酝酿、慢慢培育的过程。人要懂得爱，需要经过很长时间，也需要具备很多知识，比如对人性的深刻认识。来自人性的、不学而会的爱，它是原始的、内在的、先于其他一切感情的。所以，卢梭认为人因为自爱而生的第一个最重要的责任就是关心自己的生命。他说："为了保持我们的生存，我们必须要爱自己，我们爱自己要胜过爱其他一切的东西；从这种情感中将直接产生这样一个结果：我们也同时爱保持我们生存的人。"② 奥古斯丁、克尔凯郭尔、海德格尔都论述过一点，爱是意识，而意识是时间性的，效率、快速、方便这些其他领域中的价值对爱是致命的。爱的这一性质，艾修伯里（Exupery，1900—1944）在他的《小王子》中探讨得很充分。小王子非常爱他的玫瑰花，因为他把时间花在玫瑰花身上，所以它如此重要，这是人的生活中的简单真理。作为道德情感的爱是美德修养的成果，它可以是快乐也可以是幸福的一个主要源泉，它往往表现为对他人的善意的兴趣，这里面没有想抓住、想占有、希图得到回报的心理方面的愿望，只是一种纯粹的爱，也可以带来纯粹的快乐。

但是，人们常常对爱或爱情有一个错误的看法，以为爱是永恒的，是无坚不摧的，其实，它也许经不起一个探究的眼神。人们或恋人们彼此深深注视，就会发现生活中堆砌了意想不到的困难，现代生活本身就构成一种考验，它从我们的道德感开始。对现代生活的认真思考在学术界分为无效的对立两极，一方可命名为"现代崇拜"，另一方是"文化绝望"。"现

---

① ［法］丹纳. 艺术哲学. 傅雷, 译. 桂林：广西师范大学出版社, 2000：395.
② ［法］卢梭. 爱弥儿：上. 李平沤, 译. 北京：商务印书馆, 1978：289.

代崇拜"的阵营包括马雅可夫斯基、麦克卢汉,对于他们来说,现代生活中所有个人的、社会的不和谐都能够用技术和管理的办法来解决。解决的办法就在眼前,唯一需要的就是愿意使用它们的领导人。"文化绝望"的空想家有艾略特、阿伦特和马尔库塞,对于他们来说,现代生活的一切看起来都是空洞、无效、单调、单面的,缺少人的各种可能性,任何看上去像自由或美的东西,其实都是掩盖更加深入的奴役和恐怖的屏幕。这一思维被运用到对爱这个主题的考察中,一方是"爱崇拜",另一方则是"爱绝望"。技术的因素进入了爱的领域。最近有学者注意到一种新的现象,据英国《每日电讯报》2017年5月30日的报道,牛津大学的一项研究成果表明,现在出生的英国孩子预期寿命是104岁,随着科学与医学的发展,人们也许可以在此基础上再多活几十年,这将给爱和婚姻带来挑战,原来打算相爱一生或共同生活几十年的夫妇发现,他们在一起的时间也许有一个世纪之久,在这种情况下是不是能坚持当初"不论贫穷、困苦,都不离不弃,直至死亡"的誓言,一些婚姻可能坚持不到夫妇当中的一方死亡,哈珀教授建议修改这句誓言,因为我们不能不考虑,在漫长的一生中,是否想和一个人生活几十年甚至一百年这么久。[1] 总之,从每一个角度来看爱对人类的重要性,都可以在生活中找到生动的例证,不论形态发生怎样的改变,都不会动摇人类对爱的信心。

以人们之间的爱为连接纽带,人与人之间的善处、共乐、互益,这样的价值追求,对于现代人如何看待自我处境,如何在现实处境中寻觅与发现意义,应当是有帮助的。从神话、传说、文学想象或历史、生活、自然、道德各个方面讨论或理解爱,都不是完备的,都只是在努力接近最好的爱。世上能有的最好的爱,在罗素笔下是这样呈现的:"最好的那种爱是互惠的。彼此很愉快地接受,很自然地给予,并且由于有了互惠的快乐,彼此都觉得整个世界更有趣味。"[2]

之所以讨论作为道德情感的爱,是因为爱可能成为某些人满足病态需求的借口。比如美国心理学家霍尼讨论屈从型人格时认为,这类人会把爱看得格外重要,爱"能满足被人喜爱这一需要,也能达到(通过爱情)支配他人这一要求;它既居于次要地位,又能够突出自我(通过对方向自己献出全部的爱)"[3]。

---

[1] 侯涛. 人口老龄化或将考验结婚誓言. 参考消息, 2017-06-01.
[2] [英]罗素. 幸福之路. 吴默朗, 金剑, 译. 北京: 中央编译出版社, 2012: 136.
[3] [美]霍尼. 我们内心的冲突. 王作虹, 译. 南京: 译林出版社, 2011: 31.

马克思这样论述爱，他说："我们现在假定人就是人，而人同世界的关系是一种人的关系，那么你就只能用爱来交换爱，只能用信任来交换信任，等等。"① 爱是唤醒，是创造，某种新的、世上从未有过的感情和事物在这一过程中出现。爱不是为了什么，爱的唯一重要性就在于爱本身，爱是人的自我表达，是使人的力量得到充分发挥的方式。生活中最大的价值就是通过某些活动去体验、发挥和实现自身的力量，而不是运用这些力量达到什么目的。爱的对话意味着敞开心扉，意味着彼此靠近，而这正是处境伦理寻求人与人之间的关怀的目标所在，也是在处境伦理的视角下减少忧虑的努力所在。

---

① 马克思恩格斯全集：第42卷. 北京：人民出版社，1979：155.

外国人名对照表*

汉娜·阿伦特（Hannah Arendt，1906—1975）
汉斯-格奥尔格·伽达默尔（Hans-Georg Gadamer，1900—2002）
亚当·斯密（Adam Smith，1723—1790）
让-保尔·萨特（Jean-Paul Sartre，1905—1980）
约瑟夫·弗莱彻（Joseph Fletcher，1905—1991）
埃里希·弗洛姆（Erich Fromm，1900—1980）
伊曼努尔·康德（Immanuel Kant，1724—1804）
亚里士多德（Aristotle，前384—前322）
柏拉图（Platon，前427—前347）
达·芬奇（Leonardo da Vinci，1452—1519）
约翰·斯图亚特·密尔（John Stuart Mill，1806—1873）
格奥尔格·威廉·弗里德里希·黑格尔（Georg Wilhelm Friedrich Hegel，1770—1831）
巴鲁赫·德·斯宾诺莎（Baruch de Spinoza，1632—1677）
卡尔·马克思（Karl Marx，1818—1883）
希罗多德（Herodotos，约前484—约前425）
罗纳德·英格尔哈特（Ronald Inglehart，1934年生）
奥斯瓦尔德·斯宾格勒（Oswald Spengler，1880—1936）
卡尔·西奥多·雅斯贝斯（Karl Theodor Jaspers，1883—1969）
伯特兰·罗素（Bertrand Russell，1872—1970）
赫伯特·马尔库塞（Herbert Marcuse，1898—1979）
斯蒂芬·平克（Steven Pinker，1954年生）
让·鲍德里亚（Jean Baudrillard，1929—2007）
约翰·沃尔夫冈·冯·歌德（Johann Wolfgang von Goethe，1749—

---

* 按照人名在正文中第一次出现的先后排序。

1832)

亚历克西·德·托克维尔（Alexis de Tocqueville，1805—1859）

邦雅曼·贡斯当（Benjamin Constant，1767—1830）

弗里德里希·威廉·尼采（Friedrich Wilhelm Nietzsche，1844—1900）

约翰·克里斯托夫·弗里德里希·冯·席勒（Johann Christoph Friedrich von Schiller，1759—1805）

爱弥尔·涂尔干（Emile Durkheim，1858—1917）

勒内·笛卡尔（René Descartes，1596—1650）

弗兰兹·卡夫卡（Franz Kafka，1883—1924）

阿尔贝·加缪（Albert Camus，1913—1960）

布莱兹·帕斯卡尔（Blaise Pascal，1623—1662）

乔治·赫伯特·米德（George Herbert Mead，1863—1931）

马丁·海德格尔（Martin Heidegger，1889—1976）

托马斯·斯特尔那斯·艾略特（Thomas Stearns Eliot，1888—1965）

瓦尔特·本雅明（Walter Benjamin，1892—1940）

亚瑟·叔本华（Arthur Schopenhauer，1788—1860）

夏尔·皮埃尔·波德莱尔（Charles Pierre Baudelaire，1821—1867）

丹尼尔·贝尔（Daniel Bell，1919—2011）

芝诺（Zenon，约前 490—约前 436）

赫拉克利特（Heraclitos，约前 540—约前 480 与前 470 之间）

亚伯拉罕·马斯洛（Abraham Harold Maslow，1908—1970）

安东尼·吉登斯（Anthony Giddens，1938 年生）

大卫·理斯曼（David Riesman，1909—2002）

弗雷德里克·杰姆逊（Fredric Jameson，1934 年生）

斯蒂芬·威廉·霍金（Stephen William Hawking，1942—2018）

马塞尔·普鲁斯特（Marcel Proust，1871—1922）

巴赫金（Михаил Михайлович Бахтин，1895—1975）

迈克·费瑟斯通（Mike Featherstone，1946 年生）

本杰明·富兰克林（Benjamin Franklin，1706—1790）

索伦·克尔凯郭尔（Søren Kierkegaard，1813—1855）

惠司勒（James Abbott McNeill Whistler，1834—1903）

马塞尔·杜尚（Marcel Duchamp，1887—1968）

皮埃尔·奥古斯特·雷诺阿（Pierre Auguste Renoir，1841—1919）

克劳德·莫奈（Claude Monet，1840—1926）

保罗·塞尚（Paul Cézanne，1839—1906）

爱德华·马奈（Edouard Manet，1832—1883）

米盖尔·杜夫海纳（Mikel Dufrenne，1910—1995）

爱克曼（Eckermann，1792—1854）

文森特·威廉·凡·高（Vincent Willem van Gogh，1853—1890）

迈耶·夏皮罗（Meyer Schapiro，1904—1996）

马歇尔·麦克卢汉（Marshall McLuhan，1911—1980）

尼尔·波兹曼（Neil Postman，1931—2003）

特里·伊格尔顿（Terry Eagleton，1943 年生）

查尔斯·泰勒（Charles Taylor，1931 年生）

列奥·施特劳斯（Leo Strauss，1899—1973）

齐格蒙特·鲍曼（Zygmunt Bauman，1925—2017）

约翰·戈特利伯·费希特（Johann Gottlieb Fichte，1762—1814）

阿拉斯代尔·麦金太尔（Alasdair MacIntyre，1929 年生）

理查德·麦尔文·黑尔（Richard Mervyn Hare，1919—2002）

彼得·辛格（Peter Singer，1946 年生）

劳伦斯·科尔伯格（Lawrence Kohlberg，1927—1987）

贝内德托·克罗齐（Benedetto Croce，1866—1952）

阿克塞尔·霍耐特（Axel Honneth，1949 年生）

让-雅克·卢梭（Jean-Jacques Rousseau，1712—1778）

乔治·奥威尔（George Orwell，1903—1950）

伊壁鸠鲁（Epicuros，前 341—前 270）

赫西奥德（Hesiodos，约前 8 世纪）

西格蒙德·弗洛伊德（Sigmund Freud，1856—1939）

爱德华·扬格（Edward Young，1683—1765）

弗里德里希·包尔生（Friedrich Paulsen，1846—1908）

埃里克·霍弗（Eric Hoffer，1902—1983）

约翰·洛克（John Locke，1632—1704）

马库思·西塞罗（Marcus Cicero，前 106—前 43）

奥古斯丁（Augustinus，354—430）

路德维希·安德列斯·费尔巴哈（Ludwig Andreas Feuerbach，1804—1872）

普罗泰戈拉（Protagoras，约前 481—约前 411）

皮科·米兰多拉（Pico Mirandola，1463—1494）

毕达哥拉斯（Pythagoras，前 580 与前 570 之间—约前 500）

弗吉尼亚·伍尔夫（Virginia Woolf，1882—1941）

奥特弗利德·赫费（Otfried Höffe，1943 年生）

格奥尔格·西美尔（Georg Simmel，1858—1918）

马克斯·舍勒（Max Scheler，1874—1928）

罗伯特·福勒（Robert Fuller）

托马斯·莫尔（Thomas More，1478—1535）

亨利·戴维·梭罗（Henry David Thoreau，1817—1862）

卢克莱修（Lucretius，约前 99—约前 55）

冯·哈耶克（von Hayek，1899—1992）

弗里德里希二世（Friedrich II，1194—1250）

弗里德里希·恩格斯（Friedrich Engels，1820—1895）

威廉·葛德文（William Godwin，1756—1836）

裴多菲（Petöfi，1823—1849）

拉罗什福科（La Rochefoucauld，1613—1680）

乔治·爱德华·摩尔（G. E. Moore，1873—1958）

杰克·凯鲁亚克（Jack Kerouac，1922—1969）

莱辛（Lessing，1729—1781）

杰里米·边沁（Jeremy Bentham，1748—1832）

伯里克利（Periclēs，约前 495—前 429）

梭伦（Solon，约前 638—约前 559）

托尔斯泰（Лев Николаевич Толстой，1828—1910）

拿破仑（Napoléon，1769—1821）

卢卡奇（Lukács，1885—1971）

今道友信（1922—2012）

卡伦·霍尼（Karen Horney，1885—1952）

弗里德里希·荷尔德林（Friedrich Hölderlin，1770—1843）

托马斯·霍布斯（Thomas Hobbes，1588—1679）

麦克斯·施蒂纳（Max Stirner，1806—1856）

皮鲁斯（Pyrrhus，前 247—前 182）

迈克尔·桑德尔（Michael Sandel，1953 年生）

欧里庇得斯（Euripidēs，约前 480—约前 406）

居友（Guyau，1854—1888）

奥卡姆（Ockham，约1285—约1349）
司各脱（Scotus，1265—1308）
玛莎·努斯鲍姆（Martha Nussbaum，1947年生）
阿那克西曼德（Anaximandros，约前610—前546）
丹纳（Taine，1828—1893）
艾修伯里（Exupery，1900—1944）

参考文献

一、中文文献

马克思恩格斯选集：第 1 卷. 北京：人民出版社，1995.
马克思恩格斯选集：第 2 卷. 北京：人民出版社，1995.
马克思恩格斯选集：第 3 卷. 北京：人民出版社，1995.
马克思恩格斯选集：第 4 卷. 北京：人民出版社，1995.
马克思恩格斯全集：第 1 卷. 北京：人民出版社，1956.
马克思恩格斯全集：第 2 卷. 北京：人民出版社，1957.
马克思恩格斯全集：第 3 卷. 北京：人民出版社，1960.
马克思恩格斯全集：第 42 卷. 北京：人民出版社，1979.
马克思. 1844 年经济学哲学手稿. 北京：人民出版社，2000.
〔古希腊〕柏拉图. 理想国. 郭斌和，张竹明，译. 北京：商务印书馆，1986.
〔古希腊〕亚里士多德. 尼各马科伦理学. 苗力田，译. 北京：中国社会科学出版社，1999.
〔古希腊〕亚里士多德. 政治学. 颜一，秦典华，译. 北京：中国人民大学出版社，2003.
〔古罗马〕西塞罗. 论老年　论友谊　论责任. 徐奕春，译. 北京：商务印书馆，1998.
〔德〕爱克曼，辑. 歌德谈话录. 朱光潜，译. 北京：人民文学出版社，1978.
〔德〕包尔生. 伦理学体系. 何怀宏，廖申白，译. 北京：中国社会科学出版社，1988.
〔德〕本雅明. 技术复制时代的艺术作品. 胡不适，译. 杭州：浙江文艺出版社，2005.
〔德〕本雅明. 发达资本主义时代的抒情诗人. 王才勇，译. 南京：江苏人民出版社，2005.

［德］贝克. 风险社会. 何博闻，译. 南京：译林出版社，2003.

［德］费希特. 伦理学体系. 梁志学，李理，译. 北京：中国社会科学出版社，1995.

［德］费尔巴哈. 基督教的本质. 荣震华，译. 北京：商务印书馆，1984.

［德］维克多·弗兰克. 活出意义来. 赵可式，沈锦惠，译. 北京：生活·读书·新知三联书店，1991.

［德］歌德. 少年维特的烦恼. 杨武能，译. 北京：人民文学出版社，1981.

［德］黑格尔. 哲学史讲演录. 贺麟，王太庆，译. 北京：商务印书馆，1959.

［德］黑格尔. 美学：第1卷. 朱光潜，译. 北京：商务印书馆，1979.

［德］黑格尔. 美学：第2卷. 朱光潜，译. 北京：商务印书馆，1979.

［德］黑格尔. 美学：第3卷. 朱光潜，译. 北京：商务印书馆，1981.

［德］哈贝马斯. 对话伦理学与真理的问题. 沈清，译. 北京：中国人民大学出版社，2005.

［德］海德格尔. 面向思的事情. 陈小文，孙周兴，译. 北京：商务印书馆，1996.

［德］海德格尔. 林中路. 孙周兴，译. 上海：上海译文出版社，2004.

［德］海德格尔. 诗·语言·思. 彭富春，译. 北京：文化艺术出版社，1990.

［德］海涅. 浪漫派. 薛华，译. 上海：上海人民出版社，2003.

［德］赫费. 作为现代化之代价的道德. 邓安庆，朱更生，译. 上海：上海世纪出版集团，2005.

［德］霍耐特. 为承认而斗争. 胡继华，译. 上海：上海世纪出版集团，2005.

［德］伽达默尔. 真理与方法：上. 洪汉鼎，译. 上海：上海译文出版集团，2004.

［德］康德. 未来形而上学导论. 庞景仁，译. 北京：商务印书馆，1978.

［德］康德. 实践理性批判. 韩水法，译. 北京：商务印书馆，1999.

［德］康德. 实用人类学. 邓晓芒，译. 上海：上海世纪出版集团，2012.

［德］康德. 判断力批判. 邓晓芒，译. 北京：人民出版社，2002.

［德］康德. 道德形而上学原理. 苗力田，译. 上海：上海世纪出版集团，2005.

［德］康德. 论优美感和崇高感. 何兆武，译. 北京：商务印书馆，2001.

［德］卡西尔. 人论. 甘阳，译. 北京：西苑出版社，2004.

［德］尼采. 尼采反对瓦格纳. 陈燕茹，赵秀芬，译. 济南：山东画报出版社，2002.

［德］尼采. 权力意志——重估一切价值的尝试. 张念东，凌素心，译. 北京：商务印书馆，1991.

［德］尼采. 悲剧的诞生——尼采美学文选. 周国平，译. 北京：生活·读书·新知三联书店，1986.

［德］尼采. 疯狂的意义. 周国平，译. 天津：天津人民出版社，2007.

［德］尼采. 论道德的谱系. 周红，译. 北京：生活·读书·新知三联书店，1992.

［德］尼采. 查拉图斯特拉如是说. 钱春绮，译. 北京：生活·读书·新知三联书店，2007.

［德］叔本华. 伦理学的两个基本问题. 任立，孟庆时，译. 北京：商务印书馆，1996.

［德］叔本华. 叔本华论道德与自由. 韦启昌，译. 上海：上海人民出版社，2011.

［德］叔本华. 作为意志和表象的世界. 石冲白，译. 北京：商务印书馆，1982.

［德］叔本华. 爱与生的苦恼. 金铃，译. 北京：华龄出版社，2001.

［德］石里克. 伦理学问题. 张国珍，赵又春，译. 北京：商务印书馆，1997.

［德］舍勒. 伦理学中的形式主义与质料的价值伦理学. 倪梁康，译. 北京：生活·读书·新知三联书店，2004.

［德］斯宾格勒. 西方的没落. 齐世荣，等译. 北京：群众出版社，2016.

［德］施蒂纳. 唯一者及其所有物. 金海民，译. 北京：商务印书馆，1989.

［德］韦伯. 社会科学方法. 韩水法，莫茜，译. 北京：中央编译出版社，2005.

［德］韦伯. 学术与政治. 钱永祥，等译. 桂林：广西师范大学出版社，2010.

［德］玛丽安妮·韦伯. 马克斯·韦伯传. 阎克文，等译. 南京：江苏人民出版社，2002.

［德］韦尔施. 重构美学. 陆扬，张岩冰，译. 上海：上海世纪出版集团，2006.

［德］西美尔. 叔本华与尼采——一组演讲. 莫光华，译. 上海：上海译文出版社，2006.

［德］席美尔. 货币哲学. 朱桂琴，译. 北京：光明日报出版社，2009.

［德］席勒. 审美教育书简. 冯至，范大灿，译. 上海：上海人民出版社，2003.

［德］雅斯贝斯. 生存哲学. 王玖兴，译. 上海：上海译文出版社，2013.

［德］雅斯贝斯. 时代的精神状况. 王德峰，译. 上海：上海译文出版社，2013.

［德］雅斯贝斯. 历史的起源与目标. 魏楚雄，俞新天，译. 北京：华夏出版社，1989.

［法］阿隆. 论自由. 姜志辉，译. 上海：上海世纪出版集团，2007.

［法］鲍德里亚. 消费社会. 刘成富，全志钢，译. 南京：南京大学出版社，2008.

［法］波德里亚. 象征交换与死亡. 车槿山，译. 南京：译林出版社，2006.

［法］波德莱尔. 恶之花. 杨松河，译. 南京：译林出版社，2003.

［法］波德莱尔. 我心赤裸. 肖聿，译. 北京：中国广播电视出版社，2000.

［法］波德莱尔. 巴黎的忧郁. 亚丁，译. 北京：生活·读书·新知三联书店，2004.

［法］波德莱尔. 现代生活的画家. 郭宏安，译. 杭州：浙江文艺出版社，2007.

［法］丹纳. 艺术哲学. 傅雷, 译. 桂林：广西师范大学出版社, 2000.

［法］杜夫海纳. 审美经验现象学. 韩树站, 译. 陈荣生, 校. 北京：文化艺术出版社, 1992.

［法］贡斯当. 古代人的自由与现代人的自由——贡斯当政治论文选. 阎克文, 等译. 上海：上海人民出版社, 2005.

［法］加缪. 西西弗的神话. 杜小真, 译. 西安：陕西师范大学出版社, 2006.

［法］加缪. 加缪全集：第1卷. 柳鸣九, 等译. 石家庄：河北教育出版社, 2002.

［法］加缪. 加缪全集：第2卷. 李玉民, 译. 石家庄：河北教育出版社, 2002.

［法］加缪. 加缪全集：第3卷. 丁世中, 等译. 石家庄：河北教育出版社, 2002.

［法］加缪. 加缪全集：第4卷. 杨荣甲, 等译. 石家庄：河北教育出版社, 2002.

［法］居友. 无义务无制裁的道德概论. 余涌, 译. 北京：中国社会科学出版社, 1994.

［法］卢梭. 卢梭文集：论人类不平等的起源和基础. 李常山, 译. 北京：红旗出版社, 1997.

［法］卢梭. 爱弥儿. 李平沤, 译. 北京：商务印书馆, 1978.

［法］卢梭. 一个孤独的散步者的遐想. 张驰, 译. 长沙：湖南人民出版社, 1985.

［法］利科尔. 解释学与人文科学. 陶远华, 等译. 石家庄：河北人民出版社, 1987.

［法］拉罗什福科. 道德箴言录. 何怀宏, 译. 北京：西苑出版社, 2004.

［法］列维纳斯. 从存在到存在者. 吴蕙仪, 译. 南京：江苏教育出版社, 2006.

［法］帕斯卡尔. 思想录. 何兆武, 译. 北京：商务印书馆, 1985.

［法］萨特. 萨特研究. 施康强, 等译. 北京：中国社会科学出版社, 1981.

［法］萨特. 萨特文论选. 施康强, 选译. 北京：人民文学出版社, 1991.

［法］萨特. 存在与虚无. 陈宣良，等译. 北京：生活·读书·新知三联书店，1987.

［法］萨特. 存在主义是一种人道主义. 周煦良，汤永宽，译. 上海：上海译文出版社，2005.

［法］托克维尔. 论美国的民主. 董果良，译. 北京：商务印书馆，1980.

［法］涂尔干. 道德教育. 陈光金，等译. 上海：上海人民出版社，2006.

［法］涂尔干. 社会分工论. 渠东，译. 上海：世纪出版集团，2000.

［法］迪尔凯姆. 自杀论. 冯韵文，译. 北京：商务印书馆，1996.

［英］布劳德. 五种伦理学理论. 田永胜，译. 北京：中国社会科学出版社，2002.

［英］鲍曼. 生活在碎片之中. 郁建兴，等译. 上海：学林出版社，2002.

［英］鲍曼. 共同体. 欧阳景根，译. 南京：凤凰出版传媒集团，2007.

［英］布莱克本. 我们时代的伦理学. 梁曼莉，译. 南京：凤凰出版传媒集团，2009.

［英］冈特. 美的历险. 肖聿，译. 南京：凤凰出版传媒集团，2005.

［英］黑尔. 道德语言. 万俊人，译. 北京：商务印书馆，1999.

［英］霍布斯. 利维坦. 黎思复，黎廷弼，译. 北京：商务印书馆，1985.

［英］吉登斯. 资本主义与现代社会理论. 郭忠华，潘华凌，译. 上海：上海译文出版社，2013.

［英］吉登斯. 现代性的后果. 田禾，译. 南京：凤凰出版传媒集团，2011.

［英］吉登斯. 现代性与自我认同——晚期现代中的自我与社会. 夏璐，译. 北京：中国人民大学出版社，2016.

［英］科林伍德. 艺术原理. 王至元，陈华中，译. 北京：中国社会科学出版社，1985.

［英］罗素. 西方哲学史. 马元德，译. 北京：商务印书馆，1976.

［英］罗素. 权威与个人. 储智勇，译. 北京：商务印书馆，2010.

［英］罗素. 幸福之路. 吴默朗，金剑，译. 北京：中央编译出版社，2012.

［英］罗素. 伦理学和政治学中的人类社会. 肖巍, 译. 石家庄：河北教育出版社, 2003.

［英］洛克. 政府论：下. 叶启芳, 瞿菊家, 译. 北京：商务印书馆, 1964.

［英］洛克. 人类理解论. 关文运, 译. 北京：商务印书馆, 1959.

［英］摩尔. 伦理学原理. 长河, 译. 上海：上海人民出版社, 2003.

［英］斯密. 道德情操论. 蒋自强, 等译. 北京：商务印书馆, 1997.

［英］斯密. 国富论. 郭大力, 等译. 南京：凤凰出版传媒集团, 2011.

［英］梯利. 西方哲学史. 葛力, 译. 北京：商务印书馆, 1995.

［英］休谟. 道德原理探究. 王淑芹, 译. 北京：中国社会科学出版社, 1999.

［英］休谟. 人性论. 关文运, 译. 北京：商务印书馆, 1980.

［英］锡德尼. 为诗辩护. 钱学熙, 译.［英］扬格. 试论独创性作品. 袁可嘉, 译. 北京：人民文学出版社, 1998.

［英］西季威克. 伦理学方法. 廖申白, 译. 北京：中国社会科学出版社, 1993.

［英］伊格尔顿. 文化的观念. 方杰, 译. 南京：南京大学出版社, 2006.

［英］伊格尔顿. 甜蜜的暴力——悲剧的观念. 方杰, 方宸, 译. 南京：南京大学出版社, 2007.

［英］伊格尔顿. 马克思为什么是对的. 李杨, 等译. 北京：新星出版社, 2011.

［美］阿伦特. 人的境况. 王寅丽, 译. 上海：上海世纪出版集团, 2009.

［美］阿伦特. 极权主义的起源. 林骧华, 译. 北京：生活·读书·新知三联书店, 2008.

［美］安德森. 想象的共同体——民族主义的起源与散. 吴睿人, 译. 上海：上海世纪出版集团, 2005.

［美］波兹曼. 娱乐至死. 章艳, 译. 桂林：广西师范大学出版社, 2009.

［美］贝尔. 资本主义文化矛盾. 赵一凡, 等译. 北京：生活·读书·新知三联书店, 1989.

［美］伯曼. 一切坚固的东西都烟消云散了——现代性体验. 徐大建, 张辑, 译. 北京：商务印书馆, 2003.

［美］迪萨纳亚克. 审美的人. 户晓辉, 译. 北京: 商务印书馆, 2004.

［美］弗洛姆. 为自己的人. 孙依依, 译. 北京: 生活·读书·新知三联书店, 1988.

［美］弗罗姆. 逃避自由. 刘林海, 译. 北京: 国际文化出版公司, 2000.

［美］弗洛姆. 健全的社会. 欧阳谦, 译. 北京: 中国文联出版公司, 1988.

［美］弗莱彻. 境遇伦理学——新道德论. 程立显, 译. 北京: 中国社会科学出版社, 1989.

［美］霍尼. 我们时代的神经症人格. 冯川, 译. 南京: 译林出版社, 2011.

［美］霍尼. 我们内心的冲突. 王作虹, 译. 南京: 译林出版社, 2011.

［美］霍弗. 狂热分子——群众运动圣经. 梁永安, 译. 桂林: 广西师范大学出版社, 2011.

［美］哈耶克. 自由宪章. 杨玉生, 等译. 北京: 中国社会科学出版社, 1999.

［美］哈耶克. 通往奴役之路. 王明毅, 等译. 北京: 中国社会科学出版社, 1997.

［美］列维纳斯. 单一的现代性. 王逢振, 王丽亚, 译. 北京: 中国人民大学出版社, 2009.

［美］Lynn Jamieson. 亲密关系: 现代社会的私人关系. 蔡明璋, 译. 台北: 群学出版有限公司, 2002.

［美］罗尔斯. 正义论. 何怀宏, 何包钢, 廖申白, 译. 北京: 中国社会科学出版社, 1988.

［美］李欧梵. 徘徊在现代和后现代之间. 上海: 上海三联书店, 2000.

［美］李欧梵. 上海摩登: 一种新都市文化在中国 1930—1945. 毛尖, 译. 北京: 北京大学出版社, 2001.

［美］李欧梵. 未完成的现代性. 北京: 北京大学出版社, 2005.

［美］李普曼. 公共舆论. 阎克文, 江红, 译. 上海: 上海世纪出版集团, 2006.

［美］理斯曼, 格拉泽, 戴尼. 孤独的人群——美国人性格变动之研

究. 刘翔平，译. 沈阳：辽宁人民出版社，1989.

［美］马尔库塞. 现代美学析疑. 绿原，译. 北京：文化艺术出版社，1987.

［美］马尔库塞. 单向度的人——发达工业社会意识形态研究. 刘继，译. 上海：上海译文出版社，2006.

［美］马尔库塞. 审美之维. 李小兵，译. 桂林：广西师范大学出版社，2001.

［美］马尔库塞. 爱欲与文明. 黄勇，薛明，译. 上海：上海译文出版社，2005.

［美］马尔库塞. 现代文明与人的困境——马尔库塞文集. 李小兵，译. 上海：上海三联书店，1989.

［美］马斯洛. 动机与人格. 许金声，程朝翔，译. 北京：华夏出版社，1987.

［美］马斯洛. 自我实现的人. 许金声，等译. 北京：生活·读书·新知三联书店，1987.

［美］麦金太尔. 三种对立的道德探究观. 万俊人，等译. 北京：中国社会科学出版社，1999.

［美］麦金太尔. 伦理学简史. 龚群，译. 北京：商务印书馆，2003.

［美］麦金太尔. 德性之后. 龚群，戴扬毅，译. 北京：中国社会科学出版社，1995.

［美］麦金太尔. 谁之正义？何种合理性. 万俊人，等译. 北京：当代中国出版社，1996.

［美］米德. 心灵、自我与社会. 胡荣，王小章，译. 台北：桂冠图书股份有限公司，1995.

［美］帕克. 美学原理. 张今，译. 桂林：广西师范大学出版社，2001.

［美］平克. 人性中的善良天使：暴力为什么会减少. 安雯，译. 北京：中信出版集团，2015.

［美］桑塔格. 沉默的美学. 陆扬，张岩冰，译. 上海：上海世纪出版集团，2006.

［美］桑塔格. 反对阐释. 程巍，译. 上海：上海译文出版社，2003.

［美］萨义德. 文化与帝国主义. 李琨，译. 北京：生活·读书·新知三联书店，2003.

［美］梭罗. 瓦尔登湖. 徐迟，译. 上海：上海译文出版社，2006.

［美］梯利. 伦理学导论. 何意，译. 桂林：广西师范大学出版社，2002.

［美］辛格. 实践伦理学. 刘莘，译. 北京：东方出版社，2005.

［美］英格尔哈特. 发达工业社会的文化转型. 张秀琴，译. 北京：社会科学文献出版社，2013.

［美］约纳斯. 诺斯替宗教——异乡神的信息与基督教的开端. 张新樟，译. 上海：上海三联书店，2006.

［美］詹姆士. 实用主义. 陈羽纶，孙端禾，译. 北京：商务印书馆，1979.

［美］施特劳斯. 自然权利与历史. 彭刚，译. 北京：生活·读书·新知三联书店，2003.

［加］麦克卢汉. 麦克卢汉精粹. 何道宽，译. 南京：南京大学出版社，2000.

［加］泰勒. 世俗时代. 张容南，等译. 上海：上海三联书店，2016.

［日］西田几多郎. 善的研究. 何倩，译. 北京：商务印书馆，1965.

［日］今道友信. 关于爱. 徐培，王洪波，译. 北京：生活·读书·新知三联书店，1987.

［俄］托尔斯泰. 安娜. 卡列尼娜. 周扬，译. 北京：人民文学出版社，1956.

［俄］加比托娃. 德国浪漫哲学. 王念宁，译. 北京：中央编译出版社，2007.

［荷兰］斯宾诺莎. 伦理学. 贺麟，译. 北京：商务印书馆，1983.

［荷兰］曼德维尔. 蜜蜂的寓言：私人的恶德、公众的利益. 肖聿，译. 北京：中国社会科学出版社，2002.

［荷兰］佛克马，蚁布思. 文学研究与文化参与. 俞国强，译. 北京：北京大学出版社，1996.

［瑞士］索绪尔. 普通语言学教程. 高名凯，译. 北京：商务印书馆，1980.

［爱沙尼亚］斯托洛维奇. 审美价值的本质. 凌继尧，译. 北京：中国社会科学出版社，2007.

［希腊］斯蒂芬尼德斯. 希腊神话故事. 陈中梅，总校译. 北京：中国出版集团公司，2012.

［匈牙利］卢卡奇. 历史与阶级意识. 杜章智，等译. 北京：商务印书馆，1999.

［奥］弗洛伊德. 精神分析引论. 高觉敷, 译. 北京: 商务印书馆, 1984.

［奥］弗洛伊德. 图腾与禁忌. 赵立玮, 译. 上海: 上海世纪出版集团, 2005.

［奥］弗洛伊德. 文明及其缺憾. 傅雅芳, 郝冬瑾, 译. 合肥: 安徽文艺出版社, 1987.

［奥］弗洛伊德. 论艺术与文学. 常宏, 等译. 北京: 国际文化出版公司, 2001.

［丹麦］克尔恺郭尔. 克尔恺郭尔哲学寓言集. 杨玉功, 编译. 北京: 商务印书馆, 2000.

［丹麦］克尔恺郭尔. 非此即彼. 封宗信, 等译. 北京: 中国工人出版社, 1997.

［意］克罗齐. 作为思想和行动的历史. 田时纲, 译. 北京: 商务印书馆, 2012.

［捷克］昆德拉. 被背叛的遗嘱. 余中先, 译. 上海: 上海世纪出版集团, 2003.

［阿根廷］Risieri Frondizi. 价值是什么?——价值学导论. 黄藿, 译. 台北: 联经出版事业公司, 1986.

［德］Ludwig Siep. 黑格尔哲学的现实性. 陈晞, 译. 现代哲学, 2010 (2).

［德］恩斯卡特. 德性与知识——如何开展孔子启迪的哲学与西方哲学之间的对话. 世界哲学, 2012 (4).

［英］莱亚德. 幸福是什么? 我们是否越来越幸福? 新华文摘, 2007 (24).

［英］帕蒂森. 克尔凯郭尔: 美学与"审美". 易存国, 译. 哲学译丛, 1992 (4).

［英］Sean Sayers. 存在主义与马克思主义中的异化概念. 教学与研究, 2009 (7).

［英］Sean Sayers. 现代工业社会的劳动: 围绕马克思劳动概念的考察. 周嘉昕, 译. 南京大学学报, 2007 (1).

［英］罗伯逊. 启蒙运动的再思考. 华东师范大学学报 (哲学社会科学版), 2017 (3).

［美］余纪元. 亚里士多德论幸福: 在柏拉图的《国家篇》之后. 朱清华, 译. 世界哲学, 2003 (3).

［美］余纪元. "活得好"与"做得好"：亚里士多德幸福概念的两重含义. 林航，译. 世界哲学，2011（2）.

朱熹集注. 四书集注. 长沙：岳麓书社，1985.

周辅成. 西方伦理学名著选辑：上. 北京：商务印书馆，1964.

朱光潜. 悲剧心理学. 合肥：安徽教育出版社，2006.

宗白华. 美学散步. 上海：上海人民出版社，1981.

朱贻庭. 中国传统伦理思想史. 上海：华东师范大学出版社，2003.

包利民. 生命与逻各斯——希腊伦理思想史论. 北京：东方出版社，1996.

甘绍平. 人权伦理学. 北京：中国发展出版社，2009.

甘绍平. 伦理学的当代建构. 北京：中国发展出版社，2015.

高旭东. 中西文学与哲学宗教. 北京：北京大学出版社，2004.

高兆明. 伦理学理论与方法. 北京：人民出版社，2005.

黄永玉. 沿着塞纳河到翡冷翠. 北京：作家出版社，2006.

何怀宏. 道德·上帝与人——陀思妥耶夫斯基的问题. 北京：新华出版社，1999.

董桥. 小品卷二. 北京：海豚出版社，2013.

李泽厚. 美学三书. 天津：天津社会科学出版社，2003.

刘森林. 物与无——物化逻辑与虚无主义. 南京：江苏人民出版社，2013.

刘小枫. 沉重的肉身——现代性伦理的叙事纬语. 北京：华夏出版社，2004.

刘小枫，陈少明. 阅读的德性. 北京：华夏出版社，2006.

刘小枫，陈少明. 荷尔德林的新神话. 北京：华夏出版社，2004.

卢风. 应用伦理学：现代生活方式的哲学反思. 北京：中央编译出版社，2004.

栾栋. 感性学发微——美学与丑学的合题. 北京：商务印书馆，1999.

宋希仁. 西方伦理学思想史. 北京：中国人民大学出版社，2004.

钱永祥. 纵欲与虚无之上：现代情境里的政治伦理. 北京：生活·读书·新知三联书店，2002.

钱穆. 论语新解. 北京：九州出版社，2011.

王海明. 伦理学原理. 北京：北京大学出版社，2001.

王岳川. 艺术本体论. 北京：中国社会科学出版社，2005.

王洪岳. 审美的悖反——先锋文艺新论. 北京：社会科学文献出版

社，2005.

赵汀阳. 论可能生活. 北京：中国人民大学出版社，2004.

周宪. 文化现代性精粹读本. 北京：中国人民大学出版社，2006.

周宪. 文化现代性与美学问题. 北京：中国人民大学出版社，2005.

邓安庆. 重返"角力"时代：尼采权力意志的道德哲学之重估. 上海：上海教育出版社，2017.

慈继伟. 虚无主义与伦理多元化. 哲学研究，2000（5）.

陈家琪. 我们距离有尊严的存在还有多远——参读《约伯记》再议. 社会科学论坛，2015（7）.

陈家琪. 小议"伪善". 读书，2016（8）.

邓安庆. 现象学伦理学对于我们为什么如此重要？现代哲学，2016（6）.

邓安庆. 德国启蒙哲学永不过时的三大遗产. 华东师范大学学报（哲学社会科学版），2017（2）.

邓晓芒. 欧洲虚无主义及其克服. 江苏社会科学，2008（2）.

邓晓芒. 论文学批评的力量. 湖北大学学报（哲学社会科学版），2016（11）.

邓晓芒. 中西正义观之比较. 华中科技大学学报，2015（1）.

邓晓芒. 什么是自由？哲学研究，2012（7）.

丁耘. 启蒙视域下中西"理性"之考察. 中国社会科学，2014（2）.

程广云. 劳动、财产和自由——在马克思与阿伦特之间. 马克思主义与现实，2016（2）.

段忠桥. 正义是社会制度的首要价值吗？哲学动态，2015（9）.

玛莎·努斯鲍姆. 艺术、理论及社会正义——美国芝加哥大学教授玛莎·努斯鲍姆访谈. 文艺理论研究，2014（5）.

甘绍平. 作为一项权利的人的尊严. 哲学研究，2008（6）.

甘绍平. 什么是优雅社会——读马伽利特的《尊严的政治》. 道德与文明，2002（1）.

甘绍平. 道德冲突与伦理应用. 哲学研究，2012（6）.

甘绍平. 论两种道德思维模式. 伦理学研究，2016（4）.

甘绍平. 寻求共同的绿色价值. 哲学动态，2017（3）.

高海麦. 论海德格尔之技术虚无主义. 学术交流，2017（3）.

龚群. 自由何为. 天津社会科学，2015（2）.

黄裕生. 康德论自由与权利. 江苏行政学院学报，2005（3）.

黄裕生. 论爱与自由——兼论基督教的普遍之爱. 浙江学刊, 2007 (4).

贺来. 个人责任、社会正义与价值虚无主义的克服. 哲学动态, 2009 (3).

江畅. 构建当代中国人的幸福观. 理论学习, 2017 (4).

姜延军. 萨特在人的发展问题上的"责任"困境. 现代哲学, 2002 (1).

姬广绪, 周大鸣. 从"社会"到"群": 互联网时代人际交往方式变迁研究. 思想战线, 2017 (2).

孔明安, 宋建丽. 人的异化与世界异化——阿伦特论世界异化的辩证法. 马克思主义与现实, 2016 (4).

刘森林. 虚无主义与马克思: 一个再思考. 马克思主义与现实, 2010 (3).

刘森林. 从"唯一者"到"超人". 山东社会科学, 2017 (2).

刘森林. 现代启蒙主体的古典还原. 深圳大学学报(人文社会科学版), 2017 (1).

李义天. 欲望与实践智慧——从亚里士多德美德伦理学的视角看. 兰州学刊, 2017 (3).

李虹. 舍勒对爱的现象学研究述评. 道德与文明, 2007 (6).

梁月. 弗莱彻境遇伦理学分析. 山西财经大学学报, 2016 (1).

林曦. 论"情理共同体". 同济大学学报(社会科学版), 2016 (2).

罗纲. 从 Nichts 的用法看马克思对虚无主义问题的解决. 哲学研究, 2016 (4).

聂锦芳. 马克思关于"庸人及其国家"的思想及其意义. 理论探索, 2017 (1).

钱永祥, 张容南. 现代社会的心灵秩序与政治秩序. 马克思主义与现实, 2012 (3).

冯波. 自由与物役——从斯宾诺莎到马克思的启示. 哲学研究, 2016 (11).

钱秋月. "爱"与政治——从西方马克思主义到后马克思主义"爱"的变奏. 学术交流, 2017 (2).

史巍. 自由意志与道德选择的可能性——西方学者对自由意志探讨的基本倾向. 东北师范大学报(哲学社会科学版), 2017 (2).

唐爱军. 现代政治的道德困境及其出路——论马克斯·韦伯的"责任伦理"思想. 人文杂志, 2017 (5).

唐忠宝，侯才. 走出虚无主义：马克思的启示. 马克思主义与现实，2014（5）.

万俊人. 什么是幸福？道德与文明，2011（3）.

万俊人. 当代伦理学前沿检视. 哲学动态，2014（2）.

王云霞. 分配、承认、参与和能力：环境正义的四重维度. 自然辩证法研究，2017（4）.

王虎学. "真正的分工"的历史生成及其内在意蕴——基于《德意志意识形态》的文本考察. 哲学研究，2006（11）.

游兆和. "两重真理说"与人类两难处境. 北京大学学报（哲社版），1999（3）.

游淙祺. 萨特论自由与处境的吊诡性. 同济大学学报（社科版），2006（1）.

尤西林. 审美通感与现代社会. 文艺研究，2008（3）.

姚大志. 社群主义的焦虑——评桑德尔的共同体观念. 学习与探索，2014（8）.

张一兵. 事物化与物化：从韦伯到青年卢卡奇. 现代哲学，2015（1）.

张红军. 审美虚无主义：从笛卡尔到施蒂纳. 山东社会科学，2017（2）

张文涛. 虚无主义与现代性批判：尼采与马克思. 现代哲学，2015（1）.

邹诗鹏. 现时代精神生活的物化处境及其批判. 中国社会科学，2007（5）.

邹诗鹏. 虚无主义的现代性病理机制. 河北学刊，2016（3）.

二、外文文献

Martha Nussbaum. The Fragility of Goodness：Luck and Ethics in Greek Tragedy and Philosophy. Cambridge University Press，2001.

Martha Nussbaum. Love's Knowledge：Essays on Philosophy and Literature. Oxford University Press，1990.

Martha Nussbaum. Cultivating Humanity：A Classical Defense of Reform in Liberal Education. Harvard University Press，1998.

索 引

阿伦特　14，15，31，42，153，159，163，166，168，183，200，202，210，217

贝尔　18-20，25，64，65，68，88，157，161，192

处境　1-5，10-19，24，25，27，28，30，33，34，39-45，47，49-62，64-66，69，71，73，75，76，78，84，88，91-94，97，99，110，143，146，148-150，158-160，162，166，168-170，173-175，181，183-186，192，197-199，201，205，212，215，217

处境伦理　1，14，16，18，25，39，41-45，47，49-52，55-59，61，62，64，66，76，92，93，143，144，160，166，174，205，211，218

道德冲突　15，45-51，56，167

道德权衡　45，49-51

弗莱彻　44，144，205，212，215

弗洛姆　6，46，75，82，83，93，94，103，151，165，169，178，206，210，214，215

伽达默尔　15，200

感受性　14，27，33，35，37，38，80

歌德　5，7，8，32，33，35，69，74，75，78，132，149，209

个体性　20，25，170，175，178，193

孤独　5，11，12，25-27，29，30，43，73，78，80，81，86，93-95，115，117，125，149，153，159，160，167-175，178，181，183，185，187，190-192，197，207，210，215，216

黑格尔　2，11，13，78，79，105，108，161，162，177，200，203

霍尼　168，178，186，190，217

技术进步　3，89

焦虑　2，5，36，79，86，92，94，95，132，160，175，177，182，186-188，190-192，196，208

竞争　2，10，159，163，175-183

境况　13，31，40，42，48，50，54，147，153，159，163，166-168，183，200，202，210

境遇　2，13，15，16，26，29，30，35，44，57，59，65，

76，79，84，143，144，151，154，161，200，205，212，215

康德 10，20，25，28，35，42，47，48，56，62，64，77，80，83-85，88，89，97，100，104-106，112，115，119，122-125，134，137，140，141，146，151，154-156，174，183，195

劳动疗法 200，201

卢卡奇 160，164

卢梭 61，63，104，105，115，121，122，125-127，131，140，176，216

洛克 89，150，155，176，193，198，199

马尔库塞 3，15，17，38，44，45，153，156，160，200，210，217

马克思 4，6-8，12，19，76，137，138，141，161-164，166，180，184，185，193，200，203，218

麦金太尔 33，43，44，58，116，124，144，153，167，178，179，185，197

尼采 8，17，19，29，30，34，41，65-70，76-78，84-87，108，109，117，121，132，133，147，156，169，174，177，178，184，185，202

帕斯卡尔 12，14，15，25，43，84，108，147，148，161，188，205，212

情感 1，6，10，11，14，16，24，30，33，35，39，43，47，49，50，52-55，57，63，67，69，73，75，86，94，97，102，105，106，110，114，121，131，134，137，140，142，149，162，165，167-169，173，178，179，181，183，184，186，196，197，202，204，206，208-217

萨特 2，12，18，24，51，65，73-76，90-92，135，136，159，160，174，186，187

桑德尔 194，196

实践智慧 49，58-62，64

叔本华 12，16，17，20，25，26，28，34，54，63，66，67，77，83，87，100，108，123，131，132，134，135，155，156，176，177

斯密 52-55，107，143，144，146，147，201，213，214

苏格拉底 32，35，42，58，61，62，89，119，120，132，145，169

涂尔干 10，111，114，115，180，188，195

韦伯 65，98，161，197

现代性 25-33，40，43，89，157，165，194

辛格 51，52，56，113

幸福 1，7，9，11，18，23，24，26，35，42，43，47，51-53，57，69，72，77-83，86，87，90，97，100，101，109，112，113，120，122，125，132，

134，140，143-158，160，165，166，169，174，181-185，188，189，201，207，209，214-217

虚无主义　7，11，12，34，40，51，64-76，78，85，166，167，184，185，202，205，207

亚里士多德　15，37，42，55，56，58，62，80，81，96，97，106，110，111，135，145-147，149-151，154，166，168，175，193，195，213

厌烦　68，83，84，175，183-185，201

异化　4，6，8，19，30，38，75，137，138，141，159-168，175，185，216

责任　13，19，25，44，50，76，82，88-90，92，93，95-99，103，108，110，112，115，120，127，135，141，152，154，170，187，214，216

自由　4，6，8-11，15，16，18，20-25，38，42，51，66，67，71-74，82，83，88-97，100-103，106，109，113，116-143，148，152-154，156，160，170，174，177-179，181，184，187，196，197，199，202，210，214，217

尊严　8，9，20，38，42，55，72，97，101-112，114，115，117，120，121，124，139，140，142，145，150，152，154，161-165，169，177

后　记

　　此生涓滴怀想与牵挂，不求形于色、动于声，但不动于心，终非自我凡俗人生所能操纵把控，遂凝固笔尖，在字里行间做思力的见证。人生的经验，有的会上升，为知识、为理念；有的会下降，为坚持、为感喟。前者是理性的熠熠生辉，后者是感性的坚毅执着，本无谓鉴别高下。但是，囿于一己之命定的短暂易朽、终将消失不见，那附着于个体生命的爱恨情仇也归于尘土，了无遗踪，人们对于前者不免推崇备至，对于后者也就难免轻视。我的见解没有更高明之处，也因此对"文章千古事，得失寸心知"的杜甫式喟叹心有戚戚焉。

　　在文史哲的资料与历史中，沉沉浮浮；在对现实的冷静观察中，悲喜交加，很多年的时光无语奔流。待今日，昔日所思所虑终以书稿的形式面世，自是有多少红了樱桃绿了芭蕉的逝水流年可追忆，更有良多感激可以表达。在我微不足道的生命体验中，善意与力量从四面八方汇入，我感受它们汇聚而成的磅礴气势将我一步一步引领、一点一点塑造，令我深信一切相遇皆喜悦！我们也许曾经照面，也许擦肩而过，也许一生相守，都是美好！

　　那些我知道或不知道，以各种方式肯定此书，以这样那样的力量促成此书出版的人们，感激你们！还要感谢中国社会科学院哲学所的甘绍平研究员、清华大学的卢风教授、复旦大学的邓安庆教授，他们给出了中肯而详细的修改意见，使这本书的面目渐趋可看；感谢中国人民大学出版社的杨宗元老师、罗晶老师，她们为这本书的出版付出了细心辛勤的劳动！特别感谢国家社科基金后期资助的评审专家和工作人员！对有的人，我有更大的感激似乎又羞于启齿，但是我深知，身在情常在，每一段文字都可以幻化成往事栩栩如生织入岁月的锦绣。

　　还要感谢的是，这本书得到了长沙理工大学的出版资助，也是汕头大学科研启动经费资助项目（STF18003）研究成果。

　　最后，致意那些孤寂写作的日子！我想借这本书为自己取多予少的过往赢得谅解，也赢得永不淡忘的回忆。

成海鹰

2018 年 5 月 18 日于长沙

图书在版编目(CIP)数据

处境伦理研究/成海鹰著. —北京：中国人民大学出版社，2018.10
ISBN 978-7-300-26106-5

Ⅰ.①处… Ⅱ.①成… Ⅲ.①伦理-研究 Ⅳ.①B82

中国版本图书馆 CIP 数据核字（2018）第 191088 号

国家社科基金后期资助项目
处境伦理研究
成海鹰　著
Chujing Lunli Yanjiu

出版发行	中国人民大学出版社				
社　　址	北京中关村大街 31 号		邮政编码	100080	
电　　话	010－62511242（总编室）		010－62511770（质管部）		
	010－82501766（邮购部）		010－62514148（门市部）		
	010－62515195（发行公司）		010－62515275（盗版举报）		
网　　址	http://www.crup.com.cn				
	http://www.ttrnet.com（人大教研网）				
经　　销	新华书店				
印　　刷	北京玺诚印务有限公司				
规　　格	165 mm×238 mm　16 开本		版　次	2018 年 10 月第 1 版	
印　　张	17.25 插页 2		印　次	2018 年 10 月第 1 次印刷	
字　　数	292 000		定　价	58.00 元	

版权所有　　侵权必究　　印装差错　　负责调换